Introducción a la sintaxis del español

Escrito en español por un instructor con gran experiencia, este libro de texto les ofrece a estudiantes sin conocimientos previos de lingüística una introducción a la sintaxis del español, explorando los elementos esenciales que forman las expresiones lingüísticas complejas. El texto resalta la diversidad de los dialectos del español y de las variedades habladas por bilingües. Los conceptos nuevos se presentan de manera clara y progresiva, desde lo más simple a lo más complejo, resaltando las definciones de los términos clave en recuadros independientes. Los desarrollos teóricos más recientes se ofrecen con una perspectiva equilibrada, sin énfasis especial en un modelo teórico específico. Cada capítulo presenta objetivos de aprendizaje, numerosos ejemplos detallados y resúmenes que le permiten al estudiante desarrollar su comprensión del conocimiento sintáctico desde cero. Se incluyen ejercicios introductorios y avanzados en cada capítulo, lo que les permite a los estudiantes de todos los niveles poner en práctica los conocimientos. Las lecturas adicionales sugeridas en los capítulos y los desarrollos más avanzados presentados en recuadros de expansión le ofrecen al estudiante la posibilidad de explorar temas más complejos. Este texto constituye un recurso esencial para los cursos introductorios de lingüística y de sintaxis española.

José Camacho es profesor de lingüística española en la Universidad de Rutgers. Es autor de *The syntax of NP coordination* (2003), *Null Subjects* (Cambridge, 2013), de más de 40 artículos en revistas y en volúmenes editados. Durante más de 20 años, ha diseñado y enseñado cursos en todas las áreas de la lingüística y del aprendizaje de lenguas en Estados Unidos y otros países.

Introducción a la sintaxis del español

JOSÉ CAMACHO

Rutgers University, New Jersey

CAMBRIDGE
UNIVERSITY PRESS

CAMBRIDGE
UNIVERSITY PRESS

University Printing House, Cambridge CB2 8BS, United Kingdom

One Liberty Plaza, 20th Floor, New York, NY 10006, USA

477 Williamstown Road, Port Melbourne, VIC 3207, Australia

314–321, 3rd Floor, Plot 3, Splendor Forum, Jasola District Centre, New Delhi – 110025, India

79 Anson Road, #06-04/06, Singapore 079906

Cambridge University Press is part of the University of Cambridge.

It furthers the University's mission by disseminating knowledge in the pursuit of education, learning, and research at the highest international levels of excellence.

www.cambridge.org
Information on this title: www.cambridge.org/9781107192195
DOI: 10.1017/9781108125826

First published 2018

Printed in the United States of America by Sheridan Books, Inc.

A catalogue record for this publication is available from the British Library.

Library of Congress Cataloging-in-Publication Data
Names: Camacho, José.
Title: Introducción a la sintaxis del español / José Camacho.
Description: New York : Cambridge University Press, 2018. | Includes
    bibliographical references and index.
Identifiers: LCCN 2017042302 | ISBN 9781107192195 (hardback)
Subjects: LCSH: Spanish language–Syntax.
Classification: LCC PC4361 .C26 2018 | DDC 465–dc23 LC record
available at https://lccn.loc.gov/2017042302

ISBN 978-1-107-19219-5 Hardback
ISBN 978-1-316-64233-7 Paperback

Índice de materias

Índice de figuras

Introducción

Este libro tiene dos objetivos paralelos: presentar los mecanismos generales de la sintaxis, y discutir los aspectos más importantes de la sintaxis del español. Aunque los dos aspectos van de la mano, la primera parte tiene mayor énfasis en los mecanismos generales, mientras que la segunda parte profundiza en los fenómenos propios del español.

El estudio de la sintaxis es, a veces, chocante. Para muchos estudiantes, la lingüística es un campo de estudio desconocido, y frecuentemente conectado con el aprendizaje de lengua y cultura. Sin embargo, el procedimiento de análisis en la sintaxis se aleja bastante de la manera como se afronta un texto literario, o como se aprende una segunda lengua, y esta diferencia sorprende al principio. En el razonamiento sintáctico el objetivo es definir conceptos e hipótesis de la manera más clara posible, y ver si esas hipótesis explican los datos de manera satisfactoria. Al mismo tiempo, la sintaxis también tiene que lidiar con la variación de hablante a hablante, y poder acomodar esa variación con una teoría lo suficientemente flexible.

En ese sentido, este texto pone un mayor énfasis al principio en cómo se construyen argumentos sintácticos, qué constituye una hipótesis, y qué papel tienen los datos en el análisis. A medida que avanza el texto, la presentación de los conceptos de la sintaxis va adquiriendo mayor protagonismo, así como el detalle de las distribuciones del español. Sin embargo, también hemos tratado de seguir la idea de espiral: los conceptos se presentan frecuentemente más de una vez, al principio como ideas generales, y después con una mayor elaboración. Esta estrategia tiene la ventaja de que el estudiante no entra en pánico al ver conceptos muy complejos presentados desde el principio, pero también supone que las ideas se modifican de manera dinámica. Pensamos que esto refleja mejor cómo funciona el conocimiento: como un proceso dinámico, y cambiante.

En cada capítulo se definen unos objetivos al principio, y se ofrecen ejercicios organizados según los temas del capítulo, y según la dificultad: los más avanzados están marcados como tales. Además, al final de cada capítulo hay una lista de lecturas adicionales. Lamentablemente, no siempre es fácil encontrar lecturas apropiadas para un curso introductorio para todos los temas, pero por lo menos ofrecemos algunas sugerencias para cada uno de ellos.

En cada capítulo, las definiciones que se presentan se resaltan usando cuadros con borde oscuro. Además, también se presentan cuadros con borde más claro en los que se introducen conceptos más avanzados (**"expansión"**), para los lectores interesados.

Además de las lecturas específicas para cada capítulo, incluimos al final del libro algunas referencias generales para explorar distintos aspectos de la gramática del español.

Agradecimientos

Este libro no habría sido posible sin la ayuda voluntaria o involuntaria de mucha gente: estudiantes de distintos cursos de sintaxis, maestros que a lo largo de los años han mostrado no solo cómo concebir (y no concebir) la sintaxis, sino también cómo presentar los conceptos sintácticos.

A Ignacio Bosque le debo no solo una gran deuda intelectual, sino también un gran agradecimiento por los comentarios a la versión preliminar, que han contribuido a una sustancial mejora del texto, y han evitado varios errores importantes. También le agradezco a uno de esos héroes llamados "revisor anónimo" por sus cuidadosos comentarios sobre el texto.

Además, el grupo *Issues in Romance Grammar* de Facebook ha sido un foro importante para delimitar aspectos de variación dialectal en español. Los compañeros y amigos de Canberra también han proporcionado un apoyo y una amistad invaluable durante la culminación de este libro.

Un agradecimiento especial a Helen Barton, Rosemary Crawley, y Alison Tickner, editoras de Cambridge University Press.

Sin duda, en un manual tan complejo hay errores de todo tipo; esperamos, sin embargo, que sea de utilidad.

Liliana Sánchez merece una mención especial, tanto por su apoyo lingüístico como por todo lo demás. A ella, a Lucía y a Yésica les va dedicado este manual.

PRIMERA PARTE

1 Introducción

- Localizar a la sintaxis como una capacidad cognitiva básica de los seres humanos
- Presentar las propiedades que definen a la sintaxis: la capacidad de producir mensajes nuevos con recursos finitos (la recursividad)
- Explicar la metodología que se usa en el estudio de la sintaxis
- Presentar e ilustrar el concepto de gramaticalidad
- Mostrar cómo se construye una teoría general a partir de la observación de los datos, la generalización de los patrones, y la formulación de hipótesis y análisis
- Discutir la diferencia entre la capacidad cognitiva para el lenguaje y su uso

1.1 El lenguaje: un maravilloso mecanismo creativo

Cuando se habla de "lenguaje", se pueden entender muchas cosas: una manera de hablar de un grupo ("el lenguaje de los jóvenes"), o una manera muy evocativa de expresarse ("usa un lenguaje muy emotivo"), un sistema de comunicación animal o incluso de las computadoras ("Java es un lenguaje muy flexible"), entre otras cosas. Sin embargo, hay un sentido especial del lenguaje que se refiere a **la capacidad que tenemos los seres humanos de crear y entender frases complejas.** Cualquier niña que nazca con capacidades cognitivas más o menos normales es capaz de entender y producir frases en las lenguas que oye a su alrededor poco después de venir al mundo. Si crece en un ambiente donde se habla español, puede producir y entender frases en español; si crece en China, probablemente aprenderá mandarín; y si crece en algunas partes de España, de África, de la India, de América latina o de los Estados Unidos, posiblemente aprenderá dos o más lenguas.

Esta habilidad es realmente sorprendente: un niño de dos años no es capaz de hacer muchas cosas: no se sabe amarrar los cordones de los zapatos, le cuesta trabajo meter objetos en sitios estrechos, y definitivamente no es capaz de sumar o restar números. Pero a los dos años, ya es capaz de entender y producir frases complejas que las computadoras más potentes del mundo apenas pueden traducir con éxito. ¡Un niño de dos años tiene una capacidad lingüística muchísimo más sofisticada que la poderosísima Google!

Esta **habilidad cognitiva** es muy especial en otro sentido. A pesar de que tenemos un número de palabras limitado por nuestra capacidad de memoria, podemos producir frases novedosas constantemente. Si alguien nos dice, por ejemplo, "hoy las hojas de los árboles parecen bailarinas de ballet", es muy posible que nunca antes hayamos oído esa frase, y sin embargo somos perfectamente capaces de interpretarla. Para eso necesitamos conocer el significado de las palabras individuales ("hojas", "árboles", "bailarinas", etc.), y tenemos que ser capaces de abstraer el significado literal de *bailarinas* y aplicarlo en sentido metafórico al movimiento de las hojas. Pero, además, tenemos que conocer las reglas que regulan la combinación de esas palabras para formar grupos de palabras más grandes. Una vez que sabemos esas reglas de combinación, podemos producir frases nuevas, complejas, y potencialmente infinitas. Esos dos aspectos del lenguaje humano (un conjunto grande pero limitado de palabras con significados arbitrarios y un conjunto de reglas finitas y recursivas) hacen del lenguaje humano un sistema de comunicación muy poderoso.

Funes el memorioso, Jorge Luis Borges

En esta historia, el personaje Funes usa su prodigiosa memoria para nombrar el mismo objeto cada vez que lo ve: "No sólo le costaba comprender que el símbolo genérico 'perro' abarcara tantos individuos dispares de diversos tamaños y diversa forma; le molestaba que el perro de las tres y catorce (visto de perfil) tuviera el mismo nombre que el perro de las tres y cuarto (visto de frente)" (Borges (1944), p. 490). Podemos ver cómo esa manera de referirse a las cosas con un nombre distinto cada vez solo sería posible si uno tuviera una memoria infinita. Además, si cada "perro" se llamara de distinta manera cada vez, ¿cómo sabrían los demás a qué me refiero?

Las reglas de combinación de una lengua son parte de lo que se llama su **sintaxis** o su **gramática**. Estas reglas me dicen, por ejemplo, que en español, normalmente el sujeto aparece delante del verbo (aunque hay excepciones, como veremos). También me permiten crear frases infinitamente largas:

---

(1)   a. La casa

b. La casa que vimos ayer

c. La casa que vimos ayer que está en la esquina

d. La casa que vimos ayer que está en la esquina del cruce de la avenida 1ª y la calle 8 ...

En cada uno de los ejemplos de (1), el hablante y el oyente entienden que la parte central de la secuencia es siempre "la casa", y que al añadirle más detalles no cambiamos la naturaleza del grupo sintáctico (seguimos hablando de un tipo de "casa").

En este ejemplo concreto, la regla que me permite construir frases cada vez más grandes a partir de un grupo de palabras consiste en añadir una nueva cláusula que empieza con la palabra *que* (lo que se llama una cláusula de relativo), y esta propiedad se llama **recursividad**: la posibilidad de generar frases potencialmente infinitas usando reglas que se aplican repetidamente. A continuación, vemos otros ejemplos de recursividad:

(2) a. Me dijo que pensaba que sabrían que habíamos venido
b. El hermano de la prima de la amiga de los invitados ...

En el primer caso, una cláusula (*que habíamos venido*) se subordina a un verbo (*sabrían*), que se subordina a otro (*pensaba*), potencialmente infinitamente. En el segundo ejemplo, una frase preposicional (*de los invitados*) depende de un nombre (*amiga*), que depende de una preposición (*de*), que depende de un nombre (*prima*), etcétera.

Veamos con un poco más de detalle cómo funcionan los dos mecanismos sintácticos básicos: el léxico y las reglas de combinación. Por una parte, tenemos grupos de palabras individuales ("casa", "esquina", "cruce", etc.). Estas palabras tienen unos significados que son más o menos constantes para muchos hablantes. Para simplificar las cosas un poco, asumamos que el conjunto de sonidos que representa a la palabra "casa" (escrito aquí en el alfabeto fonético internacional), se asocia con un concepto, como vemos a continuación:

(3) /k-a-s-a/

Cada hablante aprende en algún momento de su vida que la secuencia /k-a-s-a/ se asocia con un concepto, y lo mismo ocurre con las demás palabras. Cada vez que el hablante aprende una palabra nueva, tiene que adquirir los sonidos de esa palabra y el concepto con el que se asocian. Por ejemplo, un hablante de español como segunda lengua que oye la palabra *burrier*, tiene que aprender que se refiere a una persona que transporta drogas en cantidades pequeñas. Este proceso de adquisición individual se repite en mayor o menor medida para todas las palabras nuevas, puesto que la asociación entre una secuencia de sonidos y un significado es **arbitraria** (como descubrió F. de Saussure). Pero una vez que se aprende, la asociación entre significado y signo se mantiene constante: *casa* siempre mantiene un significado básico, constante.

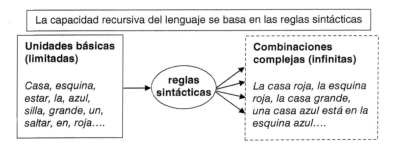

Figura 1.1 Recursividad del lenguaje.

Sin embargo, cuando el hablante o el oyente combina dos palabras, no tiene que aprender otra vez el significado de esa combinación, sino que toma los significados de las palabras individuales y aplica una regla general que funciona en todos los casos y que es independiente de esos significados. Por ejemplo, para entender el significado de (1b), basta saber el significado de cada palabra y las reglas generales que permiten que se combinen esas palabras. Esas reglas se aplican independientemente de si el hablante las aplica a *casa*, o a *edificio*, o a *mesa*, etcétera. Se aplican a toda una **categoría** de palabras.

Entonces, por un lado tenemos grupos de palabras asociadas con significados de una manera más o menos constante, y por otro lado tenemos reglas que se aplican sobre el conjunto de esas palabras (y no necesariamente sobre sus miembros individuales). Estas reglas se pueden aplicar recursivamente para formar unidades nuevas. El resultado de estos dos aspectos del lenguaje humano es un sistema con una creatividad potencial infinita: puedo combinar un grupo grande pero limitado de palabras de maneras distintas y variadas usando un conjunto de reglas relativamente reducido, como se refleja en la figura 1.1.

Las combinaciones complejas son infinitas porque, en principio, pueden ser infinitamente largas (aunque limitadas en la práctica por la capacidad de la memoria humana), como veíamos en (1). Siempre puedo aplicarle una regla recursiva a una secuencia existente para crear una secuencia más larga. Pero además, son potencialmente innovadoras: es posible combinar dos o más unidades básicas que yo nunca haya combinado antes. Esa capacidad expresiva es esencial en la poesía, por ejemplo, o en la publicidad.

El lenguaje humano tiene, según lo que hemos visto, dos características revolucionarias: por un lado, podemos asociar significados y sonidos de manera arbitraria pero constante (la **arbitrariedad** de la que hablábamos más arriba). Por otro lado, tiene reglas combinatorias que se aplican recursivamente. Estas dos propiedades convierten al lenguaje humano en un instrumento tremendamente poderoso, de modo que, posiblemente, sea la capacidad cognitiva que más haya cambiado el curso de la historia humana, y que está en la base de todas las otras habilidades, descubrimientos y cambios históricos.

Expansión: La transmisión de información en los tiempos prelingüísticos

Imagine la época antes de que los humanos pudieran comunicarse con lenguaje. Un cazador vuelve a su campamento y trata de transmitir la localización de un rebaño de animales que podrían cazarse. Sus posibilidades están limitadas por los gestos físicos, y posiblemente por los objetos a los que pueda señalar con sus manos.

Comparemos a este cazador con una descendiente que ya se comunica con el lenguaje. Esta segunda cazadora puede transmitir información sobre realidades no inmediatas: lugares lejanos, tiempos lejanos; puede distinguir un árbol alto de otro bajo, o un tigre de una gacela, puede nombrar a los objetos por su nombre, y no solo por su presencia física; puede aclarar o aumentar la información sobre un objeto; puede describir nuevas tecnologías ...

1.2 El lenguaje: el derecho más universal

La historia humana se puede ver como una lucha por aumentar los derechos de cada uno de los miembros de nuestra especie: el derecho a vivir, el derecho a la libertad, el derecho a la educación, etcétera ... Lamentablemente, todos estos derechos humanos son promesas a las que aspiramos, porque no a todos los seres humanos se les garantiza el derecho a la vida o a la libertad. El lenguaje humano, en cambio, se puede ver como el único derecho al que tiene acceso cualquier persona por el hecho de ser humano. Cuando nacemos, este derecho se nos aplica casi automáticamente por el solo hecho de crecer alrededor de otras personas que hablan. Si no tenemos dificultades cognitivas serias, y si estamos expuestos a otras personas que usan el lenguaje, tenemos garantizado que, a los pocos años, tendremos la capacidad de entender y expresar pensamientos bastante complejos y abstractos independientemente de nuestro origen, riqueza, clase social, educación, etcétera. Esta habilidad cognitiva de aprender el lenguaje nos abre la puerta a comunicarnos con otros, a transmitir y recibir información, a vivir en grupos sociales grandes y complejos. No hay muchos otros derechos que sean al mismo tiempo tan universales, tan automáticos y tan efectivos. ¿Qué es lo que garantiza la universalidad del lenguaje humano?

A un nivel general, la respuesta es bastante clara: las características de las capacidades cognitivas de los seres humanos permiten que se desarrolle el lenguaje en contacto con el estímulo lingüístico de una comunidad. En este sentido, se asume que el lenguaje (y la sintaxis) se basa en una habilidad cognitiva, y por lo tanto individual, que existe de manera inconsciente en todo hablante. Si tratamos de precisar un poco en qué consiste esa capacidad cognitiva que nos permite hablar y entender un lenguaje, las explicaciones se vuelven más controvertidas. Desde la mitad del siglo XX, una corriente lingüística muy importante llamada **gramática generativa**, iniciada por Noam Chomsky, sostiene que la capacidad lingüística tiene dos características independientes pero conectadas: es innata y es modular. Al decir que es **innata**, se dice que es una habilidad presente en cualquier ser humano como producto de las instrucciones codificadas en su herencia genética. Decir que es **modular** significa que es una capacidad con principios que operan dentro de una especie de cajón cerrado que no tiene en cuenta lo que ocurre en el exterior del cajón, como vemos en la figura 1.2.

Otras corrientes sicolingüísticas cuestionan la hipótesis del innatismo modular, y asumen que los principios cognitivos que regulan la forma del lenguaje no son exclusivos de ese dominio lingüístico, sino parte de habilidades

Figura 1.2 Modularidad del lenguaje.

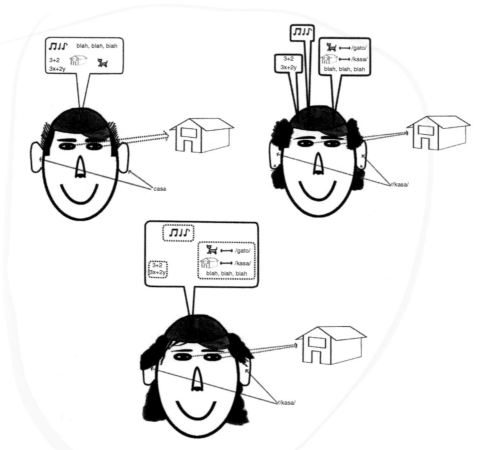

Figura 1.3 Habilidad cognitiva modular, semi-modular y general.

cognitivas más generales, como la capacidad de abstraer, de referir, o de combinar elementos.

Existe una tercera posibilidad intermedia, y es que haya una habilidad cognitiva general sobre la que se construyan capacidades relativamente encapsuladas, que por lo tanto usan los recursos de la cognición general, pero los aplican a dominios específicos (o aplican recursos limitados a dominios específicos). Las tres opciones se ilustran en la figura 1.3.

En la figura de arriba de la izquierda, el estímulo visual y auditivo de todo tipo se procesa usando una capacidad general que incluye la habilidad de descifrar la música, las matemáticas, el lenguaje, y muchos otros tipos de información. En la figura de arriba a la derecha, el estímulo auditivo y visual se procesa diferencialmente: el estímulo lingüístico se procesa en un módulo, el estímulo musical, en otro, el estímulo matemático, en otro, etcétera. Finalmente, en la figura de abajo, los estímulos de distintos tipos se procesan en submódulos relativamente especializados, pero permeables a otras habilidades cognitivas.

Para entender mejor en qué consiste este debate, podemos pensar en dos actividades que tienen paralelos con las hipótesis representadas en las figuras de la parte alta: las actividades deportivas y el desarrollo de los seres animados a partir de su herencia genética. Las actividades deportivas representan situaciones modulares: cada tipo de actividad (por ejemplo, fútbol, tenis, natación) tiene reglas específicas que solo se aplican a esa actividad: el fútbol dura 90 minutos, el tenis, hasta que uno de los jugadores gane suficientes puntos y juegos, la natación, hasta que lleguen a la meta. Lo único que tienen en común es que todas implican ejercicio físico, competición, y resultados finales. En este sentido, las reglas que regulan los distintos deportes son totalmente independientes: no puedo aplicar la regla sobre el tamaño de un balón de fútbol a una pelota de tenis.

En cambio, el desarrollo de los seres animados es más como una actividad general: las leyes de la genética regulan todo el desarrollo y se basan en la combinación de una serie de elementos bioquímicos básicos según ciertas reglas; estos elementos interactúan con otros elementos dando como resultado que crezca una pierna o un ala. Las reglas genéticas y los elementos bioquímicos básicos son iguales para el desarrollo de los insectos que para el desarrollo de los mamíferos. Es decir, el desarrollo de cada animal no se regula por reglas modulares sino por reglas generales que interactúan con otros elementos de manera dinámica. Una de las preguntas que se plantea la lingüística es si las reglas son más parecidas a las del deporte o las de la genética.

El debate sobre la modularidad se refleja más claramente en el campo de la sintaxis, específicamente si los principios sintácticos son modulares e independientes de otros aspectos cognitivos o no. Veamos los parámetros del debate.

1.2.1 ¿Sintaxis autónoma o sintaxis como parte de una capacidad cognitiva general?

Como se dice más arriba, los lingüistas se preguntan si las reglas de la sintaxis son autónomas, es decir, independientes de otras capacidades cognitivas, o si son parte de otras habilidades más generales. Veamos algunos ejemplos lingüísticos concretos. En español tenemos la posibilidad de resaltar un elemento de una cláusula, poniéndolo en primera posición, como vemos en (4). En el primer ejemplo, el objeto *la bicicleta* aparece detrás del verbo, la posición habitual, pero en el segundo, ese objeto se resalta poniéndolo al principio. ¿Cómo se explican estas diferencias?

(4)   a. Compramos la bicicleta esta mañana.
     b. La bicicleta, la compramos esta mañana.

La hipótesis modular sugiere que debe haber principios o reglas estrictamente gramaticales que determinen en qué contexto podemos tener las dos opciones ilustradas en (4), como por ejemplo, la regla descrita en (5). Es importante notar que esta regla hace referencia sólo a conceptos sintácticos como "frases nominales", "definidas", "pronombre", y "átono", y por lo tanto no se puede aplicar fuera del contexto gramatical, porque fuera de la gramática no existen las frases nominales, ni los pronombres átonos.

(5)   Las frases nominales (definidas) se pueden resaltar en primera posición si aparecen conectadas con un pronombre átono.

El reto de la perspectiva modularista es encontrar los correlatos mentales y/o neurológicos de la modularidad lingüística, y demostrar que, efectivamente, esos fenómenos gramaticales tienen características únicas y no generales.

Por el contrario, si se asume una perspectiva cognitiva no modular, la explicación de las dos alternativas de (4) se tiene que formular con principios cognitivos generales y aplicables a otros contextos cognitivos. Por ejemplo, se podría argumentar que existe una tendencia o predisposición cognitiva en los seres humanos a resaltar algunos aspectos de la realidad y a poner otros aspectos en segundo plano. En este caso, el constituyente *la bicicleta* se resalta poniéndolo en primera posición de la oración.

Una teoría que asume mecanismos generales de cognición no modulares podría tratar de conectar las estrategias para resaltar elementos sintácticos con las estrategias cognitivas para representar los objetos. Sabemos que la mente reconstruye las tres dimensiones de un objeto, que se perciben visualmente como dos dimensiones. Una parte importante de ese mecanismo mental consiste en generar profundidad visual, del mismo modo que se hace en un cuadro: representando los objetos más cercanos como más grandes y los más lejanos como más pequeños.

Entonces, si quisiera proponer mecanismos cognitivos generales, podría comparar la función de resaltar lingüísticamente que ilustramos en el ejemplo de (4b) con la función de resaltar un objeto en primer plano. Pero ¿se usan los mismos mecanismos? Hay dos categorías básicas que intervienen en la percepción de la profundidad visual: las claves que proporciona el uso de los dos ojos (binoculares), y las que proporciona el uso de uno solo (monoculares). Entre las primeras están si los objetos se perciben de la misma manera por los dos ojos, o si hay diferencias, mientras que las segundas incluyen claves kinéticas y físicas (tamaño relativo, sombras, orientación, elevación, etc.). Vemos, entonces, que hay ciertos parecidos entre el resalte lingüístico y la profundidad de campo visual: los dos usan la prominencia (la intensidad de voz más fuerte en el caso de la gramática, tamaño en el caso de la profundidad visual), los dos usan claves de posición (en los márgenes de una cláusula, o en el primer plano de una escena), pero también hay ciertas diferencias: el lenguaje no parece tener nada parecido a las claves binoculares, ni a la orientación o la elevación, y en cambio sí usa aspectos como la categorización de los constituyentes (en "frase nominal", por ejemplo), definitud, o el hecho de que el elemento focalizado (*la bicicleta*) se relaciona con un pronombre átono (*la*).

El reto de la perspectiva no modular consiste en formular principios suficientemente generales como para que se apliquen a fenómenos de distintas áreas cognitivas (en este caso, el resalte lingüístico y la perspectiva visual), pero suficientemente específicos como para explicar los efectos precisos de ese mecanismo en cada una de las áreas cognitivas. En cierto sentido, este reto no es muy distinto de el que tiene la genética para explicar cómo los mismos elementos bioquímicos y las mismas reglas combinatorias pueden producir un ala o una pata.

En este manual asumimos que algunas reglas sintácticas se basan en operaciones cognitivas más generales, pero aplicadas de manera especializada en la gramática. Por ejemplo, los mecanismos por los que dos palabras se combinan para formar una unidad parecen ser suficientemente generales (y seguramente también participan en operaciones aritméticas como sumar), pero al mismo tiempo la manera como se aplican en la sintaxis probablemente es muy especializada. Esta perspectiva da como resultado una organización semi-modular: los mismos mecanismos aplicados en dos dominios semi-aislados tienen resultados distintos.

1.3 El análisis sintáctico

En esta sección introducimos los aspectos básicos del análisis sintáctico: ¿de dónde salen los datos? ¿Qué cuenta como un dato relevante? ¿Cómo se construyen los análisis y las hipótesis?

1.3.1 ¿Cómo se obtienen los datos sintácticos?

Como todo objeto de estudio, la sintaxis tiene una metodología que combina la observación de los datos con las teorías y explicaciones. Los datos sintácticos pueden obtenerse de distintas maneras: de corpus escritos u orales, que son grandes bases de datos que acumulan textos obtenidos de distintos hablantes o autores; también se pueden obtener datos observando directamente el habla de un hablante (grabándolo, por ejemplo), o construyendo ejemplos y probando si son aceptables para el hablante, o diseñando otras metodologías experimentales que miden de manera indirecta la reacción de un hablante ante un estímulo lingüístico. Por ejemplo, un hablante puede reaccionar más lentamente al procesar una frase que tiene alguna anomalía que otra que no la tiene, y eso nos da una clave indirecta sobre la existencia de esa anomalía.

Una de las metodologías más populares en los últimos 50 años (desde los primeros libros del lingüista Noam Chomsky) consiste en asumir que una gramática produce un conjunto de oraciones, pero en cambio no puede producir otras muchas oraciones. Por ejemplo, el conjunto de reglas gramaticales que sigue cualquier hablante de español puede producir lo siguiente, por muy extrañas o infrecuentes que suenen estos ejemplos:

(6) a. Los cuervos hacen ruidos casi humanos
    b. Esa nube tiene la misma forma que la cara de mi profesor de biología
    c. Esta es una frase del español

En cambio, las reglas gramaticales del español no pueden producir estos otros ejemplos:

---

(7) a. *Casi los hacen humanos cuervos ruidos
b. *Nube esta tiene misma la forma que cara la profesor mi de biología de
c. *Esta una es frase español del

Aunque los ejemplos de (7) tienen las mismas palabras que los de (6), la manera como están organizadas no es consistente con las reglas del español de ningún hablante. Nótese que en el caso de (7b) es relativamente fácil ver cuál es la diferencia con (6b): el orden de los determinantes (*este*, *la*, *mi*) y sus nombres está invertido (*nube esta* en vez de *esta nube*), y las preposiciones (*de*) aparecen detrás, no delante del nombre. A pesar de que es fácil describir la diferencia, este ejemplo no sería producido por ninguna gramática de ningún hablante del español.

En ese sentido, llamamos a las oraciones o ejemplos que sí pueden ser producidos por la gramática de una lengua, **oraciones gramaticales,** y a las que no pueden ser producidas por la gramática de una lengua, **oraciones agramaticales** (marcada con "*" en los ejemplos), como se ilustra en la figura 1.4.

¿Cuántas oraciones gramaticales puede producir una gramática? ¿Y cuántas agramaticales? La respuesta es "un número infinito" en los dos casos, porque las reglas gramaticales pueden ser aplicadas recursivamente, como ya dijimos.

¿Cómo sé si una oración es gramatical o no? La idea es relativamente simple, en principio: se le pregunta a un hablante nativo de la lengua cuál es su reacción cuando oye el ejemplo correspondiente: si es gramatical, la

Figura 1.4 Oraciones gramaticales y agramaticales.

reconocerá como algo que podría decir o que podría oír a su alrededor, y si es agramatical, no la reconocerá como algo que diría o que podría oír a su alrededor. Por ejemplo, si a un hablante de español le presento los ejemplos de (8) y le pregunto si considera que algún hablante de español diría esos ejemplos, su respuesta será probablemente que (8a) sí es producible por un hablante de español, pero (8b) no.

(8)   a. Las amapolas son rojas
          b. *Las son amapolas rojas

Esta idea de gramaticalidad es muy atractiva porque es intuitivamente muy simple. Sin embargo, en la práctica, al aplicarla, las cosas se complican. Hay distintas razones por las cuales un hablante puede reaccionar ante un estímulo lingüístico. Por ejemplo, porque sea contradictorio, poco frecuente, o porque tenga una combinación inusual (pero posible) de palabras, como vemos en (9):

(9)   a. Los elefantes no son elefantes
          b. Mil golondrinas barrieron los mares

Es posible que un hablante piense que nunca diría (9a) porque es contradictoria, o que (9b) suena rara porque las golondrinas no barren, y porque los mares no pueden ser barridos. Sin embargo, hay una diferencia intuitiva entre (8b) y (9): no es que haya un problema con el significado de (8b), sino con la manera como están organizadas las palabras en ese ejemplo. En (9), en cambio, las palabras no están desorganizadas, sino que en el primer ejemplo estamos afirmando y negando algo al mismo tiempo, y en el segundo, le estamos dando propiedades extrañas a los pájaros y a los mares, que no corresponden con lo que pasa en el mundo. Puesto de otra manera, podríamos imaginar cómo sería el mundo si mil golondrinas barrieran los mares, pero no podemos imaginar qué habría que cambiar en el mundo para que (8b) sonara como español.

Expansión: La gramaticalidad como metodología

Algunas personas han cuestionado la idea de gramaticalidad como metodología ideal para estudiar sintaxis, pero varios estudios han comprobado que esa metodología produce resultados igualmente fiables que otros métodos.

Algunos lingüistas recomiendan usar juicios de gramaticalidad con un tiempo limitado para responder. Al limitar las respuestas a un periodo corto de tiempo, se obtiene una reacción más intuitiva y menos reflexiva (ver Schütze (2006, 2011)).

Por supuesto, de nada nos sirve tener sólo una lista infinita de oraciones gramaticales y agramaticales producida por juicios de gramaticalidad. Lo que nos interesa es generar hipótesis o análisis que hagan predicciones sobre si un ejemplo es gramatical o no. Si la predicción coincide con la intuición del hablante, la hipótesis es explicativa, si no, hay que modificarla.

1.3.2 Gramaticalidad frente a corrección

¿Es lo mismo "gramatical" que "correcto"? No, el primero es un concepto cognitivo, el segundo es un concepto social. Por ejemplo, en español latinoamericano, se oye frecuentemente la forma verbal *haiga* (*ojalá que haiga comida en la fiesta*) en vez de *haya* (*ojalá que haya comida en la fiesta*), y algunas personas dicen que sólo la primera forma es "correcta". Esto refleja una jerarquía social: los hablantes que dicen *haya* tienen más prestigio social que los que dicen *haiga*. Pero esto no tiene nada que ver con la gramaticalidad: la gramática de los hablantes produce *haiga* y lo reconoce como posible, por lo tanto, es gramatical.

Además de ser una capacidad cognitiva, el lenguaje también es un instrumento social, y como instrumento social, es un mecanismo muy poderoso para establecer relaciones de poder. Por ejemplo, en la televisión es frecuente ver anuncios de automóviles de lujo hechos por hablantes de inglés con acento británico porque esa variedad se percibe como prestigiosa en Estados Unidos. Es decir, un aspecto del lenguaje (el acento inglés) sirve como índice o símbolo de una característica social (riqueza, prestigio). Recientemente ha habido varios incidentes en los que personas que hablaban árabe han sido acusados de ser terroristas: de nuevo, un aspecto del lenguaje (hablar árabe) sirve como símbolo o indicación de algo negativo (ser terrorista). Como es obvio, no es la característica lingüística lo que es positivo o negativo (hablar con acento inglés o en árabe son accidentes históricos de dónde ha nacido alguien, o de dónde vinieron sus padres), sino las características sociales asociadas con ese grupo de hablantes (ser percibido como deseable o no), y el lenguaje sólo es el **símbolo** de ese estatus social.

Los juicios sobre **corrección lingüística** son mecanismos de estratificación social por los cuales un grupo más prestigioso y con más poder social determina qué usos lingüísticos son aceptables y cuáles no. Este mensaje se difunde en los periódicos, la radio, la escuela, etcétera, pero en realidad, al decir que un hablante habla **incorrectamente**, no digo nada sobre su capacidad lingüística, sino sobre su posición relativamente baja en la jerarquía social.

La presión social en los juicios sobre el lenguaje. En la región de El Cibao, en la República Dominicana, se oye la expresión *ello llueve mucho*, pero cuando les pregunta personalmente si la usan, muchos dicen que no, o que sólo los hablantes del campo sin educación la usan. La expresión es gramatical porque los hablantes la producen y la reconocen, pero se considera incorrecta porque muchos de los hablantes que la usan son pobres y poco educados.

Ejemplo gramatical: una secuencia lingüística que puede ser producida según el sistema cognitivo inconsciente de la gramática de un hablante.

Ejemplo correcto: una secuencia lingüística que es aceptada por un grupo social con poder para aceptarla.

Esta diferencia entre gramatical y correcto se ve en muchas gramáticas y diccionarios normativos tradicionales, que normalmente adoptan el punto de vista de lo correcto, y recomiendan lo que no se debe decir. Al hacerlo, paradójicamente, nos dan una idea de lo que sí se dice. Por ejemplo, el *Diccionario de dudas y dificultades de la lengua española* de Manuel Seco recomienda lo siguiente respecto a la palabra *adaptar* (p. 23):

(10) adaptar.

1. Evítense las pronunciaciones vulgares /adaztár/ y /adaktár/

Primero, vemos que la perspectiva es de corrección: las pronunciaciones /adaztár/ y /adaktár/ se consideran incorrectas (se deben evitar). Segundo, de manera más reveladora, si este diccionario recomienda evitar esas pronunciaciones, eso quiere decir que existen y son relativamente extendidas, y por lo tanto gramaticales para grupos extensos de hablantes.

La aceptabilidad de un uso gramatical también depende del **registro lingüístico**, que es una colección de usos lingüísticos apropiados sólo en ciertos contextos o con ciertos grupos sociales. Por ejemplo, el lenguaje que se usa en el registro oral es distinto del que se usa en el registro escrito porque algunas expresiones son más apropiadas en uno o en el otro. También hay registros más **formales** y menos formales: por ejemplo, los usos lingüísticos varían cuando alguien habla en el senado de un país y cuando habla en una fiesta con amigos.

En resumen, una expresión puede calificarse como gramatical/agramatical (que es o no es producida por la gramática individual de un hablante) o como correcta o incorrecta (que pertenece o no al uso lingüístico aceptado por un grupo social): un ejemplo es gramatical si un hablante lo acepta como parte de lo que produce su gramática. Un ejemplo es incorrecto si un grupo social lo acepta en un registro determinado. Es importante, por lo tanto, tener esta diferencia en cuenta. En el análisis sintáctico nos interesa la gramaticalidad, no la corrección.

1.3.3 ¿Qué datos lingüísticos son legítimos? Competencia y actuación

Al obtener datos lingüísticos, no es fácil determinar los que son relevantes de los que no lo son. Ya mencionamos más arriba la cuestión del prestigio social: un hablante puede considerar un dato inaceptable porque se asocia con poco prestigio social, y no porque sea agramatical. Eso es lo que veíamos respecto a *ello llueve mucho* en el Cibao (República Dominicana). Supongamos que un hablante de esa región considera esa expresión inaceptable, hay que determinar si la razón es que es agramatical, o simplemente socialmente inaceptable.

En otros casos, un ejemplo puede tener dos interpretaciones, una muy prominente y otra no tanto, y es posible que el hablante reaccione a la más prominente:

---

(11) De Juan, reconocemos el hecho de que Sara no pudo obtener la carta

a. "Reconocemos el hecho de que Sara no pudo obtener la carta de Juan"
b. "Respecto a Juan, reconocemos el hecho de que Sara no pudo obtener la carta"

El ejemplo de (11) tiene dos posibles estructuras, que corresponden a las interpretaciones de (11a) y (11b). En la primera, Juan es el tema o el autor de la carta; en la segunda, estamos hablando de Juan, pero él no es necesariamente el autor o el tema de la carta. ¿Qué interpretación tiene usted? Si un hablante acepta el ejemplo como gramatical, ¿lo hace con la interpretación de (11a) o de (11b), o de las dos? Al investigar, tenemos que asegurarnos de cuál de las opciones refleja la respuesta del hablante.

Un aspecto un poco distinto de los datos lingüísticos se refiere a la idealización. Las gramáticas de los hablantes varían más o menos, pero al hacer análisis, es frecuente preguntarle datos a distintos hablantes, e "idealizarlos" como si fueran de un único hablante sin variación. Con frecuencia, se habla de un **hablante/oyente ideal**, que vive en una comunidad lingüísticamente homogénea, y que no se ve afectado por limitaciones de memoria, distracciones, errores. En la práctica, es muy difícil obtener datos ideales, y tampoco está claro cuáles son los criterios que nos permitirían distinguir los datos "ideales" de los datos "contaminados", por llamarlos de alguna manera.

Además, la idea del hablante ideal de una comunidad homogénea ha llevado a muchos lingüistas a no tener en cuenta datos de hablantes bilingües, por ejemplo, puesto que el bilingüismo se ve como una complicación innecesaria para establecer los análisis sintácticos. Sin embargo, no pensamos que esa sea una conclusión correcta. Por un lado, la capacidad cognitiva que muestran los hablantes bilingües es comparable a la de los monolingües, en el sentido que los hablantes bilingües tienen gramáticas con características y parámetros de variación muy similares a las de los monolingües.

Por otro lado, más de un 70 por ciento de la población mundial es bilingüe o multilingüe, y, por lo tanto, el bilingüismo más que el monolingüismo es el estado más frecuente y natural de los seres humanos, y por lo tanto sería deseable que las teorías lingüísticas explicaran los casos más generales y no las excepciones. Es como si para estudiar los efectos del estrógeno, nos limitáramos a un grupo de hombres: nuestros resultados serían poco informativos.

Finalmente, el estudio de las gramáticas bilingües nos abre las puertas a datos nuevos, por ejemplo, el **cambio de código** (mezclar pedazos largos de dos lenguas en la misma cláusula):

---

(12) a. *The woman feliz
     b. *La mujer happy

---

(13) a. The woman feliz de su logro
     b. La mujer happy of her achievement

Los hablantes bilingües tienen intuiciones muy claras de sobre en qué parte de una cláusula se puede cambiar de una lengua a otra. Por ejemplo, el cambio de código de (12) suena mucho menos natural que el de (13). Hay varias posibles explicaciones sobre por qué existe este patrón, pero el punto más importante es que el cambio de código nos muestra aspectos interesantes de la sintaxis del español y del inglés que posiblemente pasarían desapercibidas si no se incorporaran los datos del cambio de código de los bilingües.

En este manual asumimos que los datos bilingües son importantes por todas estas razones, y los incorporaremos cuando sea posible en las explicaciones sintácticas junto con los datos de los monolingües.

La idea de un hablante/oyente ideal está conectada con otra distinción teórica importante y bastante controvertida. Imaginemos que quiero comprar un automóvil nuevo y comparo el consumo de gasolina de varios modelos, según lo que me indican las medidas del gobierno federal. Unos modelos indican 35 millas por galón, otros 32, otros 29. Cuando salgo de la tienda con el modelo de 35 mpg, empiezo a manejar y descubro que el rendimiento real está más cerca de 30 mpg. Al preguntarle al vendedor, me explica que la cifra de 35 mpg que se anuncia oficialmente es una estimación del potencial del vehículo en las mejores condiciones posibles (velocidad de 40 millas por hora, en carretera, sin acelerar bruscamente, etc.), pero en condiciones reales el rendimiento es mucho más bajo. De alguna manera, yo me siento engañado, porque a mí me interesa el consumo real, no el potencial, pero los ingenieros federales han decidido medir la capacidad ideal de cada motor, no su funcionamiento en condiciones reales.

En el caso del lenguaje ocurre algo parecido: la idea de hablante/oyente ideal refleja un sistema lingüístico en condiciones ideales, no en el uso diario. Igual que con los motores, estas capacidades ideales pueden verse afectadas por las condiciones de uso diario. En el caso del lenguaje, esas condiciones incluyen la capacidad de memoria, el cansancio, los errores, la capacidad de reflexión metalingüística, etcétera. Estos factores no son parte directa de la capacidad estrictamente lingüística, pero sí pueden afectar a los resultados. En los dos ejemplos (el consumo de gasolina y los juicios de los hablantes), distinguimos entre la capacidad potencial y el funcionamiento real y los consideramos como dos aspectos independientes que deben ser separados a la hora de analizar los resultados. En la tradición lingüística generativa, esta diferencia se llama **competencia** y **actuación**: la competencia es la capacidad cognitiva que se refleja en reglas o principios gramaticales ideales que delimitan qué se puede producir y entender en principio, y la actuación es el resultado que se produce en las condiciones de uso lingüístico real. Según esta idea, un ejemplo puede ser gramatical o agramatical según la competencia del hablante, pero ese mismo ejemplo podría ser afectado por condiciones de uso real (actuación) que lo hagan más o menos aceptable para ese hablante.

Esta distinción entre competencia y actuación es controversial por varias razones. Por un lado, es muy difícil tener evidencia sobre la competencia lingüística de un hablante independientemente de su actuación, porque no tenemos maneras de observar directamente el funcionamiento de la mente, sino que sólo lo podemos hacer a través de actuaciones lingüísticas en condiciones reales. Por ejemplo, para dar un juicio de gramaticalidad sobre una oración, puedo leerla o puedo oírla, pero en los dos casos, mi capacidad de lectura y mi capacidad de procesar la señal acústica (dos capacidades relacionadas con la actuación, no con la competencia lingüística) filtran necesariamente el estímulo.

Por otra parte, algunos lingüistas niegan que haya una distinción real entre competencia y actuación, y asumen que la habilidad cognitiva que nos permite producir y comprender el lenguaje está determinada de manera esencial por la actuación, y que no es posible distinguir entre las dos. Dicho de otra manera, para esos lingüistas, lo único relevante es la actuación; no existe una competencia independiente.

Finalmente, incluso si aceptamos la distinción entre competencia y actuación, decidir cuándo una cláusula es agramatical o simplemente no es procesable (por limitaciones independientes de la mente humana) es bastante difícil en casos extremos. Por ejemplo, algunas frases se perciben como poco aceptables, pero porque son muy largas o complejas. Veamos los tres ejemplos de (14), que son aceptables y fácilmente procesables:

(14) a. El ciclista atropelló a la ardilla
b. La persona salió
c. La persona vio al ciclista

Ahora, tratemos de combinarlos en una sola oración, como vemos en (15):

(15) ??El ciclista que la persona que salió vio atropelló a la ardilla

El resultado es bastante dudoso (por eso lo marcamos con "??"), pero la reacción negativa ¿indica que es agramatical, o simplemente difícil de procesar? Si determinamos que es agramatical, este ejemplo refleja algo sobre la manera en que funcionan las gramáticas, pero si es difícil de procesar, el ejemplo refleja algo sobre la memoria humana, no sobre la gramática. En la práctica, decidir el origen de la anomalía en estos ejemplos es muy difícil, y en realidad depende mucho de los presupuestos teóricos que uno asume.

En cualquier caso, estos contrastes ilustran la dificultad de separar los efectos del procesamiento de las representaciones gramaticales, incluso si uno asume que son dos mecanismos independientes.

1.3.4 El lenguaje hablado y el lenguaje escrito

Muchas lenguas tienen un alfabeto que representa de manera más o menos directa la producción lingüística de los hablantes. Sin escritura, la transmisión de conocimiento a través del lenguaje sería mucho más limitada; entre otras cosas, yo no podría escribir este libro, ni los lectores leerlo.

Sin embargo, la escritura es un reflejo indirecto del lenguaje: hay distintos sistemas de escritura que pueden representar la misma lengua. Por ejemplo, el ruso se puede representar con el alfabeto latino o con el alfabeto cirílico, pero el mensaje lingüístico no cambia:

(16) a. Солнечно
       b. solnechno
        soleado   'está soleado'

Por otra parte, la relación entre la representación ortográfica y los sonidos de la lengua no siempre es directa. En los alfabetos latinos, a veces, la misma letra representa distintos sonidos, y a veces el mismo sonido se representa de distintas maneras:

(17) a. Gol, gente
       b. Gente, jinete

En el primer caso, la letra "g" representa dos sonidos distintos, en el segundo caso, el mismo sonido se representa con "g" o "j". Esto refleja el resultado de la evolución histórica de la ortografía, que tiene sus propias reglas independientes del lenguaje. Por ejemplo, en español la letra "h" no se pronuncia oralmente, y sin embargo existe como resto histórico de otra época en la que sí se pronunciaba. Esa letra no nos dice nada sobre el conocimiento lingüístico del hablante, solo sobre su conocimiento de las reglas de ortografía. Puesto de otra manera, si mañana nos pusiéramos de acuerdo en eliminar la "h" en palabras como *historia, haber,* nuestro conocimiento del español (del sistema gramatical de la lengua) no cambiaría en nada.

En otros sistemas de escritura, la relación no es entre el símbolo y el sonido de la palabra, como en español o en inglés, sino entre el símbolo y el concepto de la palabra. Por ejemplo, en mandarín, en su forma más simple, los caracteres representan una imagen: *montaña* → 山, donde se pueden intuir las formas de tres montañas.

Esto quiere decir que los sistemas de escritura reflejan un aspecto del lenguaje de manera indirecta, pero no podemos sacar conclusiones generales sobre la sintaxis o el lenguaje a partir de reglas ortográficas.

1.3.5 La construcción de un análisis: el razonamiento sintáctico

Los juicios de gramaticalidad nos sirven para decidir si una oración es generada por una gramática, y también si nuestras hipótesis son correctas o no. Pero ¿cómo llegamos a esas hipótesis? ¿Cómo se construye un análisis? Como muchos otros campos de estudio, sobre todo los que usan metodología sistemática, la sintaxis hace observaciones y agrupa los datos basándose en posibles explicaciones sobre su comportamiento, es decir, asumiendo que ese conjunto de datos tiene algo en común (forman una **clase natural**). En otros ámbitos, el concepto de clase natural es muy útil, por ejemplo, si descubro que los trabajadores que pasan mucho tiempo sentados trabajando desarrollan problemas de circulación sanguínea, estoy definiendo una clase natural ("trabajadores que pasan mucho tiempo sentados").

Podemos ver el procedimiento de análisis sintáctico en el siguiente ejemplo. Imagínese que un lingüista hablante de ewe (una lengua de Ghana) estudia el español por primera vez, y oye los siguientes ejemplos:

(18) a. El niño simpático
   b. La niña simpática

Nuestro lingüista, entrenado en la metodología que hemos descrito más arriba, le pregunta a una hablante nativa de español si los dos ejemplos de arriba son algo que ella diría, o que otros dirían, y añade los siguientes ejemplos a la lista de preguntas:

(19) a. *La niño simpático
　　　b. *La niña simpático
　　　c. *El niña simpática
　　　d. *La niño simpática

La hablante nativa le contesta que los ejemplos de (18) sí son posibles para ella (son gramaticales), y los de (19) suenan mal; no los produciría y no cree que nadie más los produciría, por lo tanto son agramaticales.

Nuestro lingüista ahora tiene un grupo de datos que varían mínimamente y sistemáticamente, algunas variaciones son gramaticales y otras no. Esto es lo que se llama una **distribución sintáctica**.

Clase natural: el conjunto de expresiones lingüísticas que tienen una propiedad común.

Distribución sintáctica: el conjunto de contextos lingüísticos en los que puede aparecer una expresión lingüística.

¿Cómo explicar estas diferencias? En primer lugar, el lingüista tiene que generalizar sus datos a otros casos, para ver si afectan solo a un grupo de palabras, o si afectan a conjuntos más grandes. Eso es lo que vemos a continuación:

(20) a. La abuela alemana
　　　b. La manzana podrida
　　　c. La hoja caída
　　　d. La doctora sabia

En estos ejemplos, nuestra intuición inicial se confirma: los tres elementos de estos grupos de palabras terminan en la misma vocal (-*a*), y otros grupos de palabras tienen una terminación distinta (-*o*). Además, la exploración nos permite establecer la clase natural a la que afecta esta distribución:

(21) a. La frecuente llegada
      b. *La frecuenta llegada

En este caso, vemos que la palabra *frecuente* no cambia a *frecuenta* como lo hacen las otras palabras, porque no está dentro de la clase natural a la que afectan estos cambios (es un adverbio, y los cambios afectan a nombres, artículos y adjetivos). La primera hipótesis sería la siguiente:

Hipótesis 1: En español, las terminaciones del artículo, del nombre y del adjetivo varían sistemáticamente entre *-a* y *-o*

Si continuamos extendiendo los datos, veremos que la distribución sintáctica afecta a otros elementos, como *un/una*, *este/esta*, etcétera, y además, que estas terminaciones se relacionan en algunos casos con propiedades de los objetos en el mundo (el género biológico), pero no en otros casos (*hoja*, *manzana*). Los parámetros de nuestra distribución son el **género** y la **concordancia** (como veremos con más detalle en el capítulo 5, sec. 5.4.1). El género define un grupo al que pertenecen los artículos, los determinantes y los adjetivos; algunos de ellos varían entre masculino y femenino (normalmente los que se refieren a seres humanos), y otros no. La concordancia es una operación por la que distintas palabras varían simultáneamente en una frase:

(22) a. Algún amigo francés
      b. Alguna amiga francesa

(23) a. Este gabinete elegido
      b. *Esta gabineta elegida

(24) a. La invitación recibida
      b. *El invitación recibido

Nuestra hipótesis 1 tiene que modificarse: la variación (concordancia) no es entre -*o* y -*a*, sino entre categorías más abstractas, como la de género, y el género puede expresarse con distintas terminaciones gramaticales.

Si extendemos la distribución, podemos explorar los distintos subgrupos de cada género (por ejemplo, todos los nombres en -*ción* son femeninos: *la canción, la operación*; los nombres que terminan en -*ón* son masculinos: *el tapón, el melón*, etc.). También podemos explorar la concordancia, a ver si afecta a otros rasgos además del género. En este sentido, vemos rápidamente que el número también entra en concordancia:

(25) a. Los niños simpáticos
b. Las niñas simpáticas

Esto nos lleva a modificar la hipótesis 2:

Hipótesis 2:

a. En español, los determinantes, los nombres y los adjetivos concuerdan en género y número.
b. El género gramatical incluye dos valores: masculino y femenino, normalmente marcado con una terminación de la palabra.
c. El número gramatical incluye dos valores: singular y plural, normalmente marcado con una terminación de la palabra.

Las hipótesis que hemos sugerido no deben tomarse como una descripción completa de la concordancia dentro de los grupos nominales (hay otros detalles importantes que no hemos mencionado), pero sí ilustran el proceso de refinamiento entre los datos y el análisis. Por supuesto, el proceso mismo puede ser más o menos acelerado, y puede considerar paradigmas mucho más grandes desde el principio. Lo importante es establecer la distribución sintáctica del fenómeno que estamos analizando, es decir una especie de mapa lo más completo posible de los límites del fenómeno y de la variación interna.

Si tratáramos de hacer el mismo proceso con el inglés, veríamos rápidamente que la distribución es completamente distinta: solo los nombres muestran variación de número (y los determinantes *this/these*, *that/those*), y no concuerdan con ningún otro elemento:

(26) a. The nice boys
b. The nice girl
c. *The nices boys
d. *The nices girls

Claramente, las hipótesis que describen al inglés son distintas de las del español.

Las hipótesis que desarrollamos arriba son **generalizaciones descriptivas**, es decir, descripciones de qué es lo que varía y cómo varía. Estas generalizaciones descriptivas son parte de una teoría más amplia, que intenta conectar distintos aspectos aparentemente desconectados. Por ejemplo, más arriba veíamos que los nombres, los determinantes y los adjetivos concuerdan según el género y el número del nombre. Esa misma variación sistemática también la observamos en otros contextos, como en los ejemplos de (27). En este caso, la variación ocurre entre el sujeto y el verbo: *yo* determina una terminación en el verbo (*-o*), *ellas*, determina otra (*-an*).

(27) a. Yo no bailo bien
b. Ellas bailan bien

Entonces parece que el español establece este tipo de variación sistemática entre dos palabras en contextos distintos: cuando son nombres, determinantes y adjetivos, la variación depende del género y el número del nombre, pero cuando son sujetos y verbos, la variación depende de la persona (*yo*, el hablante, o *ellas*, terceras personas) y del número. Lo que parecía únicamente un mecanismo de variación sistemática de género y número, también se aplica a la persona gramatical. Idealmente, las teorías más generales deberían dar un paso más: explicar si hay algún aspecto del español que produzca el resultado que hemos descrito, y que lo diferencie del inglés.

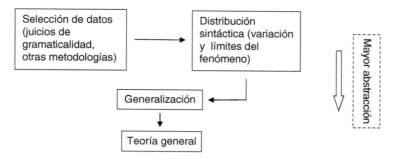

Figura 1.5 Procedimiento de análisis sintáctico.

Para resumir, el procedimiento de análisis sintáctico se ve en la ilustración de arriba: cada paso es más sistemático y más abstracto.

1.3.6 Gramáticas individuales y lenguas

Todos hemos tenido la experiencia de encontrarnos con hablantes de la misma lengua que tienen maneras un poco distintas de decir las cosas o de llamar a los objetos. Los casos más conocidos son los de variación en el léxico: *palta* o *aguacate*, *maíz*, *elote* o *choclo*, pero también hay maneras ligeramente distintas de expresarse sintácticamente. Por ejemplo, para los hablantes de español del Río de la Plata y de Lima, es perfectamente natural decir (28a), mientras que los hablantes de otras variedades prefieren decir (28b) (sin *la*):

(28) a. La vi a la profesora
　　　b. Vi a la profesora

Esto no impide a los distintos hablantes entenderse, incluso entender esas dos frases, pero sí muestra que hay variación en la sintaxis entre distintos hablantes.

Hemos sugerido que cada hablante tiene la capacidad cognitiva individual que le permite hablar y entender una lengua, y que produce una gramática con reglas más o menos abstractas e inconscientes. Eso quiere decir que lo que llamamos "español" no es más que el conjunto de gramáticas que coinciden en su mayor parte, pero que pueden variar en distintos aspectos (en el uso de palabras individuales, cómo llaman a algunos objetos, o algunas construcciones ligeramente distintas, cómo pronuncian las palabras, etc.). Es decir, que cuando hablamos "español", en realidad nos referimos a una abstracción

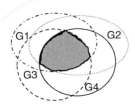

Figura 1.6 La lengua como la intersección de las gramáticas individuales.

que representa los aspectos comunes de las gramáticas individuales de cada hablante, como vemos en la figura 1.6, donde hay cuatro gramáticas individuales (de cuatro hablantes) que coinciden en aspectos parciales, pero no en todo.

Lo mismo se puede decir de la gramática del "inglés" o del "chino". Si empujamos esta perspectiva hasta sus últimas consecuencias, en realidad la gramática de un hablante de español y la de un hablante de chino se representan de la misma manera que la gramática de un hablante de español dominicano y uno de español chileno: tienen partes comunes y partes diferentes. La gran diferencia es que el conjunto de áreas comunes entre los dos "españoles" es mayor que entre el español y el chino.

1.4 Resumen del capítulo

En este capítulo hemos introducido las siguientes ideas:

Recursividad: la posibilidad de generar estructuras infinitas con reglas que se aplican repetidamente, y con un léxico limitado.

Arbitrariedad: La relación no motivada entre la forma de una palabra y su significado.

Modularidad: La idea de que ciertos dominios cognitivos son cajas cerradas con reglas propias no accesibles a otros dominios cognitivos.

Gramaticalidad y corrección: El criterio que determina si una oración es consistente con las reglas de una gramática, frente a si una oración es aceptable según los criterios de un grupo social prestigioso.

Metodología del análisis: La generalización y análisis basados en la distribución sintáctica de un fenómeno, y la construcción de una teoría basada en generalizaciones.

Diferencia entre lengua como capacidad cognitiva individual y lengua como colección de gramáticas individuales: La lengua es una capacidad mental basada en la organización cognitiva de los seres humanos. Las lenguas habladas en un país (o región) son intersecciones de las gramáticas individuales de los hablantes.

Competencia y actuación: La diferencia entre la capacidad cognitiva que produce ciertos usos lingüísticos, y el uso, procesamiento y comprensión del lenguaje en tiempo real.

Ejercicios

1. Recursividad
1.1 ¿Puede imaginar ejemplos de recursividad (la capacidad de producir resultados infinitos a partir de reglas o mecanismos limitados) en otros ámbitos distintos del lenguaje?

2. Arbitrariedad
2.1 Las onomatopeyas (palabras que supuestamente reflejan directamente el significado en la forma de la palabra) a veces se presentan como argumentos contra la arbitrariedad. ¿En qué sentido pueden serlo?
    ¿Se le ocurren razones por las cuáles las onomatopeyas no son un buen argumento contra la arbitrariedad de la relación entre la forma y el significado de una palabra?
2.2 En español, los nombres de algunas frutas acaban en -a, y los de los árboles en -o:
    a. Manzana, manzano
    b. Naranja, naranjo
    c. Ciruela, ciruelo
Imagínese que alguien propusiera lo siguiente: el género gramatical refleja una relación motivada en el mundo: los referentes del género femenino tienden a ser más pequeños que los del género masculino.
Sugiera argumentos respecto a esta propuesta: ¿Es generalizable? ¿Tiene contraejemplos?

3. Modularidad

3.1 El síndrome de Williams se ha descrito como un síndrome en el que
la capacidad cognitiva general se ve muy afectada, pero la capacidad
lingüística (y social) permanece intacta. ¿Qué sugiere esta descripción
respecto a la noción de modularidad cognitiva?

3.2 El español tiene concordancia de género entre los artículos, los
nombres y los adjetivos (*la casa blanca*). Supongamos que alguien
propone que el mecanismo de concordancia es exclusivamente
lingüístico (siguiendo la idea de modularidad). ¿Qué otras cosas fuera
del lenguaje muestran algo parecido a la concordancia? ¿Es razonable
pensar que la concordancia es una regla exclusivamente lingüística
que vemos en otros ámbitos cognitivos?

4. Gramaticalidad

4.1 En inglés, se oye la recomendación de evitar los "dobles negativos"
(*He hasn't got nothing*). ¿Esto es un juicio gramatical o de corrección?

4.2 Las siguientes expresiones en español aparecen en distintos contextos,
y se consideran anómalas. Esa anomalía ¿es agramaticalidad o
incorrección? Recuerde que las expresiones incorrectas existen, pero son
consideradas socialmente inapropiadas, y las expresiones agramaticales
no las produce ni las reconoce un hablante. Explique la respuesta.

> Ejemplo: "no debe escribirse *hallá* sino *allá*."
>
> Este ejemplo es un juicio de corrección, no de gramaticalidad,
> primero porque los hablantes escriben *hallá* frecuentemente, y
> segundo, porque refleja una regla ortográfica.

a. *a ver* o *haber* ("No debe decirse *vamos haber*, sino *vamos a ver*")
b. *Antes que nada* ("esta expresión es ilógica, porque no puede haber
    un momento anterior a "nada")
c. Las palabras *Atlántico* y *atleta* deben pronunciarse como /atlántiko/
    /atleta/ y no como /alántiko/ y /aleta/
d. Los hablantes monolingües no dicen *personas llegaron*, sino *unas
    personas llegaron*
e. Los hablantes monolingües no dicen *casa la* sino *la casa*

5. Lengua y lenguas

5.1 Hemos visto la diferencia entre la lengua como objeto social y la lengua como capacidad cognitiva. Indique cuál de los dos usos se reflejan en las siguientes frases.

> Ejemplo: "En California, mucha gente habla español"
>
> En este ejemplo, "español" se refiere al lenguaje como objeto social, porque se refiere al uso del conjunto de hablantes de toda una región.

a. El español lo hablan más de 300 millones de personas
b. Mi variedad lingüística es el español
c. En México se habla español
d. Mis abuelos hablaban catalán
e. Los niños con síndrome de Williams tienen el lenguaje intacto

Lecturas adicionales

Olarrea (2001)

Sobre metodología

Schütze (2006, 2011)

Sobre la diferencia entre competencia y actuación

Miller (1975)

Sobre modularidad e innatismo

Barrett y Kurzban (2006)
Elman et al. (1997)
Fodor (1983)
García Madruga (2003)

2 La clasificación de los conceptos en categorías gramaticales

- Ilustrar la aplicación del razonamiento sintáctico
- Presentar la estructura del lexicón mental
- Distinguir los distintos tipos de información presente en una entrada léxica
- Presentar la estructura argumental de los predicados
- Presentar la información no gramatical de una entrada léxica
- Sugerir mecanismos de evolución del léxico

2.0 INTRODUCCIÓN

La capacidad cognitiva para producir y entender una lengua tiene que tener por lo menos dos partes: por un lado, tenemos una red mental, llamada **lexicón**, que incluye el conjunto de unidades (con significados y otra información gramatical importante) que cambia de lengua a lengua, y por otro lado, un mecanismo que nos permite combinar esas unidades para formar unidades más complejas (la **sintaxis**). El lexicón contiene información similar a la de un diccionario, pero mucho más sofisticado y con una estructura más complicada (definitivamente no está organizada alfabéticamente). En este capítulo exploramos las propiedades de las unidades léxicas, y en una de sus propiedades especiales, la división de las palabras en categorías gramaticales. Con esta exploración, ilustramos también cómo se construyen y se refinan las hipótesis sintácticas.

2.1 Las entradas léxicas

Cuando un hablante adquiere una lengua, tiene que aprender mucha información lingüística sobre las palabras que no puede obtener por generalizaciones o abstracciones. Por ejemplo, un hablante de español tiene que aprender que el animal doméstico de cuatro patas que maúlla se llama *gato* en español, y el hablante de inglés, que ese mismo animal se llama *cat*. Este tipo de información específica la tiene que aprender el hablante de español y de inglés, y se almacena en el lexicón.

El **lexicón** es una estructura mental en la que se incluye información sobre unidades léxicas (**entradas léxicas**) relevante para la gramática, y también conexiones con otros aspectos del conocimiento. No sabemos exactamente qué forma tiene una entrada léxica, ni cómo se organizan mentalmente estas unidades; el principio general que usamos para determinar si algún rasgo está en la entrada léxica es si es deducible o no a partir de generalizaciones: si es deducible, no se incluye, si no lo es, sí. Por ejemplo, que la palabra *gato* se pronuncie así es totalmente arbitrario, por lo tanto esa información debe estar incluida en la entrada léxica; pero que los nombres femeninos acaben en *-a* en una gran proporción es una tendencia estadística bastante general (y por lo tanto, no incluida).

Con ese criterio, la entrada léxica debe incluir, entre otras cosas: 1) qué sonidos forman la palabra (el **lexema**), 2) el significado de la palabra (**nivel conceptual**), y 3) información gramatical (el **lema**):

(1) $\longleftrightarrow$ /gat/

Nombre, género

La flecha horizontal de esta entrada indica la relación entre el lexema de la palabra (/gat/) y su significado conceptual, que representamos con el dibujo del gato. La forma oral de la palabra *gat* consiste de una secuencia de sonidos (/gat/). Es importante notar que el significado conceptual de una palabra no siempre corresponde a un objeto del mundo. Por ejemplo, *paciencia* no corresponde a un objeto del mundo, sino a un concepto. Dicho de otra manera, el dibujo de un gato en (1) es una manera simplificada de representar un concepto que puede corresponder a objetos del mundo o a conceptos abstractos o incluso a objetos imaginarios (*unicornio*).

Como ya mencionamos en el capítulo pasado, la combinación de la forma de un símbolo y sus significados es arbitraria. Por eso, el mismo significado "animal de cuatro patas que maúlla" se asocia con símbolos muy distintos en cada lengua: /gato/ en español, /kat/ en inglés. No hay nada de natural en esta asociación entre sonidos y significados. Esta arbitrariedad de los signos lingüísticos se ve incluso entre dialectos de una misma lengua: algunos hablantes de español llaman *aguacate* al mismo fruto que otros llaman *palta*.

En la entrada léxica de (1), /gat/ aparece sin la vocal final, por dos razones. Por un lado, la palabra varía entre masculino y femenino (*gato*, *gata*), por otro lado, como parte de la información gramatical, incluimos "Nombre" y "género" para indicar que esta palabra tiene género gramatical. Cualquier hablante de español que sepa que una palabra es un nombre con género, sabe que las terminaciones más frecuentes son *-o* y *-a*, es decir, esta información es relativamente predecible.

Además de esta información gramatical (que está muy simplificada), las palabras tienen conexiones con otras palabras. Cuando un hablante oye o produce la palabra *gata*, también activa en su mente una red de palabras similares en la forma o similares en el significado:

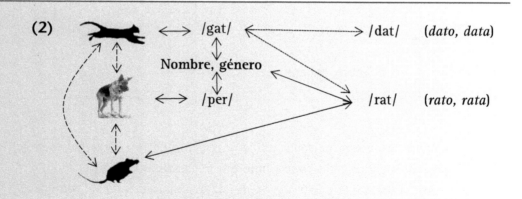

(2)

En la parte conceptual, el animal doméstico de cuatro patas activa referentes de otros animales cercanos (*perro, rata*, etc.), como lo representan las flechas que comunican las imágenes correspondientes en (2). En la parte formal, /gat/ activa palabras similares (/dat/, /rat/, etc.). *Rata*, por lo tanto, se activa por dos vías: la conceptual y la formal. Cada una de estas palabras tiene también una red que las conecta con información gramatical (no representada aquí para *dat*, sólo para *rat*), y otras conexiones con otros conceptos (*dato ~ número, computadora*, etc.).

Desde el punto de vista gramatical o sintáctico, el parecido formal y el parecido conceptual no son relevantes, sino la información gramatical, como vemos a continuación.

En esta concepción del lexicón, las entradas léxicas se asocian con información gramatical (/gat/ ⟷ nombre), pero también es posible tener elementos gramaticales (lo que se llaman categorías funcionales, como el tiempo, ver la sección 2.5 de este capítulo) como unidades independientes en el lexicón.

En resumen, un hablante que aprende español (como niño o como adulto) tiene que aprender la correspondencia entre la forma de un símbolo lingüístico y el significado. Este proceso es complejo, pero podemos especular un poco sobre cómo sucede. Por ejemplo, una niña pequeña que está adquiriendo el español, rápidamente se acostumbra a ver "animales de cuatro patas que maúllan" a su alrededor, y posiblemente los puede señalar con entusiasmo. Es posible que al principio los llame *miamiau*, o alguna variación del maullido de un gato, pero eventualmente va a asociar el objeto que maúlla con los símbolos que forman la palabra *gato*. Esta asociación se vuelve más o menos permanente, y probablemente pasa a almacenarse en la memoria de largo plazo. En este sentido, decimos que la correspondencia entre símbolos y significados se aprende en contacto con el entorno, y que se refleja de manera directa en las entradas del lexicón.

2.1.1 Variaciones en la entrada léxica

El lexema de la palabra puede variar según la modalidad del lenguaje. Por ejemplo, el verbo *caminar* se representaría parcialmente de la siguiente manera en español:

(3)
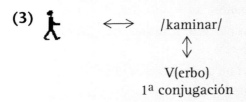

La imagen de la izquierda refleja el concepto de "caminar", y la parte derecha incluye la representación de los sonidos y la información gramatical. En cambio, en inglés, la forma del verbo cambia, y también la información sobre conjugación, que no existe en inglés (aunque sí se agrupan los verbos de manera distinta según si son regulares o irregulares):

(4)
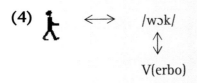

El inglés y el español comparten que la forma del signo lingüístico es oral, es decir, está formada por sonidos producidos con la boca. En otras lenguas, la forma del signo es gestual. Por ejemplo, el verbo correspondiente a *caminar* en la lengua de señas mexicana (LSM), se representa de manera muy distinta:

(5) "Caminar" en LSM (tomado de Cruz Aldrete (2009))

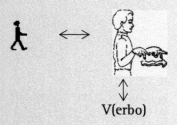

V(erbo)

En LSM, el gesto para *caminar* es un movimiento de los dedos alejándose del cuerpo. Como vemos, la forma de la palabra es totalmente distinta, pero el concepto con el que se asocia es el mismo, y la información gramatical no incluye conjugaciones.

Además, también puede haber variación en los rasgos gramaticales de la entrada léxica. El español indica género y número para los nombres, como vemos a continuación:

(6)  /per/
[Gen]
[Num]

(7)  /arbol/
[Masc]
[Num]

En otras lenguas, en cambio, hay sistemas de clasificación que funcionan con el mismo principio del género, pero que incluyen muchas más categorías.

Por ejemplo, las lenguas bantúes son famosas por clasificar a los nombres en varios grupos que tienen diferentes prefijos que corresponden a patrones de concordancia distintos con adjetivos, artículos, etcétera. De la misma manera que el género co-varía entre un nombre, un adjetivo y un artículo en español, en las lenguas bantúes lo hacen según la clase de palabra a la que pertenece el nombre. En el ejemplo de (8) del sesotho, vemos dos clases distintas con distintos prefijos: el prefijo *ba-* que identifica a la clase 2, y los prefijos *dí-* y *tse-* identifican a la clase 10 (ver Demuth (2000), p. 273).

(8)	Ba-shányana	bá-ne	bá-fúmáné	dí-perekisi	tsé-monáte
	2-niños	2-DEM	2SM-encontraron	10-duraznos	10-buenos
	'Esos niños encontraron unos duraznos sabrosos'				

Históricamente, las clasificaciones correspondían a criterios semánticos, por ejemplo en proto-bantú, las clases 1 y 2 correspondían a humanos y otros seres animados, las clases 3 y 4 a árboles, plantas, partes del cuerpo no pareadas y a otros seres inanimados, y las clases 5 y 6 a frutas, partes del cuerpo pareadas y fenómenos naturales. Sin embargo, como vemos en (8), en las lenguas bantúes modernas, la base semántica de la clasificación ya no opera, y en sesotho una fruta pertenece a la clase 10.

En resumen, vemos dos rasgos morfogramaticales que se representan en las entradas léxicas: para el español (pero no para el inglés ni el sesotho), el género masculino o femenino; para el sesotho y otras lenguas bantúes, la clase a la que pertenece el nombre.

Expansión: ¿Para qué sirve el género y los clasificadores?

Podemos pensar en los clasificadores y el género como dos mecanismos que nos ayudan a organizar mentalmente las palabras. Desde un punto de vista gramatical, esto permite aplicarle la misma regla gramatical a todas las palabras del mismo grupo (en este caso los nombres femeninos o masculinos). Desde el punto de vista cognitivo, permite facilitar el acceso a las palabras y su procesamiento. Del mismo modo que es más fácil encontrar una prenda de ropa si está ordenada por cajones (medias, camisas, pantalones) que si está mezclada en un gran montón, es más fácil acceder a una palabra si limito la búsqueda al grupo de nombres femeninos (o masculinos) y no a todas las posibles palabras que almaceno en la mente.

Lo mismo se puede decir de las conjugaciones verbales: tienen la función de clasificar y subdividir grupos grandes de palabras en grupos más pequeños y accesibles cognitivamente. El costo de esta operación es que el sistema de morfemas es más complejo que si sólo hubiera un gran grupo.

2.1.2 La connotación y la información enciclopédica

El significado conceptual de una palabra no es fácil de definir, específicamente qué aspectos del referente son relevantes en la definición de un concepto. Por ejemplo, un chihuahua y un mastín se denominan con la misma palabra *perro*, a pesar de la gran diferencia de tamaño y de forma. Aparentemente, el concepto de "perro" (y de otros referentes) se define según prototipos que incluyen algunas características centrales, pero no cosas como "longitud del pelo", "color de los ojos", o "tamaño del cuerpo".

Cuando un hablante oye o produce la palabra *perro*, no sólo entiende que se refiere al concepto mental "animal doméstico de cuatro patas que ladra". Hay más información asociada con ese concepto mental. Por una parte, los significados de las palabras se asocian con conceptos similares, por ejemplo, *perro* evoca y activa cerebralmente el concepto de *gato*, pero no el de *aguja*. Incluso se ha mostrado recientemente que los conceptos semánticamente similares activan regiones cerebrales cercanas. En un estudio reciente (ver Huth et al. (2016)) se hizo un modelo de la activación cerebral de varios participantes mientras oían historias orales, y el mapa del cerebro muestra que palabras como *surface* 'superficie', *amount* 'cantidad', *weight* 'peso', *inches* 'pulgadas', *heavy* 'pesado', *heavier* 'más pesado', *lighter* 'más ligero', *pounds* 'libras', que indican dimensiones físicas activan regiones similares en el cerebro. Curiosamente, esa misma región se activa con *water* 'agua', *deck* 'plataforma de madera', *debris* 'desechos', *freezing* 'temperaturas bajo cero', *damp* 'húmedo', *upwards* 'hacia arriba', que no parecen relacionados con las dimensiones físicas.

Además de esta conexión de parecido semántico o conceptual, hay otros tipos de asociaciones entre los significados de las palabras, llamadas **connotación**. Por ejemplo, si de niño tuve un perro llamado Berta, es posible que la palabra *perro* evoque a ese perro concreto, o que me recuerde la felicidad que me producía. En cambio, si los perros me producen alergias, es posible que asocie la palabra y el concepto de *perro* con estornudos, ojos llorosos, etcétera. Es posible que *perro* también evoque el concepto *peludo* o *ladrido*.

Aunque esa información puede estar asociada con el concepto *perro*, no tiene relevancia en la gramática. Por eso no hay reglas gramaticales que se le apliquen a la palabra *perro* sólo si el referente es peludo. Tampoco hay reglas gramaticales que asocien las palabras *perro, peludo* y *ladrar*, aunque en la representación mental pueden estar conectadas de alguna manera. Para la gramática, lo que importa no es si *perro* se asocia con *peludo*, sino si *perro* pertenece a una clase gramatical de palabra; en este caso, importa que la palabra *perro* es un nombre, y como nombre, entra en el mismo grupo de palabras como *alegría*, *niebla* o *ciudad*, aunque conceptualmente no tiene mucho en común con ellas. Por ejemplo, la gramática tiene una regla que obliga a que los nombres concuerden en número con los adjetivos, como vemos en (9a), pero esa regla no se le aplica a *ladrar* porque no es un nombre, como vemos en (9b).

(9)   a. Los perros grandes, las nieblas continuas, las alegrías inmensas
    b. *Ladrar grandes

Otro aspecto de la información que es parte del concepto y que tampoco es gramaticalmente relevante, es lo que se llama **información enciclopédica**. Por ejemplo, la palabra *teniente* se refiere a un rango militar, y gramaticalmente es un nombre. Hasta hace unos 30 años, sólo los hombres eran tenientes, pero eso es parte del conocimiento del mundo de los hablantes, que cambia y que no es relevante para la gramática. En el caso de *teniente*, seguramente hace 50 años no era frecuente hablar de *la teniente*, porque no había muchas mujeres que lo fueran, pero si alguien hubiera producido esa forma, habría seguido las reglas gramaticales del español (*la teniente*, o quizás *la tenienta*), independientemente de si en ese momento existían mujeres con ese grado militar.

Por lo tanto, la entrada léxica se asocia con contenido semántico, que es la relevante para la gramática (por ejemplo, si un verbo indica un evento con un final, como *explotar*, o si indica una acción con una duración, como *ser*), y por otro lado, con contenido enciclopédico ("con cuello alargado" para *jirafa* o "con forma redonda" para *cara*). Algunos contenidos pueden ser relevantes para la gramática en una lengua (es decir, ser parte del contenido semántico), pero no en otra. Por ejemplo, el género masculino o femenino es relevante en español o en catalán, porque determina la concordancia entre un artículo y un nombre (*la casa*, *el árbol*), pero no lo es en inglés, aunque hay palabras en inglés que se refieren al género biológico: *man* 'hombre', *woman* 'mujer'.

2.2 Información gramatical de las entradas léxicas

En esta sección exploramos dos aspectos importantes de las entradas léxicas: la especificación de categoría gramatical, y la de algunos rasgos relevantes en español, como género, número, y persona. En otros capítulos añadiremos más especificaciones relevantes, cuando se vayan presentando los conceptos.

Una parte muy importante de las reglas gramaticales se refieren al concepto de **categoría gramatical o clase de palabra.** Esta información clasifica a las palabras en un número limitado de grupos (**categorías**), como **nombre, verbo, preposición, adjetivo**, o **adverbio**. Como veremos más adelante, a cada uno de estos grupos se les aplican distintas reglas gramaticales, y en cierto sentido son la base sobre la que se construye la sintaxis. Estos conceptos son muy antiguos, y de hecho la gente los usa con bastante frecuencia tanto en el lenguaje diario, como por ejemplo en las clases de lengua de la escuela o de la universidad. ¿Qué es un nombre o un verbo? A continuación, vamos a explorar criterios sistemáticos para definirlos.

2.2.1 La forma de las palabras

Cada categoría tiene una forma un poco distinta. De la misma manera que podemos clasificar a un ser humano por su forma (que lo distingue de un perro, pero también de un gorila), los distintos tipos de palabras tienen propiedades formales distintas. No nos referimos a las diferencias de sonido que hay entre *luna* y *café*, que sólo comparten en común el sonido /a/, sino a una diferencia más compleja que se refleja en la **estructura morfológica.** Las palabras frecuentemente se pueden dividir en partes más pequeñas, y cada una de esas partes, que se llama **morfema**, tiene un significado propio más o menos claro.

Por ejemplo, la palabra *excelentemente* del ejemplo (10a) puede dividirse en dos partes, como vemos en (10b). Intuitivamente, la parte *excelente* tiene el significado "muy bueno", y *-mente* también: "de manera ...", por lo que el significado de *excelentemente* es "de manera excelente".

(10)   a. excelentemente

      b.   excelente$_{morfema1}$+ mente$_{morfema2}$

        "muy buena"   "de manera" = "de manera muy buena"

Cada una de las unidades que forman *excelentemente* se puede observar en otros contextos con un significado parecido: en (11a) vemos que *excelente* aparece en el plural, o con otro morfema *-ísimo*, y en (11b) se puede ver que *-mente* también aparece con otros morfemas como *torpe, horrible,* y *franca.*

(11)   a. excelente-s, excelent-ísimo

      b. torpe-mente, horrible-mente, franca-mente

Para saber si una parte de una palabra es un morfema o no, esa parte debe tener significado propio, y además, el significado debe verse en combinaciones con otras secuencias.

   Morfema: unidad lingüística mínima con significado propio.

Expansión: Distintas concepciones de morfemas

La definición de morfema como unidad mínima con significado propio tiene problemas importantes. Por ejemplo, si digo *recorrer la ciudad,* el verbo *recorrer* parece estar formado intuitivamente por dos unidades, *re-* y *-correr,* pero no es obvio cuál es el significado de *re-,* y el significado de *-correr* no es el mismo que el del verbo independiente *correr.* Dicho de otra manera, para *recorrer* no hay que *correr.*

   En otras lenguas, los morfemas no son unidades independientes, sino cambios en la forma de una palabra. Por ejemplo, la raíz de "escribir, libro", etcétera en Árabe son las consonantes k-t-b, y según donde aparezcan las vocales se forma una palabra distinta: *katab-tu* 'escribí', *katabat* 'ella escribió', *kutiba* 'fue escrito', *kitab* 'libro', *katibat* 'escritora', etcétera. En este caso no podemos asociar una secuencia específica con un significado, sino un proceso que combina la asignación de ciertas vocales a distintas posiciones en la sílaba.

Recomendamos las lecturas al final del capítulo para explorar las distintas concepciones de morfema y de morfología.

Hay distintos tipos de morfemas. Por un lado, algunos expresan la parte central del significado conceptual de la palabra, y se llaman **raíces**. Por ejemplo, la palabra *perro* está formada por dos morfemas: *perr-* y *-o*, pero la raíz es *perr-*, porque es la que contiene el significado conceptual. El morfema *-o*, en cambio, se llama **morfema flexivo**, y suele tener información gramatical, como veremos.

(12)   a. cas$_{Raíz}$- + -a$_{Flex}$

b. llam$_{Raíz}$ + -é$_{Flex}$

c. amarill$_{Raíz}$ + -o$_{Flex}$ + -s$_{Flex}$

En otros casos, el morfema no es ni raíz ni flexión, sino un **morfema derivativo**. En este caso, el morfema cambia parte del significado de la raíz (y también de su categoría gramatical):

(13)   a. ment$_{Raíz}$ + -e

b. ment$_{Raíz}$ -al$_{Der}$

La raíz de las dos palabras es la misma: *ment-*, que describe la capacidad cognitiva de los seres humanos, pero en el segundo ejemplo, el morfema *-al* distingue a las dos raíces: mientras que *mente* es un nombre, *mental* es un adjetivo que se refiere a una característica. En los dos casos, la raíz es *ment-*, y en el segundo caso, *-al* es un morfema derivativo. Es importante notar que la -*e* de *mente* no es parte de la raíz (por eso no está en *mental*), sino una vocal que evita que la palabra acabe en las consonantes -*nt*, que no es posible en español.

Los morfemas flexivos y derivativos van a ser esenciales para definir las categorías gramaticales, porque, como vamos a ver, son muy selectivos: no aparecen con cualquier tipo de palabra. Por ejemplo, en muchas variedades del español, el prefijo *re*- sólo aparece en palabras verbales: *re-nacer, re-componer, re-pensar*. En otras variedades, en cambio, además de aparecer en verbos, también aparece en adjetivos: *re-bueno, re-barato*. Eso quiere decir que si miramos a la lista de palabras con las que aparece un determinado morfema flexivo o derivativo, esa lista frecuentemente tiene una (o más) categorías comunes, y por lo tanto podemos usar esos morfemas como diagnóstico de esas categorías. En ese sentido, los morfemas pueden ser como las banderas o los uniformes de los equipos olímpicos: si el deportista tiene el uniforme de Costa Rica y aparece desfilando bajo la bandera costarricense, será del equipo costarricense. En este ejemplo, los uniformes y las banderas coinciden; como veremos, la categoría gramatical también puede ser definida por varias características morfológicas o sintácticas.

Los morfemas flexivos, como el género y el número, son muy útiles como "banderas" de las categorías gramaticales, porque sólo aparece con ciertos tipos de palabra, como vemos en (14):

(14) a. niñ-a, prim-o, perr-a, cas-a, montañ-a, edifici-o
　　　　b. *por-a, *canto-a, *francamente-o

Las combinaciones de (14a) son posibles, pero las de (14b) no, como si los atletas ecuatorianos o bolivianos trataran de desfilar con la bandera brasileña en las olimpiadas. En los ejemplos de (14a), -*o* y -*a* indican masculino y femenino respectivamente. Cuando combinamos esos mismos morfemas de género dentro de palabras de otras categorías, el resultado no es aceptable, como vemos en (14b). ¿Qué sugiere esto? Que los morfemas de género son sensibles a la categoría de la palabra: pueden aparecer con nombres (en (14a)), pero no pueden aparecer con una preposición (*por*), ni con un verbo (*canto*), ni con un adverbio (*francamente*) (como se ve en (14b)).

Ahora veamos qué pasa con el morfema de número -*s*; en este caso es posible con los mismos ejemplos que aceptaban el morfema de género, e imposible con los que no:

(15) a. niñ-a-s, prim-o-s, perr-a-s, cas-a-s, montañ-a-s, edifici-o-s

b. *por-(e)s, *canto-s, *francamente-s

Los dos tipos de morfemas (género y número) son posibles con la misma clase de palabra: los nombres. Además, como podemos ver a continuación, también son compatibles con adjetivos y artículos:

(16) a. cansad-a-s, estupend-o-s, dormid-a-s, divertid-o-s, alt-o-s

b. l-o-s, un-o-s

Esto quiere decir, que si una palabra tiene morfemas de género y número, pertenece a las clases de los **nombres** o de los **adjetivos**, pero no a la de las preposiciones, los verbos, los adverbios, etcétera. Nuestra hipótesis inicial es la siguiente:

Hipótesis inicial: Los nombres y los adjetivos se distinguen por tener morfemas de género y número

Sin embargo, en este punto me encuentro con varias posibles objeciones: ¿qué pasa con las siguientes palabras?

(17) puente, mente, pendiente, verdad, estrechez, actor, consecuente, valiente

Estas palabras no terminan en -*o* ni en -*a*. ¿Quiere decir que no son ni nombres ni adjetivos? No exactamente, por dos razones: la primera es que sí tienen morfemas de número -*s*, como vemos:

(18) puente-s, mente-s, pendiente-s, verdade-s, estrececes, actore-s, consecuente-s, valiente-s

El hecho de que aparezca el morfema de plural, sugiere que todas estas palabras tienen la misma categoría que *niño*, *casa*, o *alto*. Recordemos que más arriba sugerimos que la *e* de *verdade-s* no es un verdadero morfema, sino una vocal que evita que aparezca una combinación de consonantes seguidas no aceptables en español (**verdads*). Aunque hay algunos nombres que terminan en *-t* (*mamut*, *superávit*, *pivot*, *debut*, etc.), la formación del plural es variable según los hablantes: *los mamuts*, *los mamut*; *los superávit*, *los superávits*, y esto sugiere que la combinación *-ts* no es muy estable.

Aunque no terminan en *-o* o *-a*, los nombres que acaban en *-e* sí tienen género, como vemos cuando les añadimos un artículo a los nombres:

---

(19) el puente (*la puente), la mente (*el mente), la pendiente (*el pendiente), la verdad (*el verdad), la estrechez (*el estrechez), el actor (*la actor)

En este caso, su verdadero género gramatical aparece claramente: unos son masculinos, otros son femeninos. ¿Tenemos que modificar la hipótesis inicial? *Mente* y *puente* parecen ser ejemplos en los que el género no va asociado con un morfema explícito. Tenemos dos posibilidades: una, decir que *-e* es el morfema de género y a veces es masculino y otras femenino, y dos, que en realidad hay un morfema nulo en esos casos.

La primera opción es difícil de sostener, porque la vocal *-e* aparece también en *verdad/verdades*; si fuera un morfema de género variable, debería aparecer también en el singular (**verdade*).

La segunda opción es que el género se puede expresar por un morfema nulo: $-\emptyset_{Masc}$ o $-\emptyset_{Fem}$. Aunque el concepto de morfema nulo puede sonar un poco extraño, es una manera de formalizar un contenido que no tiene expresión explícita, pero que se manifiesta de alguna forma (en este caso, en la concordancia con el adjetivo).

Hay una tercera opción, y es que en realidad el género es un rasgo gramatical abstracto, que a veces aparece como *-o/-a*, otras como *-ez* (*estrechez*, femenino), -*or* (*actor*, masculino), -*dad* (*verdad*, femenino), o sin ningún morfema (*puente*, *mente*), que es la idea que vamos a adoptar:

(20)

Rasgo gramatical	Morfema(s)	Ejemplos
Género		
Masculino	-o, -or, -ón	*suelo, error, dolor, alerón, matón*
Femenino	-a, -dad, -ción	*mesa, maldad, unidad, operación, canción*
Número		
Singular	∅	*cárcel, silla, machón, rito*
Plural	-s	*cárceles, sillas, manchones, ritos*

Un **rasgo gramatical abstracto** es una propiedad gramatical asociada con una palabra. A partir de ahora, distinguimos entre los rasgos gramaticales y los morfemas que codifican esos rasgos. Un rasgo puede codificarse en distintos morfemas, como vemos en (13), o no tener un morfema específico (el ∅ del morfema singular).

Un dato que favorece esta hipótesis de un rasgo gramatical abstracto expresado con distintos morfemas es que no hay una correspondencia absoluta entre género y morfema. Aunque la mayoría de los nombres terminados en -*a* son femeninos, hay muchas excepciones conocidas: *el tema, el problema*, y, de la misma manera, nombres femeninos en -*o*: *la mano, la moto*, etcétera. Es decir, que la correspondencia entre el rasgo abstracto y el morfema es general para los sustantivos femeninos en -*a* y los masculinos en -*o*, pero tiene excepciones.

La hipótesis final es la siguiente:

Hipótesis final: Los nombres y los adjetivos se distinguen por tener rasgos de género y número.

¿Puedo concluir que todas las palabras que indican sexo son nombres o adjetivos? Claramente no, porque este diagnóstico se basa en rasgos gramaticales de género y número (que se codifican en los morfemas de género y de número), no en el sexo del referente. Es decir, la palabra *melocotonero* es un nombre masculino porque termina en el morfema *-o*, no porque los árboles tengan características masculinas. El género gramatical solo se correlaciona con el sexo del referente cuando el referente es un ser animado (*niño~niña, perro~perra*), pero no cuando el referente es inanimado (*casa, techo*).

Otros morfemas solo aparecen con nombres o adjetivos, pero son menos generales que los de género y número. Por ejemplo, los morfemas aumentativos y diminutivos en algunas variedades del español se limitan a los nombres y adjetivos:

(21) a. carr-it-o, carr-az-o, cas-ot-a, abuel-it-a, arbol-ic-o

b. chiqu-it-it-a, chiqu-it-ic-a, bon-ic-o, mal-it-o, azul-it-a

Como vemos en los ejemplos de arriba, hay distintos tipos de diminutivos y aumentativos, que varían mucho según la región. Posiblemente el más frecuente es *-it*. En algunas variedades americanas, estos morfemas también se aplican a los adverbios: *aquí-cit-o, después-it-o*.

Veamos ahora otros morfemas flexivos que se asocian con **persona y tiempo**. Cuando hablamos de **persona** gramatical, nos referimos a la marca gramatical que refleja los participantes de un intercambio lingüístico: siempre hay un hablante (la primera persona gramatical), a veces, un oyente (la segunda persona gramatical), y, otras veces, personas que no son ni el hablante ni el oyente (la tercera persona gramatical):

(22) Estoy pensando que puedes venir a la casa para que nos recoja

En este ejemplo, el hablante está representado por *estoy* (primera persona), el oyente por *puedes* (segunda persona), y la tercera persona por *recoja*:

(23) Participantes y personas gramaticales

Participante en el discurso	Rasgo gramatical de persona	Ejemplo
Hablante	1ª persona	*estoy*
Oyente	2ª persona	*puedes*
Otros	3ª persona	*recoja*

Los rasgos gramaticales de persona frecuentemente se expresan en morfemas, como vemos en los ejemplos de (24). En español, estos morfemas también indican el número (singular o plural) y el **tiempo** (presente, pasado) de la forma verbal. En el primer ejemplo, el morfema *-mos* indica primera persona plural ("nosotros"), y *-n*, tercera persona plural, mientras que, en el segundo ejemplo, el morfema *-í* indica primera persona singular del pasado, y *-(ie)ron*, tercera persona plural del pasado.

(24) a. come-mos, come-n
   b. com-í, com-ieron

Estos morfemas son más complejos que los de género en el nombre y el adjetivo, porque la misma terminación indica más de un significado. Es decir, varios rasgos gramaticales coinciden en un solo morfema, el morfema no se puede segmentar en unidades más pequeñas que correspondan a los distintos rasgos. Cada combinación resulta en un morfema distinto:

(25)

Rasgo		Morfema	Rasgo	Morfema	Rasgo		Morfema
Tiempo	Pres		Pas		Imp		*–ban (i-ban)*
Persona	1ª ⟶	*-o (and-o)*	2ª ⟶	*-ste (fui-ste)*	3ª ⟶		*–an (reí-an)*
Número	Sing		Sing		Pl		

El morfema de número es la excepción: se puede separar, pero sólo en la tercera persona: *canta ~ canta-n*. También es importante notar que aunque el rasgo de número aparece tanto con nombres como con verbos (*casa-s*, *limpia-n*), nunca es el mismo morfema: con los nombres siempre es *-s*; con los verbos varía (*canta-n, canta-mos*).

Lo interesante de estos morfemas es que sólo aparecen con formas verbales. Si tratamos de combinar un morfema de tiempo, número, y persona con un nombre, un adjetivo o una preposición, el resultado es agramatical.

(26)   a. *comida-mos (de *comida* + *mos*, 1ª persona plural), *cas-í (de *casa* + *í*, 1ª personal singular)

b. *azul-en (de *azul* + *en*, 3ª persona plural), *grande-mos (de *grande* + *mos*, 1ª persona plural)

c. *entre-ieron, *entr-ieron, *entreron (de *entre* + *ieron*, 3ª persona plural pasado)

De nuevo, la generalización que sugiere la diferencia entre (24) y (26) es que las palabras de (24) forman un grupo separado de las de (26), lo que llamamos categoría, en este caso, la categoría **verbo**.

Los verbos se distinguen por tener rasgos de persona, tiempo, y número.

Como en el caso del género y número de los nombres, con los verbos también parece haber excepciones, ejemplos en los que no aparece explícitamente la terminación de tiempo, persona, o número:

(27)   a. comer

b. andando

Sin embargo, igual que el género aparece cuando un nombre se combina con un determinante, el tiempo y la persona de los infinitivos y los gerundios aparecen en combinación con otros verbos:

(28)   a. Puedo comer

b. Seguían andando

En el primer ejemplo, el sujeto de *comer* es el hablante (primera persona), y el evento es simultáneo o posterior al presente indicado por *puedo*. En el segundo ejemplo, el sujeto de *andando* es una tercera persona, y el tiempo es pasado (el que indica *seguían*).

Por ejemplo, si digo *me prometió comer*, *comer* se refiere a un momento de tiempo simultáneo o posterior a la promesa, y en ese sentido indica una referencia temporal, pero que depende del tiempo de otro verbo.

Otros morfemas aparecen sólo con verbos, pero con un subgrupo:

---

(29) color-ear, fantas-ear, horn-ear, golp-ear

En realidad, *-ear* está formado por tres morfemas distintos: *-e-a-r*; *-e* es un morfema derivativo que se aplica a raíces nominales (*color, fantas, horn, golp*) y forma verbos de la primera conjugación (indicada por *-a*). El tercer morfema, *-r*, es el morfema de infinitivo. Esto quiere decir que una palabra que termina en *-ear* es de categoría verbal.

También es importante notar que las propiedades que venimos describiendo no necesariamente funcionan en otras lenguas. Hemos visto que en español los nombres tienen morfemas de género y número, pero en inglés ese no es el caso: sólo tienen morfemas de número, como vemos en (30), donde el morfema *-s* indica plural, pero no hay morfema que indique masculino o femenino.

---

(30)   a. the book
          b. the books

En el caso del verbo, el inglés distingue el tiempo, como vemos en (31a) (*sing~sang*), pero no el número, como vemos en (31b) (*sing~sing*), y sólo distingue la tercera persona singular en el presente, como vemos en (31c) (*run~runs* frente a *ran*). Es decir, en inglés podríamos identificar los verbos usando el morfema de tiempo, y el de tercera persona en el presente singular.

(31)   a. You sing well, but you sang really well yesterday

b. We sing okay, but you sing really well

c. I run a mile in 2 minutes, he runs it in 2.5 minutes, but she ran it in 2.2

Si observamos otra lengua como el shipibo-konibo, que se habla en la región del amazonas peruana, vemos en (32) que la morfología del verbo tampoco cambia según la persona: en el primer ejemplo, el sujeto de tercera persona aparece con el verbo *joke* 'venir' en (32a), y la primera persona aparece con el misma forma en (32b).

(32)   a. Jara   joke

él/ella   ha venido

b. Eara   joke

yo   he venido

Los nombres en shipibo-konibo tampoco tienen terminaciones morfológicas de género, pero sí de número, igual que en inglés, como vemos en (33).

(33)   a. *joni*   'persona'

b. *joni-bo*   'personas'

¿Quiere esto decir que las categorías gramaticales varían de lengua a lengua? No exactamente. Lo que definitivamente varían son las pruebas para determinar qué palabra pertenece a cada categoría. Estas pruebas cambian de lengua a lengua, como acabamos de ver.

2.2.2 Resumen: las categorías según la forma de las palabras

En la sección anterior hemos visto cómo se puede usar el criterio de los rasgos morfogramaticales y los morfemas asociados con ellos para definir algunas categorías gramaticales. Concretamente, los rasgos de género y número, y en menor medida los diminutivos y aumentativos, son rasgos de nombres y adjetivos.

Los rasgos de tiempo, persona y número, por otro lado, son rasgos de verbos. No hay un rasgo general para los adverbios, y no hay ningún morfema (o rasgo) para las preposiciones. Por ejemplo, los adverbios no comparten una única propiedad morfológica común. Los que indican modo o actitud suelen terminar en *-mente* (*abiertamente, francamente*, etc.), pero hay adverbios de otro tipo que no tienen morfología específica, como *ayer, así, ahí*, etcétera.

En el caso de las preposiciones, no hay ningún morfema que nos sirva para identificarlas. Todas son palabras de una (*a, en, de*) o dos sílabas (*desde, entre, para*), y por lo tanto no hay mucho lugar para que tengan varios morfemas.

El resultado de esta clasificación se resume a continuación:

(34)

Categorías gramaticales según la morfología					
	Nombres	Adjetivos	Verbos	Adverbios	Preposiciones
Rasgos morfológicos	Género y número, diminutivos	Género y número, diminutivos	Tiempo, persona, número	Manera*	x
Morfemas típicos	*-o, -a, -or, -dad, -it*	*-o, -a, -or, -it*	*-mos, -é, -ba …*	*-mente**	x
Ejemplos	*oso, tabla, verdad, actor, casita*	*malo, roja, revelador, chiquita*	*vamos, íbamos, llegué*	*buenamente, francamente, rápidamente*	*por, de, para, desde*

*Solo se aplica a adverbios de manera, no a otros adverbios; por lo tanto, no es general.

Por lo tanto, la clasificación de las categorías tiene que afinarse con otros criterios, además de la morfología. Por un lado, necesitamos criterios para distinguir entre los nombres y los adjetivos, y por otro, diagnósticos para las categorías que no tienen morfemas típicos (adverbios y preposiciones).

La estrategia general para determinar las categorías gramaticales consiste en encontrar suficientes criterios de distinto tipo que nos den resultados parecidos, y a partir de ahí podemos clasificar las palabras de manera más deductiva: si la categoría X tiene las propiedades a, b, y c, y una palabra muestra la propiedad a (pero no b ni c), entonces seguramente pertenece a la categoría X. Volviendo a nuestro ejemplo olímpico, si una atleta tiene un uniforme del mismo color que los atletas cubanos, entonces puedo concluir que es parte de la delegación cubana, aunque no siempre esté junto a la bandera de la delegación cubana.

Expansión: ¿Son universales todas las categorías?

Hemos visto que en inglés y en español hay categorías parecidas: nombre, verbo, adjetivo, preposición, adverbio, pero se ha dicho que algunas lenguas no tienen esas mismas categorías. Por ejemplo, el quechua tiene muy pocos adverbios y no los usa productivamente, y muchos lingüistas sugieren que el Mohawk no tiene adjetivos. ¿Son entonces universales las categorías?

Hay dos posibles respuestas a esta pregunta: la primera es que no, las lenguas varían de manera arbitraria e inexplicable; igual que a algunas personas les gusta el helado de chocolate y a otras el de fresa, las lenguas varían de manera más o menos aleatoria. Sin embargo, este punto de vista no explica ciertas observaciones generales, por ejemplo, el número de categorías es bastante limitado; las lenguas que no tienen adjetivos expresan la misma idea usando verbos, etcétera. Por eso, otros lingüistas tratan de dar una explicación más general que derive estas diferencias de manera más sistemática. (Ver las lecturas adicionales al final del capítulo, especialmente Baker (2003).)

2.2.3 El criterio de la distribución sintáctica

En las secciones anteriores discutimos el criterio de la forma de la palabra para determinar la categoría: qué rasgos y qué morfemas se asocian exclusivamente con ciertas categorías. En esta sección, vamos a ver un segundo criterio que nos permite identificar la categoría gramatical de una palabra por su distribución sintáctica. Para entender a qué nos referimos, imagínese que usted tiene una amiga Natalie con costumbres muy fijas: desayuna siempre en una pastelería de donuts a las 9:00, asiste a clase de cálculo a las 11:30 los lunes y jueves, juega al tenis los miércoles a las 15:00, y se va a su casa en el tren a las 16:30 todos los días. Alguien que no conozca a Natalie, pero que oiga todas esas características podría reconocer la: la persona que esté en la pastelería, en clase de cálculo, jugando al tenis, y en el tren a esas horas, probablemente sea Natalie. En este ejemplo, hemos identificado a Natalie por sus costumbres (por los lugares en los que está a ciertas horas), no por su aspecto físico.

Con las palabras pasa algo parecido: podemos determinar de qué categoría son según los contextos sintácticos en los que aparecen. La diferencia con nuestro ejemplo es que la distribución sintáctica no depende de los distintos momentos del día o de la semana, sino de la posición de la palabra respecto a otras palabras. Por ejemplo, imagínese que le pidieran que rellenara el espacio que aparece en (35), con una sola palabra que complete el significado de la oración:

(35)   Compramos la _____ en la tienda

En (36) se presentan algunas de las palabras que pueden aparecer en ese espacio (además de muchas otras). En cambio, las palabras de (37) no pueden aparecer en el espacio en blanco de (35). Es decir, ese contexto de (35) define un entorno sintáctico que sólo es apropiado para cierto tipo de palabras, en este caso los **nombres**.

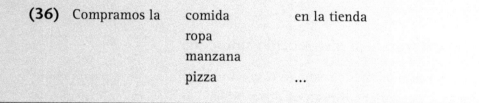

(36)   Compramos la   comida   en la tienda
                            ropa
                            manzana
                            pizza   ...

(37)   Compramos la   *comer   en la tienda
                            *francamente
                            *para
                            *recibí   ...

El contexto sintáctico de (35) permite que aparezcan nombres (y adjetivos, pero los dejamos de lado por ahora), pero no otras categorías. Por supuesto, tenemos que describir o definir exactamente cuál es el contexto sintáctico del que estamos hablando, o puesto de otra manera, ¿qué tiene (35) que restringe ese contexto sólo a nombres? En este caso concreto, es la presencia de un artículo (*la*). Es decir, los nombres aparecen típicamente después del artículo.

Es importante notar que este diagnóstico distribucional de la categoría nombre nos da resultados bastante parecidos a la prueba de morfología que veíamos en la sección anterior: el criterio morfológico indicaba que *comida*, *ropa*, *manzana*, y *pizza* son nombres porque tienen un rasgo de género que se ve en el morfema *-a* (y potencialmente de número: *comidas*, *ropas*, *manzanas*, *pizzas*). Ahora vemos que la prueba de distribución sintáctica confirma esa idea: las palabras que aparecen en el contexto de (36) son nombres.

Los ejemplos de (35) y (36) muestran cómo los nombres tienen una distribución sintáctica común, después de un artículo. Podemos extender este tipo de prueba de distribución sintáctica a otras categorías para mostrar que también forman una clase común, como vemos en (38), donde las palabras que aparecen en ese contexto sintáctico son verbos. Nuevamente, si tratamos de colocar palabras como *de*, *balón*, *grande*, *derrotas*, el resultado es una secuencia agramatical, como vemos en (39a–d) respectivamente. La razón es que en ese contexto sintáctico no puede aparecer sino un verbo, y *de*, *balón*, *grande* no lo son.

(38) a. El jugador de Alemania _____ a su contrincante
      b. *acorraló, superó, derrotó, avergonzó, asombró, desilusionó, ayudó* ...

(39) a. *El jugador de Alemania *de* a su contrincante
      b. *El jugador de Alemania *balón* a su contrincante
      c. *El jugador de Alemania *grande* a su contrincante
      d. *El jugador de Alemania *derrotas* a su contrincante

Es importante observar que la razón por la que las palabras pueden o no aparecer en el contexto sintáctico de (38) no tiene que ver estrictamente con su significado, sino por su categoría gramatical: las palabras *derrotó* y *derrotas* se parecen bastante en cuanto al significado, pero *derrotó* puede aparecer en el contexto de (38), mientras que *derrotas* no puede, como vemos en (39d).

Esto muestra que la diferencia importante es la categoría gramatical, no el significado: *derrotar* es un verbo y *derrotas* es un nombre.

El contexto sintáctico de (38a) fuerza a que sólo pueda haber verbos. Es decir, la distribución sintáctica de los verbos incluye el contexto de (38a), entre un sujeto (*el jugador de Alemania*) y un objeto directo (*a su contrincante*).

Las preposiciones normalmente aparecen a continuación de un nombre y seguidas por un artículo, como podemos ver en (40). Nuevamente, otras categorías gramaticales no pueden aparecer en estos contextos, como vemos en (41).

(40) a. El plato _____ la mesa
       b. *de, para, en, con*

(41) a. *El plato *azul* la mesa
       b. *El plato *cuchara* la mesa

En este caso, entre un nombre (*plato*) y un grupo nominal (*la mesa*), podemos poner una preposición (también podría ser un verbo como *rompió*).

La distribución sintáctica también nos permite diagnosticar la categoría gramatical adjetivo, como vemos en (42a). En este contexto, pueden aparecer palabras como *simpática*, *extranjera*, y las otras que vemos en (42b), pero en cambio no pueden aparecer verbos como *corrió*, o preposiciones como *en*, como vemos en (43).

(42) a. Una persona _____ no sabía cómo llegar al museo
       b. *simpática, extranjera, despistada, desconocida, efusiva, asustada ...*

(43) a. *Una persona *corrió* no sabía cómo llegar al museo
       b. *Una persona *en* no sabía cómo llegar al museo

Finalmente, en los ejemplos de (44) se ilustra el contexto sintáctico que diagnostica un **adverbio**, y en (45) observamos otras categorías (un verbo *comió*, una preposición *por*) que no pueden aparecer.

---

(44)   a. Marta _____ almuerza a las 4

   b. *frecuentemente, nunca, siempre, no, raramente*

---

(45)   a. *Marta *comió* almuerza a las 4

   b. *Marta *en* almuerza a las 4

Estas pruebas nos han servido para diagnosticar cinco categorías gramaticales básicas: **nombres, verbos, adjetivos, preposiciones, y adverbios.** Para cada una de estas categorías hay un conjunto de contextos sintácticos (parte de su distribución sintáctica) en el que sólo aparece esa categoría. Aquí hemos proporcionado sólo un contexto sintáctico por categoría; hay más, pero lo que nos interesa es generalizar esa distribución sintáctica de casos individuales a propiedades de toda la clase, y explicar por qué existen esas distribuciones.

Expansión: ¿Por qué funciona la prueba de distribución sintáctica?

La prueba de distribución sintáctica parece un poco mágica: unas palabras pueden aparecer en un contexto y otras no, pero esa prueba en realidad refleja el funcionamiento de las reglas sintácticas, y una de las más importantes es la idea de selección: algunas palabras seleccionan a otras. Por ejemplo, los verbos seleccionan a un nombre como complemento (si son transitivos). En ese sentido, la distribución sintáctica nos indica la compatibilidad sintáctica entre una palabra y las que están a su alrededor. Como veremos más adelante, la situación es un poco más compleja, pero la idea de selección es un mecanismo gramatical esencial.

2.2.4 Resumen del criterio distribucional

En esta sección hemos visto que los distintos grupos de palabras que habíamos identificado según los rasgos gramaticales son sensibles al contexto sintáctico en el que aparecen: detrás de un artículo, aparece típicamente un nombre o un adjetivo; entre dos nombres (o grupos nominales), aparece típicamente un verbo o una preposición, etcétera. Este criterio nos permite confirmar la identificación de las distintas categorías. Además, hemos definido la distribución sintáctica como el conjunto de contextos sintácticos que caracterizan a una palabra o categoría. Volviendo a nuestro ejemplo de Natalie, es como si pudiéramos identificarla por todos los lugares y momentos en los que sólo participa ella, y al mismo tiempo, definir su vida por los lugares y momentos de su rutina diaria. Probablemente algo no muy positivo en el caso de la gente, pero sí muy útil en el caso de las palabras.

Expansión: La naturaleza inconsciente del conocimiento gramatical

La intuición que como hablantes de español tenemos todos de qué palabras pueden y no pueden aparecer en los contextos que acabamos de ver no es algo que hayamos aprendido en el colegio o que nuestra familia nos haya enseñado cuando éramos niños, como nos enseñó a decir la hora o a leer. El conocimiento lingüístico que nos indica intuitivamente qué palabras pueden aparecer en estos contextos es inconsciente, y además es común a cualquiera que sea hablante de la lengua.

La segunda observación es que este conocimiento no está sometido a variación dialectal. Si soy chileno, la palabra *guagua* significará 'niño', pero si soy cubano o canario significará 'bus', y en ese aspecto puede haber variación. En cambio, para todos los hablantes del español, *navegó* es un verbo, pero *navegación* no lo es. Es decir, hay cierto conocimiento gramatical que es independiente de las variaciones dialectales que producen distintos nombres para distintos objetos.

2.3 La estructura argumental, los papeles temáticos, y la selección

¿Qué otro tipo de información gramatical entra en el lexicón? Hay aspectos del significado de los verbos que tienen un impacto importante en la gramática. Para explicar esta idea, pensemos en las cláusulas gramaticales como representaciones lingüísticas de un evento. La descripción principal del evento se codifica en el verbo, pero también hay participantes:

(46) Ayer, la lluvia inundó las calles de la ciudad a las cinco

En este evento, se produjo una inundación, la lluvia es la responsable, y las calles de la ciudad fueron las "víctimas" de la inundación. Como en toda historia, en este evento hay aspectos más importantes que otros. En este caso, la hora de la inundación no es parte esencial de la historia, sólo información adicional. Los participantes principales del evento se llaman **argumentos**, mientras que los otros se llaman **adjuntos**.

¿De qué depende el número de argumentos de un evento? Depende de cómo se conceptualiza lingüísticamente el evento. Comparemos los siguientes ejemplos:

(47) a. El lince mató a su presa
   b. La presa murió

En términos abstractos, estas dos cláusulas describen eventos parecidos: en los dos casos, la presa termina muerta, pero *matar* lo expresa con dos participantes (*el lince* y *su presa*), mientras que *morir* lo expresa con uno solo (*la presa*). *Morir* requiere un solo argumento, mientras que *matar* requiere dos. El número de participantes argumentales exigido por un verbo es lo que se llama su **estructura argumental**, y se representa de la siguiente manera:

(48) a. *matar* (x, y)
      b. *morir* (y)

La notación de (48) indica que *matar* tiene dos argumentos abstractos (x, y), mientras que *morir* tiene uno (y). Las variables "x, y" sugieren que cualquier nombre puede tomar ese lugar (x puede ser *el lince, el cáncer, la bala* ..., y puede ser *la víctima, el enfermo, el león* ...).

La idea de argumentos y de estructura argumental se deriva del significado del verbo. Como hemos sugerido, el número de argumentos depende de ese significado: la idea de *matar* implica a dos personajes (el que mata y el que muere), mientras que *morir* sólo implica a uno. Sin embargo, hay otros "participantes" menores e información adicional que no está determinada por el significado del verbo. Por ejemplo, si digo *mataron a una cucaracha en la casa de Miguel*, los argumentos de *matar* son "los que matan" y *una cucaracha*, pero también hay información adicional sobre el lugar: *en la casa de Miguel*. Sólo los participantes principales son argumentos del verbo *matar*, mientras que *en la casa de Miguel* es un adjunto.

La estructura argumental de un verbo se define como el número mínimo de actores principales determinado por el significado conceptual de ese verbo. Cada uno de esos actores se llama **argumento**. Los actores secundarios se llaman **adjuntos**. Aunque en nuestros ejemplos los argumentos son personas o seres animados, no tiene que ser así: en *el ebola mató a mucha gente*, uno de los argumentos (*el ebola*) es una entidad no animada.

Estructura argumental: el número de argumentos de un verbo que viene determinado por su significado.

Argumento: cada uno los participantes de un evento verbal determinado por la estructura argumental del verbo.

Adjunto: las frases que proporcionan información secundaria en un evento verbal, y que por lo tanto no son argumentos.

El concepto de estructura argumental se relaciona con el concepto tradicional de **verbo intransitivo o transitivo**, pero tiene aplicación un poco más amplia. Los verbos intransitivos tienen un argumento (*morir*), los transitivos, dos (*matar*). Otros verbos, como *regalar*, tienen tres argumentos (es un **verbo ditransitivo**):

---

(49) a. La familia le regaló un viaje a los novios
     b. *regalar* (x, y, z)
     c. x = *la familia*, y = *un viaje*, z = *los novios* (*le*)

En este ejemplo, se ve que el verbo *regalar* tiene tres participantes (argumentos), por lo tanto su estructura argumental es la de (49b). En ese ejemplo, el pronombre *le* se refiere a *los novios*, así que los dos cuentan como un solo argumento.

Otras categorías pueden tener también estructura argumental, por ejemplo las preposiciones. Normalmente una preposición tiene un solo argumento, como vemos en (50). En este ejemplo, la preposición *hacia* tiene un argumento, *la capital*.

---

(50) a. Vamos **hacia la capital**
     b. *hacia* (x)

Como conclusión, la estructura argumental es una parte esencial de la representación léxica de las palabras. Por lo tanto, un verbo como *caminar* (con un solo argumento) incluye lo siguiente:

---

(51) $\longleftrightarrow$ /kamin-/

$\updownarrow$

V(erbo) (x)

2.3.1 Diferencias entre argumentos y adjuntos

Como hemos dicho, los argumentos son parte esencial del contenido conceptual de un verbo, mientras que los adjuntos no lo son. En esta sección presentamos algunas pruebas sintácticas que los distinguen.

Dependencia semántica. Los argumentos dependen semánticamente del verbo, los adjuntos no.

(52) a. Pedro le regaló unos chocolates a su hermano
b. Pedro dejó los regalos a la entrada de la casa

Si comparamos *a su hermano* con *a la entrada de la casa*, vemos que en el primer caso la interpretación de destinatario depende del verbo *regalar*: en abstracto, *a su hermano* puede interpretarse de muchas maneras. En cambio, *a la entrada de la casa* indica un lugar, independientemente del verbo *dejar*. Es decir, *a su hermano* es un argumento, mientras que *a la entrada de la casa* es un adjunto.

Obligatoriedad. Los argumentos son sintácticamente obligatorios, los adjuntos no.

(53) a. Ayer, encendí la lámpara en la cocina
b. *Ayer, no encendí en la cocina
c. Ayer, no encendí la lámpara

El verbo *encender* tiene dos argumentos, como vemos en (53a), uno de ellos representado por *la lámpara*, el otro por el sujeto implícito. En esa misma cláusula hay dos adjuntos: *ayer* y *en la cocina*. Cuando se suprime el argumento representado por *la lámpara*, el resultado es anómalo, como vemos en (53b), pero cuando se suprime el adjunto *en la cocina*, el resultado es aceptable, como vemos en (53c).

Esta idea se complica un poco porque a veces un argumento es implícito. Por ejemplo, el sujeto de *encendí* no está representado por un nombre explícitamente, pero se entiende que alguien realizó la acción (el hablante). En este caso, se asume que el argumento está presente sintácticamente, pero que no aparece explícitamente, sino que se recupera por la información gramatical o contextual de la cláusula. En el ejemplo de *encendí*, la información contenida en el morfema *-í* indica que el sujeto es el hablante. En otros casos, se entiende por el contexto. Por ejemplo, si entro en una cafetería y después de un rato, el camarero me dice *¿ya pidieron?*, se entiende que está preguntando si pedimos algo. El hecho que esa sea la interpretación del verbo se formaliza diciendo que los dos argumentos de *pedir* en ese ejemplo se representan sintácticamente, pero no se pronuncian abiertamente.

Orden relativo. Los argumentos suelen estar más cerca de los verbos que los seleccionan que los adjuntos. Aunque esta diferencia no es radical, sí hay una preferencia clara por el orden en el que el argumento precede al adjunto:

(54) a. Compramos comida por la mañana

b. ?Compramos por la mañana comida

En este ejemplo, *comida* es el argumento y *por la mañana* es el adjunto.

Iteración. Un argumento no puede repetirse en una cláusula, a menos que esté coordinado, mientras que un adjunto sí.

(55) a. *Conseguimos especias carne en el mercado

b. Conseguimos especias en el mercado en la tienda

La razón de esta diferencia tiene que ver con que la interpretación semántica del argumento está determinada por el verbo, y es única (es decir, hay un solo argumento de objeto directo con el verbo *conseguir*), mientras que los adjuntos no dependen directamente del verbo, y por lo tanto se pueden repetir.

Cuando se coordinan dos nombres, actúan como si fuera un solo argumento, por eso la coordinación suprime esta restricción:

(56) Conseguimos [especias y carne] en el mercado

Sustitución por una forma verbal *hacerlo*. La forma verbal *hacerlo* se refiere a una secuencia verbal presente en el discurso.

(57) a. Dolores saludó a sus parientes y Mauricio también lo hizo

b. lo hizo = [saludó a sus parientes]

En este ejemplo, *lo hizo* se refiere a *saludó a sus parientes,* es decir, incluye al verbo y al argumento objeto directo. Este argumento no puede quedarse por fuera de la referencia de *hacerlo,* pero en cambio un adjunto sí podría:

(58) a. *Dolores saludó a sus parientes y Mauricio también lo hizo a su hermano

b. lo hizo ≠ saludó

(59) a. Dolores saludó a sus parientes esta mañana y Mauricio también lo hizo esta tarde

b. lo hizo = saludó a sus parientes

En el primer ejemplo de (58a), al repetir el argumento en la segunda cláusula (*a su hermano*), *lo hizo* sólo se refiere a *saludó,* y el resultado es agramatical. En cambio, cuando se especifica un adjunto *esta tarde,* el resultado es aceptable, como vemos en (59a).

Extracción. El término "extracción" se refiere a desplazar una parte de un constituyente sintáctico, por ejemplo, para hacer una pregunta (ver capítulo 5, sec. 5.2). Generalmente, cuando la parte está dentro de un adjunto, la extracción es inaceptable, pero cuando está dentro de un argumento, es gramatical:

(60) a. Compré [ARG una foto del cuadro] [ADJ en la tienda del museo]

b. ¿[De qué cuadro] compraste [ARG una foto] [en la tienda del museo]? ✓

c. ¿[De qué museo] compraste [una foto del cuadro] [ADJ en la tienda]? ✗

El ejemplo de (60a) tiene dos frases: el argumento *una foto del cuadro* y el adjunto *en la tienda del museo,* marcados respectivamente en ese ejemplo. En (60b), vemos que es posible hacer una pregunta sobre una parte del argumento (*¿de qué cuadro?*), mientras que en (60c) no es posible hacer una pregunta sobre una parte del adjunto (*¿de qué museo?*). Las flechas en cada ejemplo indican el constituyente al que corresponde la pregunta, y si es legítima o no.

2.3.2 El principio de proyección y los argumentos nulos

Más arriba decíamos que los argumentos son obligatorios, aunque a veces no sean explícitos. Por ejemplo, en los siguientes casos, hay argumentos que se interpretan, aunque no se pronuncian explícitamente:

(61) a. Para almorzar había asado, pero yo no comí
  b. Prometió terminar el trabajo a tiempo

El primer ejemplo se puede interpretar como que "yo no comí <asado>", a pesar de que ese nombre no aparece explícitamente en la cláusula. En este caso, se interpreta así porque se ha mencionado previamente la palabra *asado*.

En el segundo ejemplo, la persona que promete es la misma persona que va a terminar el trabajo (como se ve explícitamente en *prometió que él iba a terminar el trabajo a tiempo*). En este caso también, el argumento de *prometer* es el mismo que el sujeto de *prometer*. Estas interpretaciones son consistentes con la estructura argumental de los verbos *comer* y *terminar*.

(62) a. *comer* (x, y)
  b. *terminar* (x, y)

Si el argumento está presente implícitamente, la sintaxis tiene que reflejarlo de alguna manera. Una posibilidad es que haya una categoría sintáctica no pronunciada, que se interpreta según el contexto:

(63) Para almorzar había asado, pero yo no comí ∅ (∅ = asado)

La estructura argumental de un verbo es una propiedad léxica, porque depende del significado del verbo, y la idea de que esta propiedad léxica debe mantenerse en la estructura sintáctica es lo que se llama el **principio de proyección**.

> **Principio de proyección:** las propiedades de selección especificadas en el léxico se mantienen en la sintaxis.

Esto quiere decir que si un verbo especifica dos argumentos en su entrada léxica, debe tener dos argumentos en la sintaxis.

A veces, sin embargo, el mismo verbo tiene doble comportamiento: en unos casos parece que tuviera argumentos implícitos, y en otros casos parece que no tuviera argumento:

(64) a. A mí no me gusta beber después de hacer ejercicio
b. Me ofrecieron limonada, y bebí con mucho gusto

En el primer ejemplo, *beber* se puede interpretar como una actividad que no tiene un objeto determinado, mientras que en el segundo, hay un segundo argumento representado por el antecedente mencionado (*limonada*). En este sentido, *beber* es léxicamente ambiguo y tiene dos entradas léxicas:

(65) a. *beber$_1$* (x, y)
b. *beber$_2$* (x)

En la representación sintáctica de *beber$_1$* hay dos argumentos, mientras que en la de *beber$_2$* hay uno solo, respetando el principio de proyección.

Algo parecido le pasa a *comer*, que además de tener dos argumentos en el ejemplo de (61), puede también interpretarse como una actividad.

2.3.3 La selección sintáctica y semántica

Si tratamos de desarmar un aparato eléctrico, normalmente hay muchos tornillos de distintos tipos, unos con cabeza de estrella y otros con cabeza alargada, y para desatornillar cada tipo, necesito un destornillador distinto. En cierto sentido, cada tipo de tornillo selecciona un tipo de destornillador. Lo mismo ocurre con las palabras:

---

(66) a. La solución depende de ellos

b. *La solución depende ellos

c. *La solución depende que ellos vengan

El verbo *depender* selecciona complementos preposicionales con *de*, no complementos nominales o cláusulas, como vemos en estos ejemplos. Este tipo de selección se llama **selección de categoría**.

Un segundo tipo de selección se refiere al contenido del complemento:

---

(67) a. Preguntó si quería comer

b. Preguntó qué queríamos

c. Preguntó el nombre

En estos casos, el verbo *preguntar* selecciona complementos que se interpretan como preguntas, independientemente de su categoría. El tercer ejemplo es particularmente revelador, porque se interpreta como *preguntó cuál es el nombre*, a pesar de que el complemento sólo es un nombre, y no una pregunta completa. Este tipo de selección se llama **selección semántica**.

Aunque la selección y la estructura argumental tienen en común que en los dos casos un constituyente es exigido por un predicado, la estructura argumental no especifica el tipo de complemento (ni semánticamente, ni categorialmente). Por otro lado, el hecho de que *depender* sólo seleccione categorialmente a frases preposicionales con *de* no está reflejado en su estructura argumental.

2.3.4 Las relaciones temáticas y los papeles temáticos

Imaginemos la siguiente situación: después de un viaje, durante el cual ha habido varias tormentas en su ciudad, usted regresa a su apartamento y se encuentra la siguiente situación:

---

(68) Un árbol aplastó mi bicicleta

Este triste evento tiene dos participantes, pero cada uno de ellos tiene una relación distinta con el evento: *el árbol* es la causa y *la bicicleta* recibe el efecto. Estas distintas maneras de participar en una acción descrita por un verbo se llaman **relaciones temáticas**. Estas relaciones temáticas se concretan lingüísticamente en los **papeles temáticos**; por ejemplo, en (68), *la bicicleta* recibiría el papel temático de **tema** o **paciente**, mientras que *un árbol* recibe el de **agente**. El tipo de papel temático depende del verbo (o del predicado, en general). De esta manera, el verbo *llegar* asigna un papel temático **locativo** (*a mi casa*), porque su significado está relacionado con cambios de lugar.

¿Cuál es la lista de papeles temáticos y su definición? Sobre esto no hay un acuerdo general, pero a continuación presentamos algunos de los más aceptados:

---

(69) a. **Agente:** el iniciador o causa (deliberada o no) de un evento

b. Los cocineros prepararon una excelente comida (*los cocineros* = agente)

---

(70) a. **Experimentante:** la entidad que experimenta o percibe un evento

b. A Katia le encanta el pan (*a Katia* = experimentante)

---

(71) a. **Tema:** la entidad que cambia o es afectada por el evento

b. El abogado escribió el contrato (*el contrato* = tema)

---

(72) a. **Destino:** el punto de llegada de un evento con movimiento (físico o figurado)

b. El túnel atraviesa la montaña (*la montaña* = destino)

La razón por la que no hay consenso sobre papeles temáticos es que siempre es posible afinar un poco más y reconocer dos papeles para una relación semántica. Por ejemplo, el papel de agente a veces se reserva para las causas deliberadas, mientras que otros causantes no deliberados serían **causa.** Según esto, se podría distinguir entre *el árbol* de (68) (una causa) y *el cocinero* de (69b) (un agente).

Aunque no hay un acuerdo claro sobre cuántos y cuáles son los papeles temáticos, la parte más relevante desde el punto de vista sintáctico es cómo se manifiestan esos papeles temáticos en la sintaxis. Por un lado, hay una cierta jerarquía de papeles temáticos. Por ejemplo, los agentes están en la parte más alta de la jerarquía, los destinatarios están relativamente bajos. Por otra parte, esa jerarquía se corresponde con la estructura sintáctica, de modo que los papeles temáticos más altos en la jerarquía temática se asignan a los argumentos más altos en la jerarquía sintáctica, por ejemplo, los agentes suelen ser sujetos.

Finalmente, se ha sugerido la existencia de un principio gramatical que regula la realización de los papeles temáticos en la sintaxis, el llamado **criterio temático:**

Criterio temático: todo argumento debe tener un papel temático.

Este criterio asegura que no haya argumentos verbales que no tengan una interpretación semántica en una cláusula.

2.3.5 Resumen de la estructura argumental, papeles temáticos, y selección

En esta sección hemos discutido los conceptos de estructura argumental, argumento, adjunto, y principio de proyección. La estructura argumental es el número de participantes que tiene un verbo u otra categoría como parte de su significado léxico. Esta estructura está representada en la entrada léxica, y se mantiene en la sintaxis según el principio de proyección. La relación entre un predicado y sus complementos también se restringe por la selección categorial (el tipo de categoría elegido) y por la selección semántica (el contenido de la misma). Los adjuntos, en cambio, son elementos opcionales no conectados directamente con el verbo. También hemos sugerido varias diferencias gramaticales entre los argumentos y los adjuntos.

2.4 ¿Cómo cambia el lexicón?

Las categorías léxicas tienen una lista larga, potencialmente infinita de miembros. Además, son clases dinámicas: entran términos nuevos y salen otros por desuso. La principal razón por la que se forman términos nuevos es la necesidad de designar objetos, conceptos, o actividades nuevas. ¿Cómo se forman los nuevos miembros? Hay dos grandes mecanismos: los préstamos de otras lenguas y la derivación morfológica. Veamos cómo funcionan.

En los últimos 30 años apareció en español la palabra *fax* junto con un aparato que permitía enviar documentos de manera instantánea. La invención y la palabra vinieron a través del inglés. La palabra se incorporó tan rápidamente como las máquinas de fax, porque los hablantes tenían la necesidad de referirse a la nueva invención que se usaba con mucha frecuencia.

Más recientemente (en los últimos 15 años) apareció la palabra *chat* en español, también con origen en el inglés. En este caso, refleja una actividad nueva (comunicarse a distancia de manera casi instantánea usando un teclado), también posible gracias a una nueva tecnología.

En los dos casos la palabra original se adapta a la pronunciación del español, cambiando la manera como se produce la vocal. En el caso de *chat*, además, se genera un verbo *chatear* usando la morfología que veíamos más arriba: *-e-a-r*.

El ejemplo de *chat* y *chatear* nos muestra una propiedad importante del cambio léxico. La palabra inglesa *chat* existía mucho antes de la invención de internet con el significado de "conversar", pero sólo emigró al español cuando la nueva tecnología le dio un significado mucho más especializado ("intercambiar mensajes escritos breves por un medio electrónico en tiempo casi real"). Es decir, a veces una palabra que existe en la lengua se adapta y se extiende para designar una actividad nueva, o le añade un sentido nuevo, una perspectiva, o una connotación adicional a la actividad que designa. El nacimiento de *chatear* en español refleja la necesidad de distinguir la novedad del medio electrónico frente a la conversación tradicional.

Frecuentemente las palabras nuevas tienen una connotación de identidad muy fuerte: entre los hablantes puertorriqueños jóvenes existe la expresión *a tó jendél* 'de gran intensidad', como en el ejemplo de (73):

(73) Llovió a tó jendél

En este ejemplo, la expresión indica que llovió mucho. Usar esta expresión indica que el hablante pertenece a ese grupo de hablantes jóvenes.

Es importante notar que, aunque las palabras nuevas parecen surgir en grupos sociales, en último término son adaptadas por el lexicón de hablantes individuales. Es decir, si los hablantes individuales no saben el significado de *chatear* o de *a tó jendél*, estas palabras no se usan. Al mismo tiempo, es necesario que varios hablantes incorporen la palabra para que se generalice su uso.

Además de los mecanismos para incorporar palabras nuevas, otras palabras desaparecen del lexicón individual (y colectivo) de los hablantes. A veces hay palabras que desaparecen porque los objetos y actividades a los que se refieren dejan de existir. Por ejemplo, la palabra *escarpín* se refería a un tipo de zapato que pasó de moda y que ya no se usa. Cuando desapareció ese tipo de zapato, la palabra dejó de usarse. En otras ocasiones, la realidad descrita por la palabra sigue existiendo, pero se empieza a usar una palabra distinta para referirse a ella. Ese es el caso de la palabra *engerido* que significa 'desanimado'. No es que el concepto al que se refiere haya desaparecido, sino que la palabra ha sido reemplazada por otra, posiblemente con connotaciones un poco distintas, o usada por generaciones más jóvenes.

2.4.1 Innovación morfológica

Más arriba hablábamos de los morfemas derivativos como morfemas que permiten relacionar palabras con una raíz común, pero con significados parcialmente distintos, como *mente* y *mental*. Este mecanismo también nos sirve para formar palabras nuevas. Por ejemplo, a partir de la palabra *fax*, se puede introducir el verbo *faxear*, y a partir de *chat*, *chatear*.

En (74) vemos una innovación observada en Cusco, Perú, que se refiere a un restaurante de pollos rebozados y fritos. Esta palabra se inicia con un préstamo del inglés (*broaster (chicken)* 'pollo frito'), al que se le añade un sufijo derivativo del español -*ería* 'lugar relacionado con ...'

(74) Broastería

En el caso de (75a), observado en Buenos Aires, el proceso morfológico forma el compuesto *rapipago* a partir de un nombre (*pago*) y un adjetivo (*rápido*) que ha sido reducido en su forma. Una de las características interesantes de este compuesto es que el orden es distinto de la frase sintáctica correspondiente, que aparece en (75b).

(75) a. rapipago
       b. pago rápido

2.5 Categorías léxicas y funcionales

Imagínense que alguien mandara el siguiente mensaje de texto: *hoy terminado examen matemáticas éxito total*. Seguramente, el que lo recibe lo puede interpretar, pero claramente le falta bastante información, y suena un poco inconexo. Lo que falta (*hoy he terminado el examen de matemáticas con éxito total*) son las palabras esenciales para conectar las distintas partes de una oración. A continuación, vamos a ver cómo se distinguen sistemáticamente estos dos tipos de palabras, las que tienen contenido léxico, y las que tienen contenido relacional.

Hemos visto que la gramática clasifica las palabras en distintas categorías:

(76) a. Nombre (N): *casa, idea, operación, tobogán, puerta, amistad*
       b. Verbo (V): *comer, cantar, escribir, sufrir, construir, hablar, llover*
       c. Preposición (P): *a, hasta, de, por, para, entre, sin*
       d. Adjetivo (A): *amarillo, feliz, inteligente, abusivo, cuadrado*
       e. Adverbio (Adv): *sólo, rápidamente, ayer, siempre, frecuentemente*

Sin embargo, no todas las palabras son iguales desde el punto de vista de su contenido o de su función. Supongamos que un hablante de ruso nos pregunta qué quiere decir *casa*. Podríamos contestarle que *casa* se refiere a un objeto físico, un edificio en el que viven las personas, con paredes, techo, ventanas, puertas, etc. Nuestro amigo ruso entiende bien a qué tipo de objeto se refiere *casa* y pregunta qué quiere decir *demasiado*. Nosotros nos ponemos a pensar en cómo explicar el significado: tiene que ver con cantidad, pero no indica cantidad de qué. Además, la cantidad misma puede variar según el contexto: si digo *éramos demasiadas personas en el cuartito*, el número de personas presentes probablemente es menor que si digo *éramos demasiadas personas en el vagón del metro*.

Este ejemplo nos sugiere una distinción general entre dos tipos de palabras: las categorías léxicas y las categorías funcionales. Las **categorías léxicas** como *casa* tienen contenido que corresponde a representaciones mentales (de objetos, conceptos, acciones, situaciones, etc.). Estas representaciones mentales pueden ser de objetos existentes en el mundo (*casa*), pero también de objetos inexistentes (*unicornio*), conceptos (*gravitación*), actividades (*fiesta, correr, pensar*), etcétera. Los significados de este tipo de palabras son características relativamente independientes del contexto. Las **categorías funcionales** (como *demasiado*) tienen dos funciones relacionadas: sitúan y contextualizan los significados de las categorías léxicas, y relacionan las palabras léxicas entre sí. Por ejemplo, en la secuencia *demasiadas casas*, *demasiadas* es una categoría funcional, indica la cantidad de objetos designado por *casas*, y sitúa el significado de *demasiadas casas* en un contexto más general para interpretar si la cantidad relevante son 5 casas o 5,000.

Hay muchas clases de categorías funcionales, como vemos en la siguiente lista parcial:

(77) a. Determinante (D): *El, la(s), los, un(a/o/s), algún(a/o/s), varios/as, toda/o/s*, posesivos (*mi(s), tu(s)* ...)

    b. Tiempo (T): *ha, había, hubo, -ó*

    c. Modo (Mod): *poder, deber*

    d. Aspecto (Asp): *-aba*

    e. **Conjunción subordinante (C)**: *que, si*

Algunas de las palabras de esta lista son familiares (los determinantes *el/la, un ...*), pero otras son más extrañas o porque el significado no es muy conocido (como el aspecto, que vamos a definir más abajo), o porque se mezclan palabras independientes (*había*) con morfemas (*-ó*). Si lo miramos desde el punto de vista de la sintaxis, la diferencia entre palabra independiente y morfema no es tan importante: el mismo concepto (tiempo) se realiza de dos maneras distintas, a veces como una palabra independiente (*ha*), a veces como un morfema dependiente (*-ó*), pero en los dos casos corresponde al contenido abstracto "tiempo":

(78)   cant-ó   ha cantado

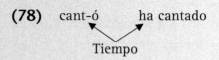

La otra diferencia importante entre *ha* y *-ó* es el orden: la información temporal de *ha cantado* (*ha*) aparece al principio, mientras que la parte temporal de *cantó* (*-ó*) aparece al final, pero esa diferencia está relacionada con la primera: los morfemas dependientes como *-ó* en español suelen ser sufijos (aparecer al final); las palabras independientes no tienen ese mismo tipo de restricción.

En resumen, las categorías funcionales pueden expresarse como palabras independientes, o como morfemas dependientes.

Las categorías léxicas y las funcionales tienen otra diferencia importante: las primeras son **clases abiertas,** porque normalmente contienen un número muy grande de miembros, y porque además, los hablantes pueden y suelen añadir miembros nuevos a esas clases de palabras. En cambio, las categorías funcionales son **clases cerradas** que tienen pocos miembros y que no incluyen miembros nuevos fácilmente. Por ejemplo, si en un concurso de televisión les pidieran que dieran el mayor número posible de nombres en dos minutos, seguramente podrían dar muchos, pero si les pidieran el mayor número posible de determinantes (excluyendo los numerales), esta lista sería más limitada, como vemos en (79a–b):

---

(79) a. Nombres:*casa, ventana, techo, puerta, pared, ladrillo, hoja, rama, tronco, ardilla, flor, planta, columpio, cielo, nube, lluvia, teja, madera, aire, fax, chat* ...

      b. Determinantes: *el, la, los, las, un, una, unos, unas, varias, cada, algunas,* los posesivos (*su, mi,* etc.)

Por ejemplo, el diccionario de Oxford contiene más de 40,000 nombres, y seguramente los diccionarios españoles tienen cantidades parecidas. En cambio, la lista de (79b) contiene un número reducido de determinantes. Por supuesto, esto no incluye los numerales (*uno, dos, tres* ...), que por definición son infinitos, pero también son lingüísticamente especiales.

Como vemos también en estos ejemplos, las palabras nuevas como *fax* o *chat* son parte de las categorías léxicas, en este caso los nombres. Si repasamos la historia del español, veremos que la creación de nuevos nombres es muy frecuente, a veces tomados de otras lenguas y adaptados a la fonología y morfología del español, otras veces derivados de otras palabras ya existentes en el español añadiéndoles un morfema. Por ejemplo, *garaje* es una palabra originalmente francesa, que pasó al español y adaptó su pronunciación a esta lengua, incorporando la *-e* final a la pronunciación (en francés la *-e* final escrita no se pronuncia) para ajustarse a las reglas silábicas del español. La palabra *lonche*, que se usa en gran parte de América latina con el significado de 'comida ligera por la tarde-noche', viene del inglés *lunch*, y de nuevo ha sido adaptada a las características fonológicas del español, cambiando la vocal del inglés por una *o*, y añadiendo la *-e* final.

En cambio, los determinantes no se renuevan tan fácilmente. Generalmente, cuando hay un cuantificador nuevo, lo que ocurre es que una palabra ya existente extiende su uso y sus propiedades sintácticas. Por ejemplo, en el español coloquial peruano, existe el cuantificador *chupo*: *hay un chupo de gente*, que significa 'hay mucha gente'. *Chupo* existe como palabra independiente, pero no con el significado de cuantificador que tiene aquí; ese significado se asocia con el uso funcional de la palabra.

Categoría léxica	Categoría funcional
-Clase abierta -Muchos miembros -Admite miembros nuevos -Contenido semántico orientado hacia conceptos extralingüísticos	-Clase cerrada -Pocos miembros -No admite miembros nuevos -Contenido relacional

Figura 2.1 Diferencias entre categorías léxicas y funcionales.

Categoría léxica: una categoría con un significado que conecta con nuestra representación de los objetos o propiedades del mundo, y que forma parte de una clase abierta.

Categoría funcional: una categoría de contenido relacional que sitúa a una categoría léxica en el contexto gramatical y discursivo, y que forma parte de una clase cerrada.

En resumen, tenemos dos criterios básicos para distinguir categorías léxicas de categorías funcionales: la productividad (las léxicas son clases abiertas, productivas, las funcionales son clases cerradas, no productivas), y el contenido (las léxicas tienen significado autónomo y claro, las funcionales tienen significado relacional).

La distinción entre categorías léxicas y funcionales también se extiende a otros tipos de palabras: podemos distinguir verbos léxicos de los auxiliares (funcionales), como vemos en (80).

(80) a. Verbos léxicos: *comer, saltar, andar, leer, escribir, construir, vivir, morir, cantar, sembrar, cosechar, bailar, chatear, faxear*

b. Auxiliares (funcionales): *haber, ir, estar, ser, poder, querer, seguir*

Muchos verbos auxiliares son ambiguos: casi todos ellos funcionan también como verbos léxicos, como vemos en (81a). En este caso su significado suele cambiar: en el primer ejemplo, *ir* tiene un claro contenido direccional 'dirigirse hacia un lugar'; en cambio, en el uso como auxiliar en (81b), el significado no implica movimiento en una dirección, sino que indica la duración del evento descrito por el verbo *llegar*: su significado es aspectual.

(81) a. Marta va al trabajo
  b. El verano va llegando poco a poco

Otros auxiliares indican modalidad (es decir, la capacidad o habilidad de hacer algo, como *poder*) o tiempo (pasado, presente, futuro). Por ejemplo, el auxiliar *había* en (82a) contribuye a localizar el evento de "llegar" en un momento pasado anterior a otro momento pasado ("entrar al aeropuerto"), como sugiere la ilustración de (82b).

(82) a. Cuando entramos al aeropuerto, el avión ya había llegado
  b.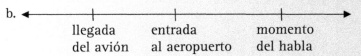

llegada   entrada   momento
del avión   al aeropuerto   del habla

Estas categorías funcionales asociadas con el verbo comparten con las categorías funcionales que vimos antes el hecho de que relacionan a una categoría léxica (en este caso, el verbo) con el contexto más general. Más adelante veremos otras categorías funcionales, que incluyen palabras como *que* (los llamados **complementantes**).

En resumen, hemos visto que las categorías lingüísticas se pueden dividir en dos clases: las léxicas, con un contenido semántico relacionado con la representación del mundo, y las funcionales, con un contenido relacional. Las primeras son clases abiertas, las segundas son clases cerradas.

2.6 Resumen del capítulo

En este capítulo hemos presentado la información mínima que tiene una entrada léxica del lexicón mental. Esta información consiste en la forma del símbolo lingüístico, contenido gramatical y contenido conceptual o semántico. La información gramatical incluye rasgos como la categoría gramatical, si la palabra es masculina o femenina (o tiene algún rasgo de clasificación), la conjugación verbal, la estructura argumental (el número de argumentos), etcétera.

Ejercicios

1. **Entradas léxicas**

1.1 ¿Cómo sería la entrada léxica de las siguientes palabras?

    a. comprar

    b. idea

    c. en

    d. francamente

1.2 Los verbos en español tienen formas en presente y en pasado (*comí, como*). ¿Piensa que todas las formas se deben incluir independientemente en el lexicón?

1.3 (Avanzado) En el texto sugerimos que el lema de una palabra se asocia con los lemas de otras cuando se parecen formalmente (*rata, rato, raro* ...). ¿Se le ocurre algún tipo de evidencia para sostener esta idea?

2. **Morfología**

2.1 Prefijos morfológicos. Observe las siguientes palabras que empiezan con *re-*:

    a. rematar

    b. real

    c. renacer

    d. resolana

    e. recoger

    f. rey

¿Cuál es la categoría de cada una de esas palabras?

Intuitivamente, ¿en cuáles podemos reconocer un prefijo *re-* y una raíz?

Trate de justificar su respuesta.

	re- + raíz	Sin división de prefijo y raíz
rematar		
real		
renacer		
resolana		
recoger		
rey		

Para los casos en los que hay un prefijo *re-* + raíz, ¿cuál sería el significado del prefijo *re-*?

2.2 ¿Qué otros morfemas (además de *-o, -a,* y *-s*) se asocian con la categoría nombre?

3. Distribución de las categorías

3.1 (Avanzado) Proponga pruebas de distribución parecidas a las que hemos presentado en el capítulo (pero distintas) en las que sólo aparecen:

a. adjetivos

b. verbos

3.2 (Avanzado) Según las pruebas de distribución, ¿se puede distinguir a un nombre de un adjetivo?

4. Estructura argumental

4.1 Piense en ejemplos de verbos que tengan:

a. un argumento

b. dos argumentos

c. tres argumentos

Escriba frases con esos verbos e indique cuáles son los argumentos.

Use alguno de los criterios que hemos visto para justificar por qué son argumentos (y no adjuntos).

4.2 Recuerde que la estructura argumental se refiere al número de participantes requeridos necesariamente por el significado léxico del verbo. Observe los verbos de los siguientes ejemplos:

   a. El tráfico provocó retrasos en las calles
   b. Los estudiantes leyeron varios libros
   c. Llegaron unos amigos
   d. Los invitados les trajeron unas frutas deliciosas a sus amigos
   e. Las ardillas se trepaban rápidamente por los árboles

¿Cuáles son los argumentos de cada uno de los verbos?

5. Cambios en el léxico

5.1 Observe los siguientes ejemplos de palabras nuevas (subrayadas).

   a. Antes de que las casas tuvieran acceso a internet, la gente iba mucho a los cibercafé
   b. Tenía unas fotos viejas que pude escanear para tenerlas en mi computadora
   c. Durante la crisis hubo un mazo de gente que no podía encontrar trabajo (España)
   d. Los hackers han bloqueado el servidor de la universidad
   e. Hicimos un simpa sin darnos cuenta: un amigo y yo nos tomamos varias cervezas, y salimos del bar sin pagar sin fijarnos

Explique aproximadamente el significado de las palabras. Si no lo sabe, trate de adivinar cuál es, o buscarlo en internet.

¿Qué aspecto de esas palabras indica que se han adaptado al español?

¿Cuáles de esas palabras se puede decir que tienen un origen en otra lengua?

6. Categorías léxicas y funcionales

6.1 En la primera mitad del siglo XX, la manera de comunicarse rápidamente era mandando un telegrama. Los telegramas cobraban por palabra, así que eliminaban la mayor cantidad de palabras. Por ejemplo:
FELICITARLOS MOTIVO RECIENTE ENLACE MATRIMONIAL. MEJORES DESEOS. ABRAZOS

Si usted recibe este telegrama, ¿cómo lo "traduciría" a español normal?

¿Qué tipo de palabras ha añadido?

¿Hay alguna conexión entre esas palabras y las clasificaciones que hemos hecho en esta unidad?

6.2 El equivalente moderno de un telegrama es un sms: igual que un telegrama, el texto es breve, y también se eliminan algunas partes. Por ejemplo:

- Akb en la biblio! t spro n l bar pa tmr cerv. Bss
- Kuando akbs? tardo 20m voy xra alla

Si usted tuviera que traducirle este diálogo a alguien mayor no acostumbrado a los sms, ¿cómo lo traduciría?

Si comparamos lo que falta en un telegrama con lo que falta en un sms, ¿es lo mismo? ¿En qué se diferencian?

Lecturas adicionales

Categorías gramaticales

Baker (2003)
Bosque (1991)
Carnie (2011)

Morfología

Fábregas (2013)
Harris (1991)

Entradas léxicas

Levelt (1999)

3 La creación de estructuras complejas a partir de unidades básicas

Objetivos del capítulo

- Entender cómo se construye la estructura de una oración
- Presentar las distintas maneras de diagnosticar constituyentes sintácticos complejos
- Determinar los tipos de constituyentes sintácticos que existen
- Identificar las distintas partes de una estructura sintáctica

3.0 INTRODUCCIÓN

En el capítulo anterior concluimos que las palabras se clasifican en distintas categorías gramaticales. Además, separamos a las categorías léxicas (con contenido que se refiere a conceptos del mundo, objetos inexistentes o ideas abstractas) de las funcionales (categorías relacionales que sirven para contextualizar a las categorías léxicas). En este capítulo exploraremos cuáles son los principios por los que se combinan palabras para formar grupos más grandes.

Por ejemplo, cuando alguien dice *la casa grande con la puerta pequeña*, se entiende que el adjetivo *grande* califica a *casa* y el adjetivo *pequeña* a *puerta*, y no al revés. Este ejemplo nos muestra que las palabras se asocian con otras formando grupos, y además que esos grupos suelen estar formados por palabras próximas y no lejanas.

Podríamos pensar que el mecanismo de asociación de palabras es muy sencillo: una palabra se une a la palabra más próxima, pero eso no siempre es así: el lenguaje humano permite desplazar grupos de palabras, como vemos en (1). En la primera oración, interpretamos que hay una relación entre el verbo *encontrar* y *un problema* (lo "encontrado" fue "un problema") y que esas dos palabras están próximas. En la segunda, en cambio, vemos que, aunque *problema* sigue siendo un objeto de *encontrar*, ya no se encuentran uno al lado del otro: *qué problema* aparece desplazado al principio de la oración, para reflejar el hecho de que es una pregunta.

(1) a. El mecánico encontró un problema en el motor

   b. ¿Qué problema crees que encontró el mecánico en el motor?

En este capítulo exploraremos cómo se forman grupos de palabras más grandes a partir de palabras individuales y cuáles son los principios que regulan estas operaciones. Se presentarán pruebas básicas para determinar la **estructura de constituyentes** de una oración, y cómo se puede representar esta estructura.

3.1 Pruebas de constituyentes

Las palabras se agrupan en grupos más grandes, llamados constituyentes sintácticos. Frecuentemente, la estructura de constituyentes es bastante transparente: la combinación de significados nos indica la estructura, pero a veces esto no es obvio. Además de por los significados, los constituyentes se pueden diagnosticar con varios tipos de pruebas sintácticas, que vamos a investigar en esta sección.

Constituyente sintáctico: un grupo de palabras que actúan como una unidad desde el punto de vista sintáctico.

La idea general de las pruebas de constituyentes es la siguiente: un constituyente es un grupo de palabras que funciona como una unidad independientemente de si tiene una estructura interna simple o compleja, y por lo tanto podemos encontrar evidencia de ese comportamiento como una unidad. Por poner un ejemplo no lingüístico, un automóvil está formado por muchas partes (motor, ruedas, asientos, carrocería, etc.), pero en conjunto actúa como una sola máquina. Al mismo tiempo, algunas de esas partes funcionan también como grupos autónomos: el motor, o el sistema eléctrico. En la sintaxis pasa algo parecido: las palabras forman un grupo sintáctico grande (la cláusula), pero dentro de ese grupo, hay constituyentes que también forman un subgrupo. Por ejemplo, en (2a), todas las palabras juntas forman una cláusula, pero el grupo formado por *los enormes edificios de la ciudad* también forma un constituyente que se puede desplazar a otra posición, como vemos en (2b):

(2) a. Al cruzar el puente, vimos los enormes edificios de la ciudad con claridad
   b. Al cruzar el puente, [los enormes edificios de la ciudad] los vimos con claridad

3.1.1 Pruebas de sustitución o correferencia

La primera prueba que nos indica cuál es la estructura de constituyentes de una cláusula se llama **prueba de sustitución o correferencia**.

Prueba de sustitución o correferencia: si una sola palabra puede usarse para referirse a un grupo de palabras, *manteniendo el mismo significado* y sin añadir o quitar nada en la cláusula, el grupo de palabras es un constituyente.

En los ejemplos de (3) se puede ver cómo funciona esta prueba: el grupo de palabras *la hermana de su primo* del primer ejemplo se puede sustituir por el pronombre *ella*, como vemos en el segundo ejemplo, representado en (3c). Esta posible sustitución indica que ese grupo de palabras es un constituyente.

(3) a. La hermana de su primo hizo un descubrimiento increíble

b. Ella hizo un descubrimiento increíble

c. La hermana de su primo hizo un descubrimiento increíble

ella

En este mismo tipo de ejemplo, también se puede sustituir *de su primo* por *suya*, como vemos a continuación:

(4) a. La hermana de su primo hizo un descubrimiento increíble

b. La hermana suya hizo un descubrimiento increíble

c. La hermana de su primo hizo un descubrimiento increíble

suya

Finalmente, dentro de este mismo grupo, hay otro constituyente (*mi primo*) que se puede sustituir por *él*, como vemos en (5):

(5) a. La hermana de su primo hizo un descubrimiento increíble

b. La hermana de él hizo un descubrimiento increíble

c. La hermana de su primo hizo un descubrimiento increíble.

él

Estas tres pruebas de sustitución nos sugieren que la cláusula de (5) tiene por lo menos los siguientes constituyentes:

(6) a. La hermana de su primo   (según la prueba de (3))

b. de su primo   (según la prueba de (5))

c. su primo   (según la prueba de (4))

Aunque decimos que el pronombre "reemplaza" a un constituyente, en realidad se refiere a la misma entidad que ese constituyente, no lo reemplaza, pero seguiremos usando el término "reemplazar", que es algo más intuitivo.

En estas tres pruebas, la palabra que sustituye al constituyente es un pronombre (*ella*, *él*) o un posesivo (*suya*), pero también es posible reemplazar usando otras categorías, por ejemplo categorías verbales. Llamamos a las formas que correfieren con otra (o que las sustituyen, como venimos diciendo), **proformas**:

(7) a. Los conejos grandes siempre cruzan este caminito

b. Los conejos grandes siempre lo hacen

c. Los conejos grandes siempre cruzan este caminito

⇓

lo hacen

Vemos en el ejemplo de (7) que la proforma *lo hacen* sustituye a *cruzan este caminito*.

Como veíamos en el capítulo 2, *hacerlo* se refiere al verbo y sus argumentos, en este caso *cruzan este caminito*, y no sólo a *cruzan*.

En esa misma cláusula, se puede hacer la siguiente sustitución:

(8) a. Los conejos grandes siempre lo cruzan

b. Los conejos grandes siempre cruzan este caminito

lo

Eso nos indica que *este caminito* también es un constituyente. Según estas pruebas, entonces, tenemos los siguientes constituyentes en esta cláusula:

(9) a. Los conejos grandes   (se puede sustituir por *ellos*)

b. cruzan este caminito   (se puede reemplazar por *lo hacen*, ver (7))

c. este caminito   (se puede reemplazar por *lo*, ver (8))

En los ejemplos anteriores se sustituían grupos nominales (*los conejos grandes* por *ellos*) o grupos verbales (*cruzan este camino* por *lo hacen*); también se pueden reemplazar otros constituyentes, como vemos en (10):

---

(10) a. La reunión ocurrió en ese salón

b. La reunión ocurrió ahí

Es importante entender que no hay una prueba de sustitución para todos los grupos de palabras, porque no hay proformas para todos los tipos de constituyente. Los pronombres como *él/ella*, *lo/la* normalmente reemplazan a constituyentes nominales; la forma *lo hacen* se refiere a un subgrupo de constituyentes verbales, pero no a todos, como vemos en (11):

---

(11) a. Mi familia vive en Texas

b. *Mi familia lo hace (≠ vive en Texas)

En (11b), *lo hace* no puede interpretarse como *viven en Texas*, porque *vivir en Texas* no representa una acción, y *hacerlo* sólo puede referirse a acciones.

Afortunadamente, existen otras pruebas que se pueden usar para determinar si un grupo de palabras es un constituyente, como veremos más abajo.

Un caso especial de la prueba de sustitución es el de las llamadas preguntas *qu-*, es decir, preguntas con una palabra interrogativa como *qué*, *quién*, *cómo*, *cuándo*, etcétera. Supongamos que estamos hablando de gente que vive en distintos estados del sur de Estados Unidos, y alguien hace la pregunta de (12a); en ese contexto, puedo contestar con la respuesta de (12b), donde *mi familia* corresponde a la palabra *quién*.

---

(12) a. ¿Quién vive en Texas?

b. Mi familia vive en Texas. (*quién* = *mi familia*)

3.1.2 Prueba de movimiento

Las pruebas de movimiento comparan dos cláusulas que tienen las mismas palabras, pero en distinto orden (manteniendo el mismo significado también):

---

(13)   a. Los corredores llegaron a la meta después de dos horas y media de correr

      b. Después de dos horas y media de correr, los corredores llegaron a la meta

---

En el primer ejemplo, la secuencia *después de dos horas y media de correr* aparece al final de la cláusula, mientras que en el segundo ejemplo aparece al principio; por esta razón se llama informalmente **prueba de movimiento**, y se define de la siguiente manera:

> **Prueba de movimiento:** las palabras que se pueden mover juntas cuando se cambia el orden de palabras en una cláusula forman un constituyente.

En (14) se presenta otro ejemplo de la prueba de movimiento. Este ejemplo tiene por lo menos tres órdenes de palabras, como vemos. En (14b), *dos primas anuales* aparece en distinta posición que en (14a). Este mismo ejemplo nos muestra que *el sindicato de los trabajadores* forma también un constituyente que se mueve, y también *a la empresa*. En (14c) vemos otro orden posible para esta cláusula, que nos indica que *pide cuatro primas anuales* también forma un constituyente.

---

(14)   a. Dos primas anuales pide el sindicato de los trabajadores a la empresa

      b. [El sindicato de los trabajadores] pide [a la empresa] [dos primas anuales]

      c. [Pide dos primas anuales], [el sindicato de los trabajadores] [a la empresa]

Según las pruebas de movimiento del ejemplo (14), tenemos los siguientes constituyentes:

(15) a. El sindicato de los trabajadores
b. Pide dos primas anuales
c. Dos primas anuales
d. A la empresa

Este ejemplo nos muestra dos propiedades importantes de las pruebas de movimiento: primero, puede haber distintos órdenes posibles en una misma cláusula, y eso nos permite diagnosticar distintos constituyentes; y segundo, una misma prueba de movimiento puede sugerir más de un constituyente: al comparar (14a) y (14b), vemos que *dos primas anuales*, *el sindicato de los trabajadores*, y *a la empresa* forman constituyentes, porque las palabras de cada uno de esos grupos se mueven juntas.

Como se ve en (16), un constituyente puede estar dentro de otro (*dos primas anuales* está contenido en *pide dos primas anuales*):

(16) | pide | dos primas anuales |

Veremos más adelante que esta estructura de cajas chinas se extiende sistemáticamente a todos los constituyentes de la cláusula.

Como en el caso de las pruebas de sustitución, no todos los constituyentes pueden moverse. Por ejemplo, en (17) vemos un ejemplo que salió anteriormente, y al que le aplicamos la prueba de sustitución con *lo hacen*. Esta prueba nos indicaba que *cruzan este caminito* forma un constituyente. Sin embargo, si trato de mover ese constituyente por separado, el resultado suena bastante extraño, como vemos en (17b).

(17) a. Los conejos grandes siempre cruzan este caminito
b. ??Cruzan este camino, los conejos grandes siempre

Lo que sí es importante es que los resultados de distintos tipos de pruebas no deben ser contradictorios, es decir, si una prueba indica que un grupo de palabras es un constituyente, otra prueba no debe indicar lo contrario. Imaginemos que en la oración de (18a), las distintas pruebas nos sugirieran los constituyentes de (18b) (*Juana siempre*) y de (18c) (*siempre pinta su casa de colores vivos*). Esto quiere decir que *siempre* es parte de dos constituyentes distintos que no están contenidos uno en el otro, como se representa en (19a). Este resultado no es deseable, porque como veremos más adelante, una misma palabra sólo puede pertenecer a dos constituyentes distintos si uno de ellos contiene al otro (las cajas chinas de las que hablábamos más arriba), como en (19b).

(18)   a. Juana siempre pinta su casa de colores vivos

b. Juana siempre

c. Siempre pinta su casa de colores vivos

(19)   a.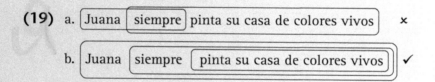

3.1.3 Resumen de las pruebas de constituyentes

En las dos secciones anteriores se han presentado dos tipos de pruebas que nos indican la estructura de los constituyentes: las pruebas de sustitución y las pruebas de movimiento. Las primeras reemplazan un grupo de palabras por una sola (o a veces dos), preservando la referencia del grupo de palabras y el significado de la cláusula. Las segundas presentan órdenes de palabras alternativos, en los que grupos de palabras pueden desplazarse a distintas posiciones de la cláusula (manteniendo el significado). El resultado en los dos casos es que el grupo de palabras que se sustituye o se desplaza forma un constituyente. Si tomamos el ejemplo de (20), podemos ver los distintos constituyentes que forman esa cláusula, definidos según las pruebas propuestas:

(20) La presidenta aceptaría elegir al sucesor de Marta

Pruebas de constituyentes	
Constituyente	**Prueba**
aceptaría *elegir al sucesor de Marta*	La presidenta lo haría (*lo haría = aceptaría elegir al sucesor de Marta*)
	Aceptaría elegir al sucesor de Marta, la presidenta
elegir al sucesor de Marta	La presidenta lo aceptaría (*lo = elegir al sucesor de Marta*)
al sucesor de Marta	Al sucesor de Marta, la presidenta aceptaría elegirlo
	La presidenta aceptaría elegirlo (*lo = al sucesor de Marta*)
de Marta	La presidenta aceptaría elegir a su sucesor (*su = de Marta*)
Marta	La presidenta aceptaría elegir al sucesor de ella (*ella = Marta*)

En (21a), vemos los distintos constituyentes representados como cajas, una dentro de la otra, y en (21b), vemos la misma estructura de constituyentes representada como un árbol sintáctico. Las dos representaciones son equivalentes, pero los árboles se usan más frecuentemente.

(21) a.

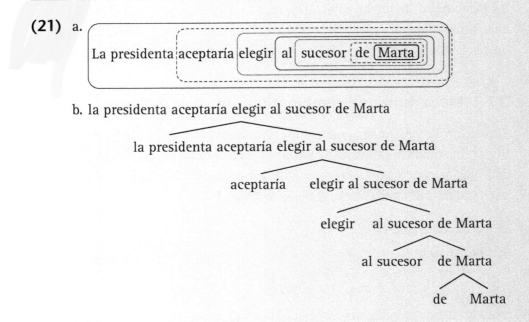

b. la presidenta aceptaría elegir al sucesor de Marta

La estructura de (21b) se llama un **árbol sintáctico**, y cada uno de los puntos donde se encuentran dos ramas se denomina **nodo**.

Las pruebas de constituyentes: estas pruebas comparan secuencias casi idénticas para establecer qué grupos de palabras funcionan como una unidad sintáctica.

La prueba de movimiento: esta prueba compara secuencias con órdenes de palabras distintos para establecer que el grupo de palabras movido forma un constituyente.

La prueba de correferencia: esta prueba usa un elemento como un pronombre para determinar los límites de un constituyente.

3.2 ¿Cómo se construye la estructura sintáctica?

Las dos estructuras de (21) representan algo más que una manera de diagramar una secuencia de palabras. La lingüística contemporánea asume que las estructuras sintácticas jerárquicas son parte de cómo la mente humana representa el lenguaje. Cuando una persona oye o produce una frase como la de (20), hay varios procesos paralelos que le permiten interpretarla o emitirla. Por una parte, las palabras se combinan una con otra, construyendo una estructura de abajo para arriba. Por otra parte, hay una estructura jerárquica **global**, la cláusula, que es la que se representa en (21). Veamos cómo funciona cada uno de ellos.

3.2.1 Mecanismos de combinación sintáctica de abajo a arriba

El mecanismo básico de combinación sintáctica se llama **fusión**, y consiste en tomar dos unidades sintácticas mínimas y combinarlas para formar una unidad más grande, como vemos en (22): las unidades *de* y *Marta* se combinan para formar una unidad más grande, *de Marta*:

(22) de_P, $Marta_N$ $\rightarrow$

La unidad más grande que resulta tiene la "identidad" de una de las partes, en este caso *de*. Esta identidad se llama formalmente **etiqueta** o categoría del constituyente. Con esto indicamos que la unidad completa se comporta como un constituyente **preposicional** (porque de_P es una preposición). Esto quiere decir que *de Marta* tiene la distribución típica de otras secuencias P + N, y no la distribución de los nombres:

(**23**) a. Marta salió
        b. *De Marta salió

(**24**) a. El almuerzo de Marta
        b. La almuerzo para Marta
        c. *El almuerzo Marta

En el primer par de ejemplos de arriba, vemos que el nombre sólo puede ser sujeto de un verbo, pero *de* + N no. En el segundo grupo de ejemplos, vemos que P + N pueden seguir a un nombre como *almuerzo*, pero el nombre solo no. Es decir, los grupos P + N tienen una distribución distinta de N, y eso se refleja en que la etiqueta de P + N es P. Esta etiqueta o categoría de cada nodo sintáctico se indica con un subíndice al lado de la palabra. Esta es la categoría que forma parte de la entrada léxica de la palabra, como discutimos en el capítulo anterior (ver capítulo 2, sec. 2.2).

Supongamos ahora que la frase preposicional *de Marta* se fusiona con *sucesor$_N$*, formando una unidad mayor, como vemos en (25). En este segundo nivel, el núcleo es *sucesor$_N$* (porque esta palabra determina la distribución, y por tanto la etiqueta del constituyente más alto), y el grupo entero es una **frase nominal**, porque la frase entera se comporta como si fuera un tipo de nombre.

(**25**)

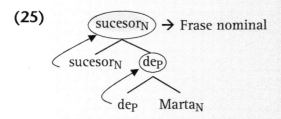

En (26) se repite la estructura de (25), indicando distintos niveles para facilitar la presentación:

(26)

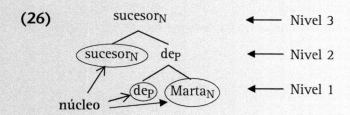

Introduzcamos alguna terminología: en esta estructura cada palabra forma un **nodo,** y también los puntos donde se encuentran dos ramas. Formalmente, un nodo sintáctico es un **núcleo** o **categoría mínima** cuando no hay ningún otro nodo por debajo (directamente dominado), o cuando el nodo directamente dominado es de otro tipo. Es decir, en el nivel 1, de_P es un núcleo porque no domina nada. En cambio, de_P en el nivel 2 no es un núcleo, porque domina a otra instancia de de_P. De la misma manera, $sucesor_N$ en el nivel 2 es un núcleo, pero no lo es en el nivel 3 (porque debajo de él hay otra instancia de $sucesor_N$). En esa estructura, hemos marcado los núcleos con círculos.

Si un nodo de la estructura no está dominado por otra unidad del mismo tipo, se llama **frase** o **categoría máxima,** indicadas en (27) con recuadros. $Sucesor_N$ es una frase en el nivel 3 porque no hay ninguna otra instancia de $sucesor_N$ más arriba, mientras que no lo es en el nivel 2 porque sí está dominado por otra instancia de $sucesor_N$ (la del nivel 3). De la misma manera, de_P es una frase en el nivel 2 pero no en el nivel 1, porque en el nivel 1 está dominada por de_P pero en el nivel 2, no.

(27)   Frase/categoría máxima

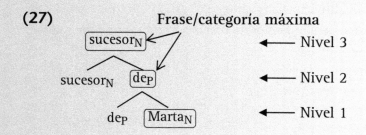

¿Qué pasa con *Marta$_N$*? Según las definiciones de frase/categoría máxima y núcleo/categoría mínima, *Marta$_N$* sería al mismo tiempo un núcleo (no domina a ningún otro nodo) y también una frase, porque no es dominada por ningún nodo del mismo tipo.

Además, la noción de frase/categoría máxima es dinámica: por ejemplo, en (28), la estructura de (27) se fusiona con otra categoría. En ese caso, añadimos un adjetivo prenominal (*popular$_A$*), pero la frase sigue siendo nominal. En este caso, *sucesor$_N$* del nivel 3 pasa a ser dominado por otro nodo del mismo tipo (en el nivel 4), y por lo tanto deja de ser una frase. En esa estructura, *sucesor$_N$* en el nivel 4 es la nueva frase. Esa instancia de *sucesor$_N$* en el nivel 3 pasa a ser una categoría intermedia (sólo marcamos las frases máximas en esa estructura).

(28)

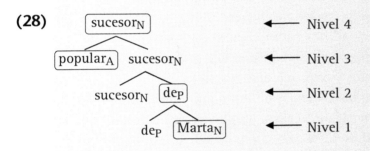

Categoría máxima o frase: una unidad sintáctica no dominada por otra unidad de su mismo tipo.

Categoría mínima o núcleo: una unidad sintáctica que no domina a ninguna otra unidad del mismo tipo.

Categoría intermedia: una unidad sintáctica que es dominada por otra del mismo tipo y que domina a otra del mismo tipo.

Podemos precisar un poco más la noción de **dominar:** un nodo A de una estructura sintáctica jerárquica domina a otro nodo B si A está más arriba de B, y las ramas que conectan a A con B van hacia abajo. En (28), *de$_P$* del nivel 2 domina a *de$_P$* y *Marta$_N$* del nivel 1, y *sucesor$_N$* del nivel 3 domina a todos los nodos del nivel 2 y los del nivel 1. El nodo del nivel 4 domina a todos los otros nodos.

Si dos nodos están al mismo nivel (dependen del mismo nodo), se dice que son **hermanos**. Por ejemplo, en (28), de_P y $Marta_N$ son hermanos, porque están al mismo nivel; en cambio, $popular_A$ y de_P no son hermanos. Finalmente, cuando un nodo A domina inmediatamente a otro nodo B, se dice que B es **hijo** de A. En nuestro ejemplo, $popular_A$ es hijo de $sucesor_N$ (un nodo A es hijo de B si B domina a A).

En resumen, un nodo máximo (no dominado por otro igual) se llama frase; un nodo mínimo (que no domina a otro igual) se llama núcleo; y dos nodos al mismo nivel se llaman nodos hermanos.

3.2.1.1 Tipos de fusión sintáctica

En muchos grupos humanos, la gente tiende a buscar pareja o casarse con un miembro de otro grupo; por ejemplo, entre los ticuna, las personas deben casarse con un miembro de otro clan. En cierto sentido, esto es lo que pasa en (22) y (25): la fusión combina elementos independientes. Por ejemplo, en (22) se combinan de_P y $Marta_N$ para formar el constituyente preposicional [de Marta]. Este tipo de fusión se llama **fusión externa**, porque toma dos elementos independientes para formar uno más complejo.

Otros grupos, como los demonios de Tasmania, viven en islas pequeñas que no permiten gran diversidad genética, por lo que los apareamientos son entre miembros muy cercanos del mismo grupo genético. Este tipo de combinación cerrada también es posible en la estructura sintáctica: se puede formar un elemento complejo sacando un constituyente que ya es parte de ese constituyente, como vemos en (29) de manera abstracta:

(29) a.

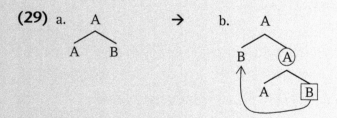

En (29a), A y B forman un grupo del que se toma B para fusionarlo de nuevo, formando un constituyente A más complejo en (29b). El resultado es que el constituyente B queda representado dos veces: en la parte más baja y en nivel intermedio. Este tipo de fusión se llama **fusión interna** (porque no usa elementos independientes). Como veremos más adelante, este mecanismo es una manera de representar el movimiento sintáctico.

Los dos mecanismos de fusión (interna y externa) tienen las siguientes partes:

a. **Combinación** de dos unidades sintácticas para formar una nueva
b. **Proyección** de un núcleo a la nueva unidad a partir de una de las partes para darle una **etiqueta.**

Fusión: el mecanismo por el cual dos unidades sintácticas se combinan para formar un constituyente complejo. El constituyente complejo proyecta una categoría de una de las unidades combinadas.

Fusión externa: las dos unidades que se fusionan son independientes una de otra.

Fusión interna: una de las unidades que se fusionan es parte de la otra.

Este mecanismo de fusión permite crear estructuras más grandes a partir de estructuras más pequeñas. En este sentido, es un mecanismo **recursivo**, porque a partir de elementos simples, puede formar estructuras cada vez más complejas usando reglas muy simples y restringidas, como veremos más adelante.

Expansión: Representaciones alternativas

Es frecuente encontrar una representación un poco distinta de las estructuras sintácticas, en la que los nodos se representan por símbolos abstractos en vez de las palabras mismas, como vemos abajo (P en vez de de_P, etc.). Hay diferencias conceptuales importantes entre las dos representaciones, pero para la presentación de este libro, asumiremos que son similares, y usaremos la de la izquierda, sin símbolos abstractos.

Para facilitar la notación de las estructuras, usaremos una representación como la de (30), en la que se indica entre paréntesis las frases:

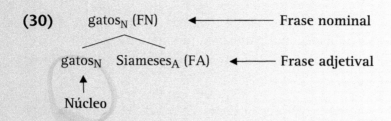

(30)   gatos$_N$ (FN)   ◄——————— Frase nominal

　　　gatos$_N$ Siameses$_A$ (FA)   ◄——— Frase adjetival

　　　↑
　　　Núcleo

Es importante notar que la fusión puede aplicarse a dos elementos sintácticos complejos, como vemos en (31). La FN *la supuestamente infalible encuesta electoral* se forma mediante los pasos que vemos en (31b–d). Primero se fusionan *encuesta* y *electoral*; independientemente se fusionan *supuestamente* e *infalible*; y en un tercer paso se forma el constituyente *supuestamente infalible encuesta electoral*, (31d).

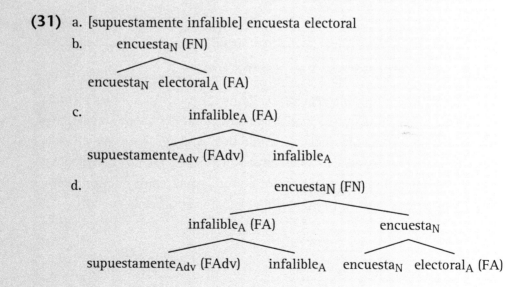

(31)   a. [supuestamente infalible] encuesta electoral

　　　b.　　encuesta$_N$ (FN)

　　encuesta$_N$ electoral$_A$ (FA)

　　　c.　　　　infalible$_A$ (FA)

　　supuestamente$_{Adv}$ (FAdv)　　infalible$_A$

　　　d.　　　　　　encuesta$_N$ (FN)

　　　　infalible$_A$ (FA)　　　　encuesta$_N$

　　supuestamente$_{Adv}$ (FAdv)　infalible$_A$　encuesta$_N$　electoral$_A$ (FA)

3.2.2 Tipos de frases

En el capítulo 2 se presentaron los distintos tipos de categorías a los que puede pertenecer una palabra. Esto quiere decir que puede haber distintos tipos de frases, según el núcleo que tengan, como ya hemos sugerido en la sección anterior. A continuación, vemos un ejemplo de una frase adjetiva (FA), con los distintos pasos para formarla:

(32) Frase adjetiva: [muy contento de llegar]

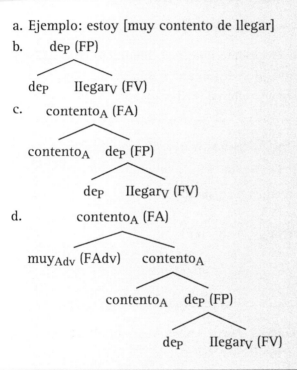

a. Ejemplo: estoy [muy contento de llegar]
b. de$_P$ (FP)

    de$_P$ llegar$_V$ (FV)

c. contento$_A$ (FA)

    contento$_A$ de$_P$ (FP)

        de$_P$ llegar$_V$ (FV)

d. contento$_A$ (FA)

    muy$_{Adv}$ (FAdv)   contento$_A$

        contento$_A$ de$_P$ (FP)

           de$_P$ llegar$_V$ (FV)

En el ejemplo de (32a) vemos la frase adjetival *muy contento de llegar*. En (32b), primero se forma la frase preposicional *de llegar* (el núcleo es *de*$_P$), que se fusiona con *contento* para formar una frase adjetiva en (32c) (núcleo *contento*$_A$), y con el adverbio *muy* en (32d), para formar una frase adjetiva con el núcleo *contento*$_A$. Esta FA se fusionaría con el verbo *estoy* para formar la cláusula completa (no representada aquí).

En (33a), la frase verbal *preparamos pizza* (FV) se presenta en el ejemplo *ayer nosotros preparamos pizza*. La estructura de la FV aparece en (33b), tiene como núcleo *preparamos*$_V$, y se fusiona con una frase nominal (FN) *pizza*$_N$.

(33) Frase verbal: [preparamos pizza]

      a. Ejemplo: Ayer nosotros [preparamos pizza]

      b.   preparamos$_V$ (FV)

        preparamos$_V$ pizza$_N$ (FN)

En el ejemplo de (34), se representa una frase adverbial (FAdv). El núcleo de la frase (*independientemente*$_{Adv}$) se fusiona con una FP *de ellos*. Esta FP tiene como núcleo a *de*$_P$ y una frase nominal (FN) *ellos*$_N$.

(34) Frase adverbial: [Independientemente de ellos]

      a. Ejemplo: llegamos al parque [independientemente de ellos]

      b.   independientemente$_{Adv}$ (FAdv)

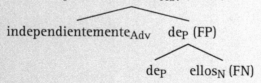

    independientemente$_{Adv}$ de$_P$ (FP)

        de$_P$ ellos$_N$ (FN)

Como vemos en estos ejemplos, puede haber frases de distintos tipos, y eso depende del núcleo de la frase (N, A, V, P, Adv):

(35) a. V (FV)

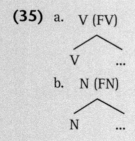

    V   ...

      b. N (FN)

    N   ...

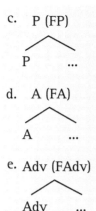

c. P (FP)

P ...

d. A (FA)

A ...

e. Adv (FAdv)

Adv ...

En estas representaciones, cada núcleo forma una frase. Generalmente el núcleo se fusiona con otro elemento (indicado por "..." en las estructuras). A veces, esa fusión es obligatoria según la estructura argumental del núcleo: por ejemplo, las preposiciones siempre se fusionan con un argumento, los verbos transitivos también. Otras veces, la fusión no es obligatoria, por ejemplo con los adjetivos o los adverbios.

3.2.3 ¿Cómo determinar el núcleo de una frase?

El mecanismo de fusión combina dos elementos sintácticos (simples o complejos) para formar un constituyente más complejo; el núcleo determina la etiqueta del constituyente más complejo, como se ha descrito más arriba. ¿Cómo se puede saber cuál es el núcleo que proyecta la etiqueta? Al fin y al cabo, cuando se fusionan A y B para formar un constituyente complejo el resultado puede tener como núcleo A o B, como se ve en las estructuras de (36a) y (36b) respectivamente. ¿Cómo se puede decidir?

(36) a.

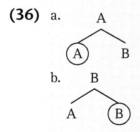

A

(A)   B

b.   B

A   (B)

La categoría o etiqueta del constituyente complejo depende de su distribución sintáctica (ver capítulo 2, sec. 2.2.3). Supongamos que fusionamos $gran_A$ con $mesa_N$ para formar *[gran_A mesa_N]*. La distribución de este constituyente complejo *[gran_A mesa_N]* es la misma que la de $mesa_N$, no que la de $gran_A$, como vemos en (37):

(37)   a. La [$_{FN}$ gran$_A$ mesa$_N$] es grande
       b. La [$_{FN}$ mesa$_N$] es grande
       c. *La [$_{FA}$ gran] es grande

En este ejemplo, tanto *mesa* como *gran mesa* pueden combinarse con *la* para formar el sujeto del verbo (*es*); en cambio, *gran* no puede hacerlo (ver (37c)). Por lo tanto, $mesa_N$ es el núcleo de *[gran_A mesa_N]*.

Ahora veamos cuál puede ser el núcleo del constituyente *[come manzanas para el postre]* en (38a). De nuevo, si se compara ese ejemplo con (38b) y (38c), se puede ver que la palabra esencial de ese constituyente, que determina su distribución sintáctica, es el verbo $come_V$; por lo tanto, el constituyente *come manzanas para el postre* es una FV, y su núcleo es $come_V$.

(38)   a. Yesenia [$_{FV}$ come$_V$ manzanas para el postre]
       b. Yesenia [$_{FV}$ come$_V$]
       c. *Yesenia [manzanas para el postre]

Esto sugiere que una frase puede tener todos los tamaños, siempre que mantenga el mismo núcleo: puede estar formada por el núcleo solo, o por el núcleo y varios complementos y adjuntos. Pero, independientemente de su tamaño, los constituyentes del mismo tipo tienen distribuciones sintácticas parecidas, es decir, forman una clase natural que los distinguen de otras frases con otros núcleos:

(39) a.　　Frases nominales

> golpe$_N$
> golpe$_N$ de estado
> varios golpes$_N$ de estado
> pan$_N$
> pan$_N$ de molde
> pan$_N$ de molde para sánduiches

b.　　Frases verbales

> comió$_V$
> comió$_V$ manzanas
> comió$_V$ manzanas y mangos
> sale$_V$
> sale$_V$ de su casa
> sale$_V$ de su casa por la mañana

La clase natural de (39a) está formada por frases nominales de distintos tipos, pero todas tienen en común un núcleo nominal, y por lo tanto la misma distribución sintáctica; la clase natural de (39b) está formada por frases verbales, todas con un núcleo verbal y con la misma distribución sintáctica de los verbos. Por ejemplo, todas las secuencias de (39a) pueden aparecer en el contexto de (40a), mientras que las de (39b) pueden hacerlo en el contexto de (40b):

(40) a. Dieron ＿＿＿＿＿＿＿＿
　　　b. Susana nunca ＿＿＿＿＿＿＿＿

3.2.4 Resumen del mecanismo de fusión

El mecanismo de fusión toma dos unidades sintácticas y las combina para formar una más compleja con una etiqueta proyectada del núcleo. El núcleo determina la distribución de la unidad compleja, una frase. Hay cinco tipos de núcleos léxicos: N, V, P, A, Adv, que forman las correspondientes frases.

La fusión puede tomar elementos independientes (fusión externa) o uno de ellos puede ser parte de la estructura existente (fusión interna). La fusión de unidades sintácticas puede ser recursiva.

3.2.5 Estructuras sintácticas de arriba para abajo: la cláusula

En las secciones anteriores hemos visto el mecanismo de fusión, que construye constituyentes complejos a partir de unidades más simples. En este sentido es un mecanismo local por el cual el árbol sintáctico se va construyendo de abajo para arriba. Además de este mecanismo de fusión, hay evidencia sicolingüística de que en la sintaxis funciona una representación global que funciona de arriba para abajo, es decir, existe un constituyente máximo básico (**la cláusula**) que está formado por partes más pequeñas.

¿Por qué consideramos la cláusula una unidad privilegiada en la sintaxis? Aunque es posible y frecuente en el lenguaje humano expresar pensamientos sin la estructura de una cláusula, esta posibilidad está bastante limitada. En (41a) y (41b) vemos posibles titulares de periódico. El primero es una frase nominal (FN) que tiene a *caída* como núcleo sin ningún verbo explícito, y que no forma parte de una cláusula. En el segundo, tampoco hay un verbo explícito, aunque se sobreentiende *está*. Finalmente, también hay exclamaciones que no tienen verbo, y por lo tanto tampoco forman una cláusula, como vemos en (41c) (una FN).

(41) a. Impactante caída de la bolsa por la crisis económica
   b. En alerta Protección Ambiental por frecuentes temblores causados por el fracking
   c. ¡Las cuatro de la tarde!

Sin embargo, la frecuencia y la generalidad de estas expresiones son bastante limitadas por distintas razones. Por un lado, los titulares de prensa tienen características especiales que se limitan a ese registro lingüístico. Imagínese que alguien empezara una conversación con el ejemplo (41a): sonaría bastante extraño, o se interpretaría como si estuviera citando un titular de prensa, pero no sería un lenguaje muy natural en una conversación.

Por otra parte, sería bastante difícil transmitir pensamientos completos y complejos usando sólo exclamaciones o con frases nominales. Imagínese, por ejemplo, que la narración que aparece en (42a) sólo tuviera frases nominales exclamativas, como en (42b); se perdería gran cantidad de información.

(42) a. Pedro abrió la puerta de su casa, dejó las llaves en la mesa de la entrada y siguió hasta la cocina

b. ¡Pedro, en la puerta de su casa! ¡Las llaves en la mesa de la entrada! ¡Pedro en la cocina!

Además, estas expresiones son muy sensibles al contexto en el que se habla, y una parte esencial de su significado se recupera de ese contexto. Por ejemplo, en (41b), asumimos que el hablante expresa un pensamiento equivalente a *¡son las cuatro de la tarde!*, donde sí hay un verbo explícito.

Por lo tanto, a pesar de que existen estos ejemplos de enunciados que no son cláusulas, las cláusulas tienen un papel esencial en el lenguaje humano. Definimos una **cláusula** como un constituyente que tiene un núcleo sintáctico verbal y un sujeto, por ejemplo el titular de (43), que tiene dos cláusulas: la que incluye al verbo *llama* y la que incluye al verbo *erradicar*.

(43) UNESCO llama a la comunidad internacional a erradicar violencia en las escuelas

Cláusula: constituyente sintáctico que tiene como núcleo un verbo y un sujeto.

Asumimos, entonces, que una unidad básica en el lenguaje humano es la cláusula, y que esa unidad exige una cierta estructura sintáctica, por lo menos con un verbo como núcleo léxico. Entonces, la estructura propuesta para (44a) es la de (44b), y en general, la cláusula tiene que tener la estructura mínima de (44b), donde los puntos suspensivos indican que puede haber otros elementos más, pero como mínimo tiene que haber una frase asociada con un verbo (el sujeto). En el capítulo 4 volveremos a revisar la estructura de las cláusulas, argumentando que además de la categoría léxica verbal, hay categorías funcionales asociadas con ese constituyente, y en concreto la presencia de la categoría tiempo.

(44) a. circularon las bicicletas

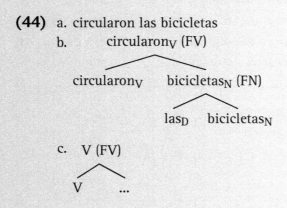

b.   circularon$_V$ (FV)

circularon$_V$ bicicletas$_N$ (FN)

las$_D$ bicicletas$_N$

c. V (FV)

V   ...

La estructura de (44c) representa al sujeto en los puntos suspensivos (normalmente una frase nominal, por ejemplo *las bicicletas* en (44b)). Más adelante investigaremos cómo a veces el orden de la cláusula es verbo-sujeto (como en (44a)) y otras veces es sujeto-verbo (*las bicicletas ganaron la carrera*).

En español no es obligatorio tener un sujeto explícito, mientras que en inglés sí:

(45) a. Juana llegó

b. llegó

(46) a. Juana arrived

b. *arrived

Intuitivamente, la diferencia entre las dos lenguas se relaciona con la cantidad de información presente en la flexión verbal: mientras que la terminación *-ó* en español nos proporciona la información necesaria para saber que el sujeto se refiere a un solo individuo (es singular), que no es el hablante ni el oyente, sino otra persona (tercera persona), la terminación *-ed* en inglés no indica nada sobre la persona o el número. Esta intuición se ha formalizado de distintas maneras, como veremos en el capítulo 8 (sec. 8.1), pero por el momento se puede decir que el sujeto está presente de manera implícita en el verbo, y por lo tanto la cláusula tiene por lo menos un verbo y un sujeto.

Así como la cláusula tiene que tener por lo menos un verbo y un sujeto, es posible tener más de una frase nominal en una cláusula, según la estructura argumental (ver capítulo 2, sec. 2.3), como vemos en (47). En este ejemplo, la segunda frase nominal (*el servicio de Facebook*) es lo que se llama tradicionalmente el objeto directo. Veremos los detalles del análisis de estas estructuras en el capítulo 6 (sec. 6.2).

(47) La presión tumba los servidores de Facebook

Es importante recordar que los objetos directos (u otros argumentos) no son obligatorios como parte de la definición de una cláusula, sino que aparecen según la estructura argumental de los verbos.

¿Existen otros mecanismos sintácticos de arriba para abajo además de la cláusula? Es posible que sí, y que estén conectados con el procesamiento del lenguaje. Por ejemplo, imaginemos que un hablante oye el siguiente ejemplo:

(48) Las camisas portuguesas son de buena calidad

Cuando oye la primera palabra, *las*, puede anticipar dos estructuras: por un lado, una frase nominal que tendrá como mínimo [$_{FN}$ D + FN], y por otro, una cláusula completa que tendrá como mínimo [$_{FV}$ FN + V]. En otras palabras, es posible que todas las frases anticipen o proyecten una estructura a partir del núcleo.

3.3 Propiedades de las estructuras sintácticas

3.3.1 La recursividad

Al principio de este libro mencionábamos que una de las propiedades más interesantes del lenguaje humano es la recursividad, que nos permite expresar un número potencialmente infinito de pensamientos usando recursos limitados. Ahora estamos en mejor posición para entender cómo funciona este mecanismo. Acabamos de presentar los grupos básicos de palabras (FN, FV, FA, FP, y FAdv), y cómo los núcleos se combinan con otras frases. Veamos cómo estas dos características (cinco tipos de frases y un mecanismo de fusión) nos permiten producir cadenas recursivas de palabras:

(49) a. [$_{FN1}$ la mesa]

b. [$_{FP1}$ de [$_{FN1}$ la mesa]]

c. [$_{FN2}$ la pata [$_{FP1}$ de [$_{FN1}$ la mesa]]]

d. [$_{FP2}$ de [$_{FN2}$ la pata [$_{FP1}$ de [$_{FN1}$ la mesa]]]]

e. [$_{FN3}$ la pintura [$_{FP2}$ de [$_{FN2}$ la pata [$_{FP1}$ de [$_{FN1}$ la mesa]]]]]

La primera secuencia de (49a) contiene una FN con el núcleo *mesa*$_N$, que se fusiona en (49b) con una preposición *de*$_P$ para formar una FP. Esta FP se fusiona con otro nombre, *pata*$_N$ para formar una FN más compleja, y así sucesivamente:

(50) pintura$_N$ (FN)

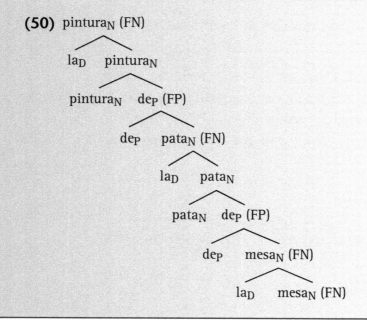

Esta estructura refleja la naturaleza recursiva de la formación de las estructuras sintácticas (en este frases nominales y preposicionales): el procedimiento que fusiona elementos similares (N, P) para formar una estructura más compleja puede repetirse potencialmente indefinidamente.

No todas las categorías son fácilmente recursivas; por ejemplo, es muy difícil generar frases adverbiales o adjetivales recursivas con la misma facilidad que las nominales:

---

(51) a. Independientemente de ella

      b. Independientemente de llegar

      c. *Independientemente de así/ayer/francamente

Como vemos, entonces, la existencia de un léxico grande pero no infinito y el mecanismo recursivo de fusión de elementos sintácticos permiten crear secuencias potencialmente infinitas, y hacen que el lenguaje sea un instrumento muy poderoso y creativo con recursos relativamente reducidos.

Recursividad: la capacidad de generar elementos infinitos a partir de un conjunto de procedimientos finitos.

3.3.2 Especificadores y complementos

Expansión: Recursividad formal e informal

Los matemáticos han estudiado las propiedades recursivas de los sistemas matemáticos y computacionales, pero los conceptos de recursividad que usan están mucho más formalizados dentro de esas teorías. La relación entre la idea intuitiva de recursividad presentada en esta sección y los conceptos más formalizados ha evolucionado bastante desde los primeros modelos de sintaxis generativa.

Para poder referirnos a partes de los árboles sintácticos, vamos a introducir cierta terminología usando el ejemplo de (47), repetido en (52a). La frase verbal (el nodo más alto de todos, *tumba*$_V$) domina al constituyente *la presión* (FN), que aparece en un círculo, y se llama **especificador.** Un especificador es un nodo hijo de una frase, y hermano de un nodo intermedio (en este caso *la presión*). Más abajo, el núcleo *tumba*$_V$ tiene como hermano a *los servidores de Facebook*, también resaltado con un círculo. Esa relación entre un núcleo y el nodo hermano se llama relación de **complemento**: un complemento es el nodo hermano de un núcleo (en este caso *los servidores de Facebook* es el complemento de *tumba*$_V$).

En (52b) se representa la estructura interna de *los servidores de Facebook*, para mostrar el especificador (*los*) de la FN y el complemento (*de Facebook*) del núcleo *servidores*$_N$.

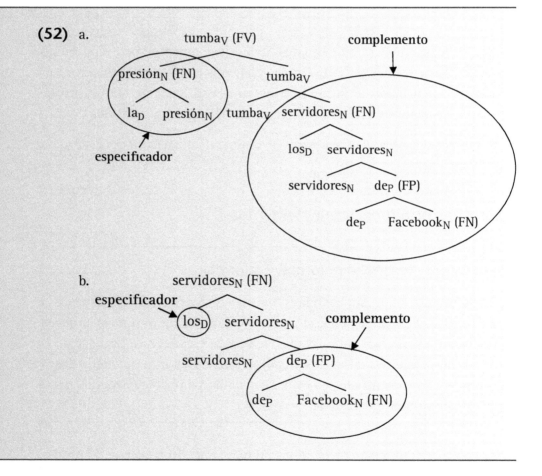

(52) a.

b.

Las relaciones de especificador y complemento también se pueden definir en una frase adjetiva (FA), como se ve en (53). En este ejemplo, el especificador es *muy*, y el complemento es *de eso*:

(53) a. muy contenta de eso

b.

Como vemos en (53) también, las preposiciones tienen complementos (*eso* en este ejemplo), pero generalmente no tienen especificadores. Sin embargo, a veces pueden tenerlo, como por ejemplo la palabra *exactamente*:

(54) Muy contenta exactamente de eso

Especificador: categoría hija de una frase y hermana de una categoría intermedia (que no es mínima ni máxima).

Complemento: categoría hermana de un núcleo (categoría mínima).

Expansión: La estructura de la X-barra

En el modelo clásico de la gramática generativa, la estructura sintáctica se concebía como un molde rígido y preestablecido con tres niveles: en el primero, un núcleo (llamado X^0) toma a una frase máxima como complemento para formar el nivel intermedio (X′). X′ se combina con otra frase para formar el tercer nivel, X″ o FX, como vemos en la figura de abajo. En las versiones más recientes, el molde rígido se elimina, como hemos visto más arriba.

```
                FX
              /    \
FZ (especificador)  X′
                   /  \
                  X   FY (complemento)
```

En esta versión de la teoría también se reconocía una relación adicional a la de complemento o especificador, la de **adjunto**, que es un nodo hijo y hermano de una categoría del mismo nivel, por ejemplo, FY es hijo de X′ y hermano de X′.

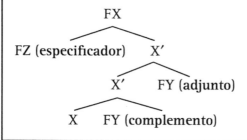

3.3.3 La ramificación binaria

Las estructuras sintácticas propuestas en las secciones anteriores comparten todas una propiedad importante: sólo dos ramas salen de cada nodo como máximo. Esta propiedad se llama **ramificación binaria**. Es decir la estructura de (55a) es legítima, pero la de (55b) no, porque del nodo $casa_N$ salen tres ramas distintas.

(55) a. Ramificación binaria ✓

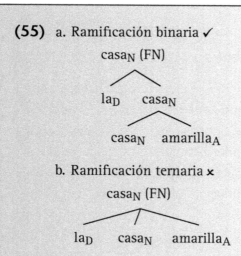

En general, las estructuras sintácticas parecen justificadamente binarias, y esto refleja el hecho de que en cada nivel hay una sola palabra que actúa como núcleo, y una palabra (o constituyente) que actúa como elemento dependiente. De este modo, en el nivel más bajo de (55a), *casa* es el núcleo, y *amarilla* es el elemento dependiente. En (55b), en cambio, hay un núcleo (*casa*), pero los dos elementos dependientes están al mismo nivel. Es decir, mientras que la estructura de (55a) refleja de manera natural la jerarquía entre los distintos constituyentes (unos están más arriba que otros en el árbol), en (55b), esta jerarquía relativa no está definida porque los tres elementos están al mismo nivel.

Además de estas razones, cada una de las estructuras de (55) predicen distintos significados. En el primer caso, la interpretación de la frase nominal es el resultado de combinar *casa amarilla* y después aplicarle el artículo *la*. Esa manera de combinar los significados se sigue directamente de la estructura de (55a), pero no en (55b), porque *casa* y *amarilla* no forman un constituyente que excluya a *la*.

En algunos contextos específicos parecerían necesarias más de dos ramas, por ejemplo en los casos de coordinación o yuxtaposición que se ilustran en (56):

---

(56)   a. Ricardo, Miguel, y Ana salieron de su casa
      b. Viven en una casa pequeña, cómoda, céntrica, y nueva

---

En el primer ejemplo, *Ricardo, Miguel,* y *Ana* son tres frases nominales coordinadas por la conjunción *y*, y ninguno de los tres nombres es jerárquicamente más importante. Por esa razón, es muy difícil establecer cuál de ellos debería ser más prominente que el otro. La misma observación se puede hacer del segundo ejemplo, donde los adjetivos *pequeña, cómoda, céntrica,* y *nueva* parecen estar al mismo nivel jerárquico. De hecho, en los dos ejemplos es posible cambiar el orden, y el resultado no alterna significativamente el significado o la gramaticalidad de los ejemplos, como vemos en (57).

---

(57)   a. Ana, Miguel, y Ricardo salieron de su casa
      b. Viven en una casa cómoda, nueva, pequeña, y céntrica

---

A veces, en cambio, las estructuras coordinadas sí tienen restricciones de orden, como vemos en el siguiente ejemplo:

(58) a. Entró en el cuarto y cayó muerto en el suelo
         b. *Cayó muerto en el suelo y entró en el cuarto

En ese caso, la restricción en el orden se deriva de una imposibilidad lógica en el mundo real: no es posible entrar en un cuarto después de morir.

Estas observaciones sugieren que las estructuras sintácticas de estos ejemplos son (59) y (60) respectivamente. En estos casos, cada uno de los elementos coordinados depende directamente de un mismo nodo, y hay tantas ramas como elementos coordinados. La categoría del nodo superior es la misma que la de los elementos:

(59)

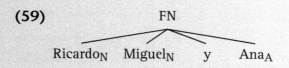

(60)

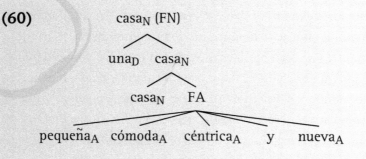

Es importante notar que estas estructuras n-arias tienen propiedades muy distintas que las binarias: por una parte, como ya hemos dicho, pueden tener muchas ramas del mismo nodo (cuatro en el caso de la frase nominal en (59) y cinco en el caso de frase adjetival en (60)), y por otra, la etiqueta del nodo superior no se define a partir de un solo núcleo, sino a partir de la combinación de las propiedades de los elementos coordinados. De esa manera, no tienen un núcleo único.

En los últimos años se ha propuesto que la coordinación también tiene una estructura binaria, en la que la conjunción es el núcleo ($y_{\&}$, donde "$\&$" representa el tipo de categoría "conjunción"), y los elementos coordinados ocupan lugares asimétricos, como vemos en (61). Esta propuesta restaura el requisito de ramificación binaria y permite tener un núcleo único.

(61)

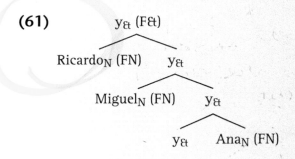

En resumen, la idea de que las estructuras sintácticas siempre son binarias está bastante generalizada, incluso para los casos de coordinación, en los que los elementos coordinados son paralelos.

3.3.4 Direccionalidad

Si volvemos a revisar las estructuras sintácticas presentadas en las secciones anteriores, veremos que casi todas tienen un orden fijo: normalmente, el complemento está a la derecha del núcleo, y el especificador está a la izquierda del núcleo, como vemos en (62). En el primer ejemplo, el núcleo *seguro$_A$* tiene un adverbio (*muy$_{ADV}$*) como especificador a su izquierda, y un complemento (*de eso*) a su derecha, como se ve en (63a). En el ejemplo de (62b), la cláusula tiene un núcleo verbal *grava$_V$* y un especificador (*Berkeley*) a su izquierda y un complemento (*las bebidas azucaradas*) a la derecha, como se ve en la estructura de (63b).

(62)   a. Muy seguro de eso

b. Berkeley grava las bebidas azucaradas

(63) a.

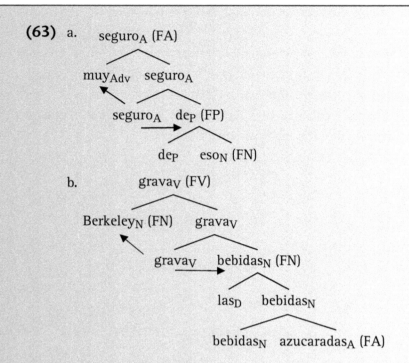

En general, entonces, los especificadores en español preceden al núcleo, y los complementos lo siguen. Este orden de constituyentes es más rígido para algunas categorías que para otras. Por ejemplo, los complementos siempre siguen a las preposiciones, como vemos en (64a), y nunca pueden precederlas, como se muestra en (64b):

(64) a. a$_P$ [$_{FN}$ mi hermana]
      b. *[$_{FN}$ mi hermana] a$_P$

En cambio, los complementos de un verbo transitivo son más flexibles: normalmente en español siguen al verbo, como vemos en (65a), pero en algunos contextos comunicativos, es posible alterar ese orden, como vemos en (65b). En el capítulo 5 volveremos sobre la representación de los ejemplos como el de (65b), donde los constituyentes parecen desplazarse de sus posiciones iniciales. Por ahora, se puede observar que los distintos órdenes de palabras corresponden a contextos comunicativos distintos; en el segundo caso se sobreentiende que *las bebidas azucaradas* se ha mencionado ya en la conversación, mientras que en el primer ejemplo puede ser la primera vez que se habla de esa frase.

(65) a. [$_{FN}$ Berkeley] [$_V$ grava [$_{FN}$ las bebidas azucaradas]]

     especificador   complemento

b. [$_{FN}$ las bebidas azucaradas, [$_V$ las grava [$_{FN}$ Berkeley]]]

En otras lenguas, el orden más frecuente es distinto que en español, y encontramos todas las combinaciones posibles entre especificador, núcleo, y complemento. Si tomamos una cláusula con un verbo transitivo, el orden más frecuente en español es S(ujeto)-V(erbo)-O(bjeto), y en general, especificador-núcleo-complemento), como vemos en (66a). En otras lenguas, el orden más frecuente puede variar, como se ejemplifica en (66b–d). En las más de 6,000 lenguas actuales del mundo de las que se tiene información, la mayoría (cerca del 90 por ciento) son SVO o SOV. En cambio, para el orden OSV de (66e), uno de los únicos ejemplos conocidos es el warao, hablado en Venezuela, aunque no todo el mundo acepta que OSV sea el orden básico de esa lengua.

(66) Direccionalidad de los especificadores y complementos

     a. Español: Especificador-núcleo-complemento   (SVO)

     b. Quechua: Especificador-complemento-núcleo   (SOV)

     c. Tzotzil: Núcleo-complemento-especificador   (VOS)

     d. Hixkaryana: Complemento-núcleo-especificador   (OVS)

     e. Warao: Complemento-especificador-núcleo   (OSV)

En (67) vemos los ejemplos relevantes para cada lengua, y en (68) las estructuras correspondientes. En las estructuras (68) no está la del warao, porque si asumimos que el sujeto es el especificador, y el objeto el complemento, es imposible derivar el orden OSV.

(67) a. El jaguar mató al hombre

b. Mariya   papata   rantichkan   (quechua; ejemplo de
    Maria   papa   compra   Sánchez (2010))
    'María está comprando papas'

c. Ispet   lok'el   antz   ti   túle   (tzotzil; ejemplo de
    abrazó   salida   mujer   el   conejo   Aissen (1987))
    'El conejo se llevó a la mujer'

d. toto   yonoye   kamara   (hixkaryana; ejemplo
    hombre   comió   jaguar   de Derbyshire (1977))
    'El jaguar se comió al hombre'

e. erike   hube   abunae   (warao; ejemplo de
    Enrique serpiente mordió   Romero-Figueroa (1985))
    'Una serpiente mordió a Enrique'

(68) a.

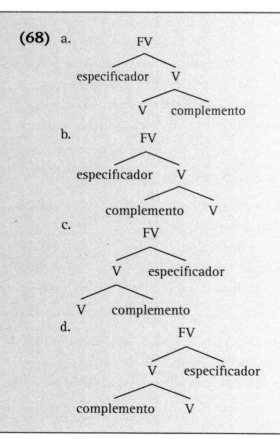

b.

c.

d.

El orden relativo del núcleo, el especificador, y el complemento es lo que se llama **direccionalidad**, y es interesante notar que normalmente la direccionalidad de una lengua se generaliza a distintas categorías: por ejemplo, si la lengua tiene preposiciones que preceden al complemento (como el inglés o el español), también el verbo suele preceder al complemento directo (VO), y si tiene posposiciones (el complemento precede a la posposición), el verbo sigue al complemento (OV).

Expansión: ¿Cómo analizar la direccionalidad?

En los últimos 50 años, muchos lingüistas se han preguntado cuál es la mejor manera de explicar la direccionalidad de las lenguas. Algunos lingüistas han observado correlaciones sistemáticas (por ejemplo, las lenguas con orden SVO suelen tener preposiciones; las lenguas con orden SOV suelen tener posposiciones). Para estos lingüistas, estas correlaciones son el resultado de variación paramétrica: si la gramática de la lengua tiene el núcleo inicial, todos los núcleos (V, N, P, etc.) aparecen antes que sus complementos, y si tiene el núcleo final, el complemento precede al núcleo.

Para otros lingüistas, las diferencias en el orden de palabras en realidad se derivan de un orden básico común a todas ellas: SVO. Las lenguas que no muestran ese orden, derivan las alternativas por transformaciones sintácticas, como veremos más adelante.

3.4 Resumen del capítulo

En este capítulo hemos presentado dos diagnósticos para establecer constituyentes sintácticos: las pruebas de movimiento y las pruebas de correferencia o sustitución. Sugerimos que estas pruebas no deben dar resultados contradictorios. En la segunda parte, revisamos dos maneras de ver la estructura sintáctica: primero, como combinación de elementos básicos (la **fusión**), de abajo para arriba, y después proponiendo una estructura global primitiva, la **cláusula**, que debe contener por lo menos un verbo y un sujeto. Vimos también que las estructuras sintácticas tienen **núcleos** que determinan de qué tipo son, y que forman **frases** máximas (FV, FN, FP, FAdv, FA), y que estas frases son **recursivas**.

Ejercicios

1. **Estructura de constituyentes**

1.1 Diga cuáles de los siguientes grupos de palabras forman constituyentes en los siguientes ejemplos. En cada caso hay más de un constituyente; proponga todos los que pueda. Para cada constituyente propuesto, escriba una prueba de constituyente (puede ser la prueba de movimiento o la prueba de sustitución).

> **Ejemplo:** la casa de mi abuela
>
> | Constituyente | Prueba de constituyente |
> |---|---|
> | Mi abuela | sustitución: *su casa* (*su = de mi abuela*) |

a. La hermana de Marta saludó al amigo de Pedro

b. El tren llegó a la estación

c. El primo de la hija de Juan

d. Pintaron la casa de Clara

1.2 Usando solo **pruebas de sustitución**, indique todos los constituyentes de los siguientes ejemplos, mostrando la prueba para cada uno de ellos.

> **Ejemplo:** el gobierno de Mauritania nombró a los embajadores
>
> | Constituyente | Prueba de constituyente |
> |---|---|
> | Nombró a los embajadores | El gobierno de Mauritania lo hizo (*lo hizo = nombró a los embajadores*) |

a. La amiga de Ana trajo el regalo

b. El jefe de Marta invitó a la familia de Miguel

c. Los votantes eligieron al candidato del partido

d. Aparecieron varios documentos de la abogada

1.3 Usando solo **pruebas de movimiento**, indique todos los constituyentes del siguiente ejemplo, mostrando la prueba para cada uno de ellos.

> **Ejemplo:** el gobierno de Mauritania invitó a los embajadores
>
> Constituyente   Prueba de constituyente
> *A los embajadores*   *A los embajadores, nombró el gobierno*
>   *de Mauritania (a los embajadores se ha*
>   *desplazado al principio)*

a. La amiga de Ana trajo el regalo
b. El jefe de Marta invitó a la familia de Miguel
c. Los votantes eligieron al candidato del partido
d. Aparecieron varios documentos de la abogada

1.4 Identifique qué constituyentes son una cláusula en los siguientes ejemplos (puede haber más de dos en cada ejemplo).

> **Ejemplo:** creo que llueve
>
> [llueve]   [Creo que llueve]

a. La esquina de la calle está congelada
b. Prometió vigilar a los ratones
c. Está pensando que ya es muy tarde
d. Carlos entró en la casa y Elisa se levantó

2. **Estructuras sintácticas**

2.1 Haga las estructuras sintácticas de los siguientes ejemplos (de los ejercicios anteriores). No todos los ejemplos incluyen cláusulas.

> **Ejemplo:** el árbol de navidad

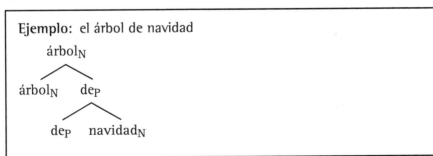

a. La hermana de Marta saludó al amigo de Pedro

b. Pintaron la casa de Clara

c. El jefe de Marta invitó a la familia de Miguel

d. Postales del Viernes Santo de los sevillanos

e. La hermosa casa de Pedro

2.2 Indique cuáles son los núcleos/categorías mínimas y cuáles son las frases/categorías máximas en los árboles del ejercicio anterior.

2.3 (Avanzado) Haga la estructura de los siguientes ejemplos.

a. Ofrecieron una donación para las víctimas del huracán

b. La llegada del presidente de la república al país marca un hito en la historia reciente del continente

c. Los visitantes podrían ser excluidos del monumento

d. La amiga de Pedro y su prima vinieron ayer

2.4 (Avanzado) Estos ejemplos contienen parte en una lengua y parte en otra (español/alemán o portugués/japonés), lo que se llama **cambio de código**. ¿Cuál sería su representación sintáctica? Nótese que el verbo auxiliar en japonés aparece al final.

a. Juan   hizo   nähen   das   Hemd   (español/alemán; ejemplo
               coser   la   camisa   de González-Vilbazo y
   'Juan cosió la camisa'   López (2012))

b. Segunda-feira-*ni* telegrama-*o* manda shimashita   (portugués/japonés;
   lunes-ni   telegrama-o manda hizo   ejemplo de Kato (2003)
   'Mandó el telegrama el lunes'   en González-Vilbazo
                                                    y López (2012))

Lecturas adicionales

Bobaljik (1995)
Freidin (2012)
Langendoen (2003)

4 | La estructura de las categorías funcionales

Objetivos del capítulo

- Describir el papel de las categorías funcionales en la estructura de la cláusula
- Explorar la distribución de las distintas categorías funcionales principales: los determinantes, la flexión, y el tiempo, y los complementantes

4.0 INTRODUCCIÓN

En este capítulo exploramos la manera en la que las categorías funcionales se combinan con otras unidades (generalmente léxicas) para formar constituyentes más complejos. En los capítulos anteriores, decíamos que un grupo de palabras forma un constituyente con un núcleo que determina la etiqueta del constituyente. Entonces, la pregunta es ¿qué pasa cuando se fusionan una categoría léxica y una funcional? ¿cuál es el núcleo? La distribución sintáctica nos ayuda a responder a esa pregunta: cuál de los elementos del constituyente complejo determina dónde puede y no puede aparecer el constituyente. En general, veremos que las categorías funcionales son las que determinan la distribución sintáctica de los constituyentes. Los dos grupos sintácticos en los que nos vamos a enfocar son el grupo nominal (el constituyente formado por nombres y otros elementos) y el grupo formado por el verbo y otros elementos.

4.1 El grupo nominal y la frase determinante

Cuando tenemos un grupo nominal, como mínimo, un nombre se fusiona con un determinante, como vemos en (1a). El determinante puede ser *el/la*, como en ese ejemplo, pero también puede ser *un*, *este*, *su*, etcétera. Además, el grupo nominal puede ser más complejo: en el ejemplo de (1b), incluye una frase preposicional (*de la universidad*), y en (1c) un adjetivo (*alta*).

(1)   a. Las$_D$ sillas$_N$

       b. Estos$_D$ trabajadores$_N$ de$_P$ la$_D$ universidad$_N$

       c. La$_D$ mesa$_N$ alta$_A$

¿Cuál es el núcleo del constituyente resultante en el ejemplo de (1a)? Como decíamos, esto determina la distribución sintáctica del grupo nominal. En el capítulo anterior, sugerimos que el núcleo es el nombre (*sillas*), pero aquí vamos a sugerir que la respuesta más correcta posiblemente sea el determinante (*las*).

Para explorar esta cuestión, veamos el ejemplo de (2). Un viajero que visite la región de Cádiz en España, puede quedar sorprendido del color de las casas en algunos pueblos:

(2)   ¡[Las casas en este pueblo] son casi todas blancas!

Sin embargo, ese mismo viajero no podría expresar lo mismo de la siguiente manera:

(3) *[Casas en este pueblo] son casi todas blancas

En el primer ejemplo, el sujeto tiene un determinante explícito *las* (*las casas en este pueblo*) y en el segundo no hay determinante explícito (*casas en este pueblo*). La ausencia del determinante es responsable de que la cláusula sea agramatical. Por lo tanto, estos dos ejemplos nos indican que la distribución de los grupos nominales en español depende de que haya o no haya un determinante, por lo menos en la posición de sujeto preverbal de una cláusula. Según la lógica de la distribución sintáctica, eso quiere decir que el determinante es el núcleo porque el núcleo determina la categoría del constituyente, y su distribución sintáctica. Siguiendo esa lógica, los constituyentes nominales en realidad son **frases determinantes (FD)**, como vemos en (4a), que corresponde al ejemplo (1a), o en (4b), que corresponde a (2). En esta estructura sintáctica, *las* es el núcleo del constituyente y por lo tanto define la etiqueta de la frase como FD.

(4) a.   las$_D$ (FD)

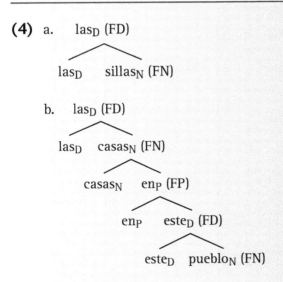

  b.   las$_D$ (FD)

En el ejemplo (3), en cambio, el grupo nominal tiene la estructura de una frase nominal sin determinante, como vemos en (5). Esto nos permite proponer una regla gramatical que diga: los sujetos preverbales en español deben ser frases determinantes con determinantes explícitos, y esta regla explica la diferente distribución entre (2) y (3).

(5) casas_N (FN)

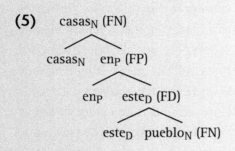

Como ya vimos en los ejemplos de más arriba, hay distintos tipos de determinantes. En (6a) presentamos otro ejemplo, esta vez con el determinante posesivo *su*, con la estructura correspondiente a la frase determinante en (6b):

(6) a. [Su entrada a la casa] hizo mucho ruido
     b.   su_D (FD)

Otras frases determinantes que tienen la misma estructura son: *un amigo*, *algunas personas*, *varias ardillas*, etcétera. En todos los casos, la estructura sería similar:

(7)   D (FD)

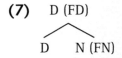

D   N (FN)

La estructura de (7) representa una hipótesis sobre la distribución de los grupos nominales: al decir que son frases determinantes, decimos que el determinante regula la clase natural, y que esa distribución es distinta de la de las frases nominales. En importante notar en este punto que existe la posibilidad de tener determinantes nulos, es decir, elementos sintácticos que no se manifiestan explícitamente, como por ejemplo en *encontramos casas blancas*. En estos casos, como veremos en la sección 1.2 del capítulo 10, se ha propuesto que *casas blancas* tiene un determinante nulo que aparece en condiciones restringidas. Ya hemos visto que eso es correcto en los ejemplos anteriores a continuación presentamos otras evidencias a favor de esta hipótesis.

En primer lugar, notamos que un grupo nominal no puede tener varios determinantes simultáneamente en el mismo grupo nominal, como vemos en (8): *el* y *su* pueden aparecer por separado como determinantes (ver (8a) y (8b)), pero no al mismo tiempo en la misma posición, como vemos en (8c).

(8)   a. El hermano de Pedro
b. Su hermano
c. *El su hermano (de Pedro)

¿Por qué no es posible tenerlos al mismo tiempo en la misma posición? Si los determinantes son núcleos y sólo existe un núcleo por constituyente, eso explica por qué no es posible tener dos simultáneamente.

Hay un argumento más complejo que se ha propuesto para el inglés para justificar la frase determinante. En esta lengua, los posesivos se pueden expresar de dos maneras: con la preposición *of* (*of the woman* en (9a)), o con la marca de genitivo *'s* (*the woman's* en (9b)):

(9)   a. The mother of the woman fell down
b. The woman's mother fell down

Sin embargo, hay una diferencia importante entre esas dos maneras de expresar la posesión: el primer ejemplo tiene dos determinantes (*the mother of the woman*), mientras que el segundo tiene uno (*the woman's*), y no puede tener dos:

(10) *The woman's the mother fell down

¿Por qué ocurre esto? Una posible respuesta es que en realidad *'s* es un determinante (equivalente al primer *the* de (9a)). La razón por la que no puede haber dos instancias de *the* en (10) es que *'s* es el núcleo de esa frase, y no puede haber dos núcleos en un solo constituyente.

La estructura correspondiente a (9a) sería (11), mientras que la de (9b) sería (12). En esta estructura, el morfema de genitivo *'s* es un tipo de determinante que constituye el núcleo de la frase. La principal diferencia es que el orden *woman* y *mother* varía.

(11)

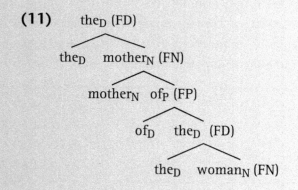

(12)

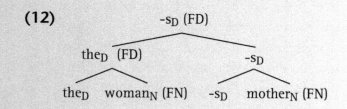

En resumen, tenemos dos tipos de argumentos para la hipótesis de la FD: en español, la distribución de los grupos nominales depende de la presencia o ausencia del determinante, y en inglés, la distribución de los determinantes en frases posesivas con genitivo y con la preposición *of* sugieren que *'s* es un determinante que aparece en distribución complementaria con *the* (es decir, los dos no pueden aparecer juntos). Estos dos argumentos apoyan la idea de que los grupos nominales tienen como núcleo un determinante.

Antes de continuar, es importante aclarar un punto: más arriba sugerimos que los grupos nominales tienen un determinante y un nombre, pero hay casos en los que los nombres aparecen sistemáticamente sin determinantes, por ejemplo, con los nombres propios como *Pablo* o *Lina*, que no tienen determinante en la mayoría de las variedades del español:

(13) Lina terminó su trabajo

¿Quiere decir que esos no son FDs? Volveremos a hablar de los nombres propios en el capítulo 10 (sec. 10.1.2); por ahora sólo notamos que en algunas variedades de español se usan determinantes sistemáticamente con nombres propios: *la Lina terminó su trabajo*. En esas variedades, entonces, los nombres propios son FDs, y esto abre la posibilidad que los nombres propios sean FDs también en las otras variedades, a pesar de que no lo parecen a primera vista.

Para resumir esta sección, se ha propuesto que los constituyentes nominales son frases determinantes y que el determinante es su núcleo. La frase nominal es el complemento del determinante. Esta idea explica la distribución de los constituyentes nominales en posición de sujeto preverbal en español y también la distribución de los posesivos con marca de genitivo *'s* en inglés.

4.2 La frase temporal/flexiva

En la sección anterior argumentamos que la categoría funcional D es el núcleo de los grupos nominales; en esta sección vamos a usar la misma lógica para proponer una categoría funcional (Flex/T) como núcleo de la cláusula en español.

Imagínese por un momento cómo sería hablar español si no pudiéramos usar las formas conjugadas del verbo. Estas son las formas que no indican tiempo, como el infinitivo. Por ejemplo, imagínese que está hablando con una persona sobre lo que le pasó esta mañana, y esa persona le dice lo siguiente:

(14) *Esta mañana, (ella) perder la pelota

Aunque es perfectamente posible entender lo que quiere decir esa frase, y seguramente hemos oído a personas que están empezando a aprender español hablar así, un hablante fluido de español nunca lo diría de esa manera, y sentiría que a esa frase le falta algo, comparada con la manera alternativa de decir lo mismo que aparece en (15):

(15) Esta mañana (ella) perdió la pelota

¿Qué le pasa al primer ejemplo? El verbo no está conjugado (*perder*), mientras que en el segundo ejemplo sí (*perdió*, tercera persona del pasado). Intuitivamente, parece que tener información sobre la persona (quién habla) y el tiempo son esenciales para poder tener expresiones como las de (15). No es suficiente tener la información de persona y de tiempo independientemente en la cláusula: en (14) tenemos *ella*, que indica quién es el sujeto, y *esta mañana*, que indica cuándo se perdió la pelota, pero esa información no es parte de la morfología del verbo, sino que está codificada en palabras separadas.

Como veíamos en el caso de (15), sólo las formas conjugadas pueden aparecer en una cláusula independiente. La diferencia entre las formas conjugadas (*perdió*) y las formas de infinitivo (*perder*) es el contenido de la morfología verbal: la forma conjugada indica **tiempo verbal**: pasado (*perdió*), **presente** (*pierdo*), **futuro** (*perderé* o *voy a perder*), mientras que el infinitivo no tiene esa información de tiempo: cuando se dice *perder*, no sabemos si se refiere al presente, al pasado, o al futuro porque la morfología del verbo no lo indica.

Además, las formas verbales como *perdió* también indican **persona** (quién es el sujeto: el hablante, el oyente, u otra persona) y **número** (singular o plural). Las formas del verbo que tienen información de tiempo, persona, y número se llaman **formas verbales conjugadas o finitas**, y las que no tienen esa información se llaman **formas no finitas**. Estas diferencias se ven en (16): la forma finita *perdió* indica tiempo "pasado" si se compara con *pierde* "presente"; también indica persona ("tercera persona"; si se compara con *pierdes*, "segunda persona"); y también número ("singular", comparado con *pierden* "plural"). En cambio, *perder* no indica ni tiempo, ni persona, ni número independientes.

(16)

Comparación de las formas conjugadas y el infinitivo			
	Tiempo	**Persona**	**Número**
Formas finitas o conjugadas (*perdió*)	Sí (*perdió/pierde*)	Sí (*pierdo/pierdes*)	Sí (*pierde/pierden*)
Formas no finitas o no conjugadas (*perder*)	No	No	No

Entonces, podemos proponer la siguiente hipótesis:

Hipótesis 1: En español, las cláusulas independientes tienen que tener tiempo, persona, y número especificados y marcados morfológicamente en el verbo.

¿Por qué mencionamos "independientes" y "marcados morfológicamente en el verbo" en esta hipótesis? Empecemos por la marca morfológica. Las formas conjugadas siempre indican tiempo, persona, y número independientes (porque tienen terminaciones morfológicas dedicadas a esa información), mientras que el infinitivo no. Sin embargo, el infinitivo sí puede indicar tiempo, persona, y número si otro verbo se los transmite. Por ejemplo, si mi mejor amigo está aburrido de entrenar todos los días al fútbol, podría expresar su frustración diciendo los siguiente:

(17) Quiero [perder la pelota]

En ese ejemplo es posible tener un infinitivo (*perder*) porque el verbo *quiero* le transmite a ese infinitivo información sobre la persona (primera), el tiempo (presente), y el número (singular).

Además, vemos otra diferencia importante entre los ejemplos de (15) y (17): en el primer ejemplo, el verbo está en una **cláusula independiente**, es decir, una cláusula no subordinada a otro verbo, mientras que el infinitivo en (17) es parte de una **cláusula dependiente** o **subordinada**, que depende del verbo *quiero*, como vemos en (18):

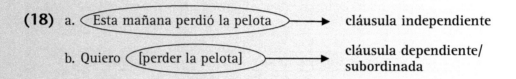

(18) a. Esta mañana perdió la pelota ⟶ **cláusula independiente**

b. Quiero [perder la pelota] ⟶ **cláusula dependiente/ subordinada**

Veamos cómo funciona la generalización del hipótesis 1 con los distintos ejemplos:

(19)

	¿Tiene tiempo, persona, y número morfológicos?
*Esta mañana, (yo) perder la pelota	No
Esta mañana perdió la pelota	Sí
Quiero [perder la pelota]	Sí (la cláusula de *quiero*)

¿Cómo traducimos la generalización del hipótesis 1 a la estructura sintáctica? La respuesta breve es que el tiempo y la flexión son los núcleos de la cláusula independiente. La cláusula es una **frase flexiva (FFlex)** que a veces se llama también **frase temporal (FT)**, como vemos en (20):

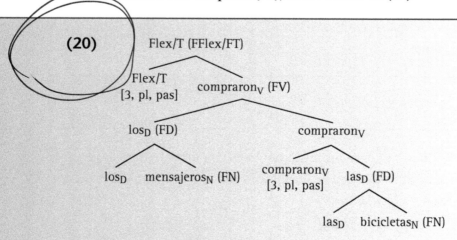

(20) Flex/T (FFlex/FT)

Flex/T [3, pl, pas]   compraron$_V$ (FV)

los$_D$ (FD)   compraron$_V$

los$_D$ mensajeros$_N$ (FN)   compraron$_V$ [3, pl, pas] las$_D$ (FD)

las$_D$ bicicletas$_N$ (FN)

En esta estructura, la frase verbal *los mensajeros compraron las bicicletas* se fusiona con la Flex/T para formar una FFlex/FT. El nodo Flex/T tiene los rasgos de persona, número, y tiempo ([3, PL, PAS]) que deben ser los mismos que los indicados por el morfema *-aron* de *perdió*.

¿Qué pasa con las cláusulas con formas infinitas, como las de (14)? Mencionamos más arriba (ejemplo de (17)) que estas formas pueden heredar la persona, tiempo, y número de otro verbo (*quiero perder la pelota*). Eso sugiere que también los infinitivos son FFlex/FT, pero con rasgos de tiempo, persona, y número no explicitados:

(21)   Flex/T (FFlex/FT)

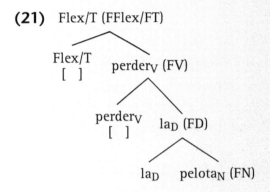

En esta estructura, los rasgos de Flex/T están vacíos (como lo indica [ ], comparado con [3, PL, PAS] de (20)).

En cambio, cuando el infinitivo está subordinado a otro verbo flexionado, como veíamos en (17), el verbo flexionado (*quiero*) tiene tiempo, persona, y número, y esos rasgos pueden identificar a la Flex/T del infinitivo, como se indica en (22).

(22)   quiero   Flex/T (FFlex/FT)

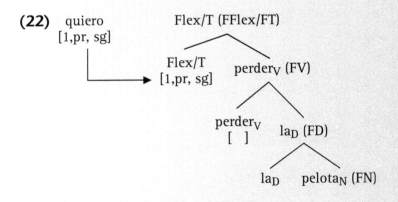

¿Por qué aparece Flex/T como una categoría distinta del verbo? ¿No sería más simple proponer la representación de (23)? La diferencia entre (22) y (23) es que en la segunda no hay un núcleo funcional independiente Flex/T, sólo un rasgo morfológico asociado con el verbo *perdió*.

(23)

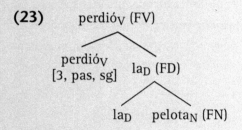

Para las formas verbales como *perdió*, la representación de (23) funciona sin problemas, pero a veces la flexión aparece en una palabra separada del verbo mismo. Por ejemplo, en español, cuando la forma verbal tiene un auxiliar, el auxiliar es el que tiene la información de tiempo, persona, y número, como vemos en el siguiente ejemplo:

(24) Ha perdido la pelota

En este caso, *ha* indica tercera persona, singular, pasado, y el verbo *perdido* indica además del significado de lo que se llama **aspecto** (en este caso que el evento está terminado), por eso la representación de (23) no funcionaría, porque los rasgos de tiempo, persona, y número no están asociados al verbo *perder*, sino al auxiliar *ha*. En cambio, la representación de (24) sí encaja bien:

(25)

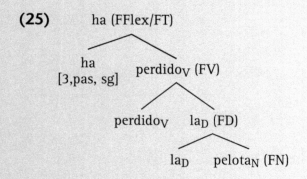

En inglés también vemos que la flexión puede formar un elemento sintáctico independiente del verbo:

(26) Eric <u>does</u> buy a book

Este ejemplo se usa cuando el hablante quiere poner énfasis en lo que se está describiendo, pero lo interesante es que la flexión aparece con el verbo *does*, no con *buy*. La estructura correspondiente a este ejemplo muestra a *does* como un elemento de la flexión, y el verbo aparece en otro nodo sintáctico:

(27)

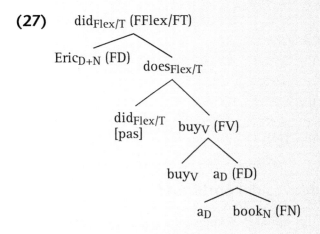

Esta estructura difiere de las que hemos venido presentando en que la categoría de *Eric* es D + N, es decir, un nombre propio es una frase determinante, pero sin determinante explícito (ver el capítulo 10, sec. 10.1.2), y también en que el auxiliar *did* sólo está especificado con el rasgo [PAS] de pasado, no con los de persona o número (porque el auxiliar no distingue estos rasgos en pasado).

Para resumir, en esta sección se ha propuesto que las cláusulas son constituyentes encabezados por una proyección funcional de tiempo, y que pueden ser independientes cuando el tiempo está especificado con rasgos. Las formas verbales no personales también están asociadas con un tiempo no especificado intrínsecamente, que puede ser identificado por otro verbo subordinante.

Expansión: Dos visiones de las categorías funcionales

En la representación de (21), Flex/T se presenta como un núcleo abstracto sin contenido morfológico, y los rasgos de flexión (persona, tiempo, número) aparecen como parte del verbo. Una operación adicional garantiza que el contenido de Flex/T coincida con el contenido del morfema del verbo, como veremos. Existe una visión alternativa, en la cual el morfema Flex/T es *-ió* (el morfema verbal), y el verbo se desplaza desde su núcleo inicial, hasta el núcleo *-ió*$_{Flex/T}$, para formar una única palabra, como vemos más abajo. Las dos alternativas tienen implicaciones teóricas distintas.

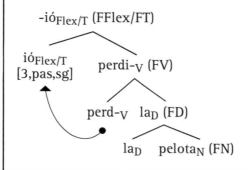

4.2.1 ¿Flex o T? Los infinitivos del portugués

Esta sección profundiza en un aspecto interesante pero no esencial para entender la distribución de las cláusulas. En la sección anterior concluimos que la cláusula tiene como núcleo una categoría funcional relacionada con el tiempo, la persona, y el número, pero no decidimos si esa categoría puede ser Flex o uno de sus componentes (persona, tiempo, número). Al fin y al cabo, lo que distingue a las formas finitas de las formas no finitas es que las primeras tienen tiempo, persona, y número y las segundas no; por eso podríamos pensar que lo que las diferencia es Flex (la categoría que incluye los tres rasgos de persona, tiempo, y número) y no sólo T. En esta sección presentamos datos del portugués, que sugieren que la categoría más importante para determinar si una cláusula es independiente es el tiempo, por lo menos en esa lengua (y posiblemente por extensión también en español).

El portugués tiene los llamados **infinitivos conjugados**, que son formas verbales con terminaciones morfológicas de persona, pero sin terminaciones de tiempo. En (28) vemos tres ejemplos en los que el verbo principal (*é necessário* 'es necesario') introduce a una cláusula subordinada que tiene el verbo *fazer* 'hacer' en distintas formas:

(28) a. É necessário [fazer isso]   ← **infinitivo no conjugado**
   'es necesario hacer eso'
 b. É necessário [que façamos isso]
   'es necesario que hacer-1PL.FUT.SUBJ eso'
 c. É necessário [fazer-mos isso]   ← **infinitivo conjugado**
   'es necesario hacer-1PL eso'

En el ejemplo de (28a), el verbo subordinado *fazer* 'hacer' está en infinitivo. Este infinitivo no tiene morfología de persona, tiempo, o número, igual que en español. En (28b), en cambio, el verbo *façamos* 'hagamos' sí está conjugado: es 1ª persona, plural, futuro, subjuntivo, igual que la traducción en español. El ejemplo más sorprendente es el de (28c), porque la forma verbal *fazer-mos* 'hacer nosotros' se parece mucho al infinitivo *fazer*, pero con una terminación *-mos* que indica 1ª persona plural (como en español *hace-mos*). Esta forma sólo tiene marca morfológica de persona, no de tiempo, y tampoco tiene equivalente en español. Esta tercera forma es el **infinitivo conjugado**.

El infinitivo conjugado es interesante porque sólo indica persona y número, entonces podemos explorar si lo importante para ser una cláusula independiente es tener persona o si lo importante es tener tiempo:

Hipótesis de tiempo: Las cláusulas independientes tienen que tener formas verbales/flexivas con T.
Hipótesis de flexión: Las cláusulas independientes tienen que tener formas verbales/flexivas con Flex (y no necesariamente con T).

Si los infinitivos conjugados no son posibles en cláusulas independientes, esto favorece la hipótesis de tiempo, porque esas formas no tienen T, mientras que si lo son, la hipótesis de flexión es más probable. ¿Qué dicen los datos?

Cuando los infinitivos conjugados aparecen como verbo de una cláusula principal, el resultado es agramatical, igual que con los infinitivos no conjugados, como vemos en (29a–b):

(29) a. *Fazér-mos   isso
            'hacer-1PL   eso'
          b. *Fazer   isso
            'hacer   eso'

Naturalmente, la forma verbal plenamente conjugada en indicativo con persona, número, y tiempo sí es posible por sí sola:

(30) Fazemos   isso
          'hacer-1PL.PRES   eso'

La diferencia principal entre las dos formas es que *fazér-mos* en (29a) es primera persona, plural (sin tiempo), mientras *faze-mos* en (30) es primera persona, plural, presente (con tiempo).

(31)

	Cláusula independiente	Tiempo (futuro)	Persona (primera)	Número (plural)
Formas conjugadas (*façamos/fazemos*)	Sí	Sí	Sí	Sí
Forma infinitiva conjugada (*fazermos*)	No	No	Sí	Sí
Forma infinitiva (*fazer*)	No	No	No	No

La tabla de (31) nos muestra que hay dos propiedades que van asociadas: poder formar una cláusula independiente y tener tiempo. Esto sugiere que por lo menos en portugués, el rasgo que determina si una cláusula puede ser independiente o no es el tiempo (y no la persona o el número): si la forma verbal tiene tiempo, puede formar una cláusula independiente, si la forma verbal no lo tiene (infinitivos no conjugados e infinitivos conjugados), no puede formar una cláusula independiente. Es decir, en portugués, lo que determina la distribución de las cláusulas es FT.

Expansión: El papel de los datos comparativos entre lenguas en el razonamiento sintáctico

En el argumento del portugués está implícita la idea de que la representación sintáctica del español y del portugués son parecidas, y que, por lo tanto, los datos del portugués sirven para llegar a conclusiones sobre el español (y viceversa). En la sintaxis contemporánea se asume que si analizamos las lenguas a un nivel suficientemente abstracto, las lenguas comparten gran parte de la estructura sintáctica si observamos los datos a un nivel suficientemente abstracto. Es decir, hay una estructura sintáctica común no sólo para el español y el portugués, sino para todas las lenguas en general, y por lo tanto los datos de una lengua nos dan evidencia general sobre la estructura que se puede aplicar a otras lenguas.

4.3 La estructura de las cláusulas subordinadas: los complementantes

En la sección anterior llegamos a la conclusión que una cláusula independiente es una FT, por ejemplo en (32). Sin embargo, esa misma cláusula puede aparecer como una dependiente o subordinada, como vemos en (33):

---

(32) [$_{FT}$ T [$_{FV}$ perdió la pelota]]

---

(33) Pienso que perdió la pelota

En este último ejemplo, hay un verbo principal (*pienso*) y la cláusula subordinada (*perdió la pelota*), y entre los dos aparece la conjunción subordinante *que*.

¿Cuál es núcleo de *que perdió la pelota*? Sigamos la misma lógica que para los determinantes y el tiempo: si *que* no está, el resultado es agramatical:

(34) *Pienso perdió la pelota

Este dato nos sugiere que la conjunción subordinante *que*, que también se llama **complementante o C**, es el núcleo de la secuencia *que perdió la pelota*, porque *que* determina la distribución sintáctica de toda la cláusula subordinada.

Los detalles son los siguientes: la FT/FFlex *perdió la pelota* se fusiona con el complementante *que*, para formar una **frase complementante**, como vemos en (35). Esta estructura se fusiona con el verbo *pienso*, para formar la estructura de (36):

(35)

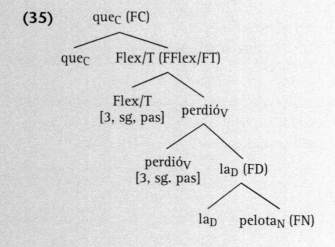

(36)

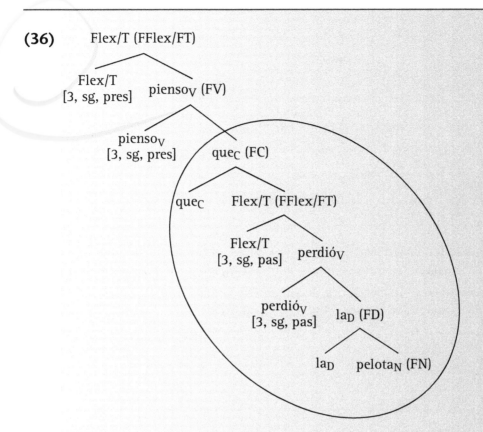

Este análisis predice que FFlex/T y FC no tienen la misma distribución sintáctica. A continuación, vemos que esta predicción es cierta en varios casos. Imaginemos que saco a mi perra a pasear, y durante el paseo empieza a llover. La perra hace un gesto de sorpresa por la lluvia, y después, al volver a mi casa, le digo a mi familia:

(37) Sorprendió a la perra que lloviera

En este ejemplo, la cláusula *que lloviera* es el sujeto de *sorprendió a la perra*, como se indica esquemáticamente a continuación:

(38) [sorprendió a la perra [que$_C$ lloviera]]

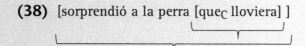

En este contexto, si se suprime *que* en *que lloviera*, el resultado es agramatical, como vemos en esta representación:

(39) *[sorprendió a la perra [lloviera]]

Esta diferencia entre (37)-(38) y (39) es exactamente lo que esperamos si los sujetos tienen distinta categoría sintáctica, como hemos propuesto. Concretamente, la estructura del sujeto en las dos primeras sería la de (40a) (FC), mientras que en (39), sería (40b) (FFlex/FT):

(40)   a. [$_{FC}$ que lloviera]

      b. [$_{FFlex/FT}$ lloviera]

Es decir, la FC es gramatical como sujeto de otra cláusula, pero la FFlex/FT no:

(41)   [sorprendió a la perra   [   ]]

                               Sujeto

    a. [$_{FFlex/T}$ sorprendió a la perra [(FC) que$_C$ lloviera]]   ✓ FC

    b. *[$_{FFlex/T}$ sorprendió a la perra [(FFlex/T) Flex/T lloviera]]   ✗ FFlex/F

El principio gramatical que formaliza esta diferencia entre (41a) y (41b) se presenta en (42):

(42) Sólo las frases complementantes pueden ser sujetos oracionales en español

Presentamos también las respectivas estructuras de los dos ejemplos que venimos discutiendo:

(43) a.

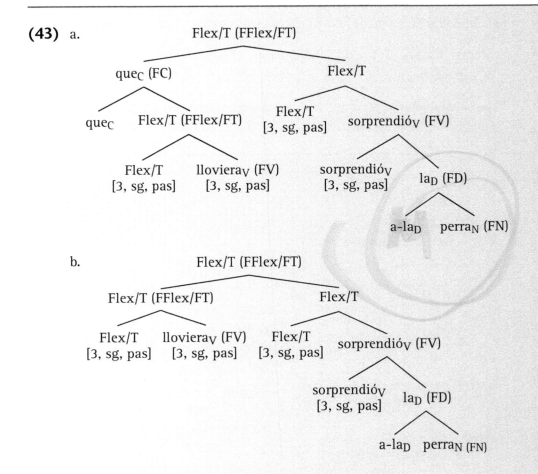

b.

En resumen, en la función de sujeto, las frases complementantes (que empiezan con *que*) tienen una distribución distinta de las frases flexivas/ temporales. Vamos a ver a continuación que lo mismo ocurre cuando la cláusula subordinada es objeto directo:

(44)   a. Sandra prefiere [FC que llueva]
           b. *Sandra prefiere [FFlex/T llueva]

En esa situación, vemos la misma distribución de antes: sólo es gramatical la FC con *que* (igual que en (44a)). Este paralelismo nos permite proponer la generalización sobre la distribución de *que*, que incluye tanto los casos de subordinadas de sujeto de (37)–(39), como los de subordinadas de objeto, en (44).

Generalización sobre la distribución de *que*: *Que* introduce cláusulas subordinadas.

Y, para completar la presentación de estos contrastes, las estructuras de los dos ejemplos (44) se presentan en (45):

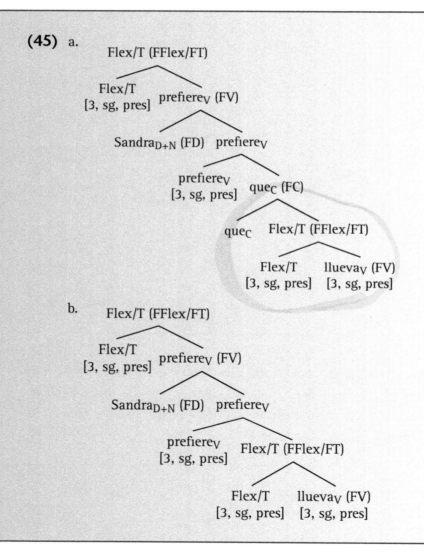

(45) a.

En resumen, hasta el momento hemos sugerido que las cláusulas subordinadas están encabezadas por *que*, que forma una frase complementante, y que es distinto de Flex/T.

Hasta el momento, nos hemos enfocado en el complementante *que* en todos los ejemplos de arriba. Sin embargo, también existen otros tipos de complementante:

(46) Pregunta [si voy a tu casa]

Este complementante *si* tiene un significado distinto de *que*: mientras *que* introduce cláusulas declarativas, *si* introduce cláusulas interrogativas indirectas, es decir, la cláusula de (46) significa "pregunta: ¿voy a tu casa?" Sin embargo, sintácticamente, *si* es un complementante. Al igual que *que*, introduce cláusulas (aunque también introduce preguntas indirectas: *no sé si decírselo*). Por esa razón, la estructura del ejemplo anterior es la siguiente:

(47)

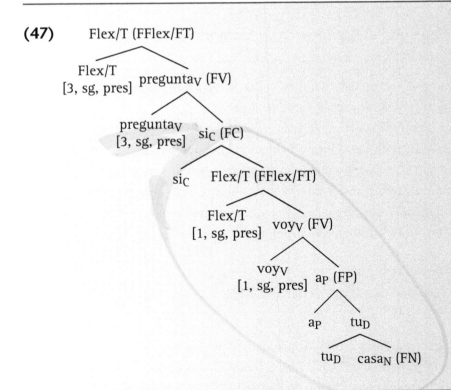

Desde el punto de vista semántico, los complementantes tienen varios significados. Hemos visto que el complementante *que* introduce cláusulas que se interpretan como declaraciones, pero también tiene otros significados. Por ejemplo, en muchas variedades de español, *que* se usa para transmitir órdenes o deseos:

(48)   a. ¡Que te vaya bien!
       b. ¡Que traigas el pan!

En el primer ejemplo, se expresa un deseo en una cláusula exclamativa; en el segundo, se expresa una orden que el hablante está transmitiendo al oyente (de parte de una tercera persona). Nótese que en estos casos no hay verbo subordinante.

El complementante *si* indica que la cláusula subordinada es una pregunta en los ejemplos que presentamos, pero ese mismo complementante también introduce cláusulas condicionales:

(49) Si pasas por el supermercado, compra fruta

Más adelante veremos más detalles sobre los distintos tipos de complementante y sus significados (ver el capítulo 8, sec. 8.1.1).

Para resumir esta sección, se ha propuesto que existe una categoría funcional que se fusiona con FFlex/FT llamada complementante (C). Los complementantes son de distintos tipos; aquí hemos visto dos: uno declarativo *que*, y otro interrogativo, *si*. Estos complementantes sirven para conectar un verbo con una cláusula subordinada, o en algunos casos, para indicar el tipo de cláusula que sigue (condicional, orden, etc.).

4.4 Otras categorías funcionales

En las secciones anteriores hemos propuesto que los determinantes (D) son los núcleos de los grupos nominales, que el tiempo (T) es el núcleo de las cláusulas, y que el complementante (C) es el núcleo de las cláusulas subordinadas. Además de esas categorías y frases funcionales, muchos lingüistas han propuesto otras sobre las que existe más o menos consenso. Por ejemplo, en el capítulo anterior mencionábamos el aspecto como una categoría funcional. El aspecto se refiere a la estructura interna de un evento: si dura o está terminado, si indica un estado o un cambio de estado, etcétera (ver el capítulo 7, sec. 7.2).

Aunque es una categoría muy frecuente en muchas lenguas, no hay consenso sobre su posición en la estructura de la cláusula, porque las pruebas son menos obvias y concluyentes. Sin embargo, veamos algunos indicios sobre la posición del aspecto en español. En el ejemplo de (50), identificamos el tiempo (*ha*), el verbo (*goteando*), y entre los dos otro verbo en forma de participio (*continuado*), que indica información aspectual (duración). Eso nos sugiere que el aspecto está por encima de la FV y por debajo del tiempo, como se puede ver en la estructura de (51).

(50) El agua ha continuado goteando

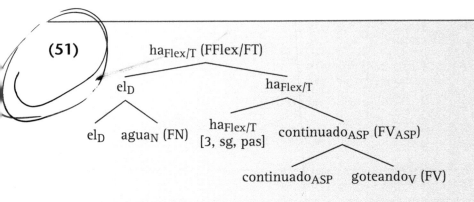

(51)

La **modalidad** expresa que el contenido de una cláusula no se puede evaluar como verdadero o falso en las condiciones actuales en las que está el hablante:

(52) a. Delia quiere visitar la Isla de Pascua
        b. Fernando puede contener la respiración tres minutos

En estos dos casos, no sabemos si Delia ha visitado la Isla de Pascua o si Fernando ha contenido la respiración tres minutos, más bien el hablante expresa la posibilidad de que eso sea cierto. En español, la modalidad se expresa típicamente con verbos como *poder* o *querer*, y también se ha propuesto como una categoría funcional especial.

Otra categoría funcional que se ha propuesto recientemente permite distinguir entre los verbos transitivos (los que tienen un sujeto y un objeto, como *sembrar*, *convencer*) y los verbos intransitivos que tienen sólo un sujeto (como *trabajar*). Aunque volveremos a discutir esta propuesta en el capítulo 6 (sec. 6.1.1), la idea es que los verbos transitivos incluyen no sólo una frase verbal (FV), sino una categoría funcional "v", o v ligero, mientras que una subclase de verbos intransitivos no la tienen. Las respectivas estructuras se presentan a continuación:

(53) a. Sembramos el maíz

b.

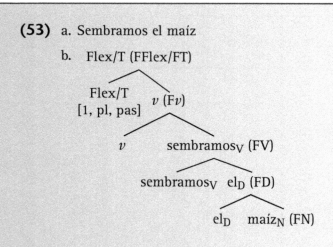

(54) a. Trabajan

b.

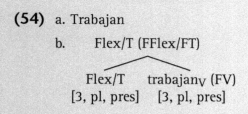

En (53b) vemos el nodo funcional "v", que está ausente en (54b). Las razones para proponer esta categoría adicional son bastante complejas, y no las vamos a revisar aquí, pero intuitivamente la idea es que un verbo transitivo como *sembrar* tiene como parte de su contenido una causa ("hacer que") y un resultado ("las semillas estén en la tierra"), y la parte del significado que indica causa se refleja en la categoría funcional "*v*". También es cierto que algunos verbos transitivos como *contener* no indican causa; por lo tanto esta categoría funcional "*v*" debe tener otros contenidos semánticos además del de causa.

4.5 Resumen del capítulo

Para resumir esta sección, se ha propuesto que las categorías funcionales tienen un papel muy importante en la sintaxis. Concretamente, el tiempo (T) y la flexión son los núcleos que determinan la distribución de las cláusulas independientes, el complementante (C), la de las cláusulas subordinadas, y los determinantes, la de los grupos nominales. Por lo tanto, la cláusula independiente es una frase temporal/flexiva (FT/FFlex), la cláusula subordinada una frase complementante (FC), y el grupo nominal una frase determinante (FD).

Ejercicios

1. La frase determinante
1.1 Proponga la estructura para los siguientes grupos nominales.
   a. La hermana de mi cuñado
   b. Tus estudios en la universidad
   c. Algunos amigos con poca sensibilidad
   d. Estos elefantes con colmillos
1.2 (Avanzado) Los siguientes ejemplos son posibles titulares de periódico:
   a. Gobierno anuncia nueva ley de pensiones
   b. Mujer se enfrenta a asaltante en la calle
   c. Prisión para condenado por asalto

¿En qué se diferencian estos titulares del lenguaje hablado?

¿Qué aspectos de estos ejemplos difieren de la descripción ofrecida en este capítulo?

Asuma las dos hipótesis siguientes por turno, y explique qué ventajas e inconvenientes tiene cada una de ellas:

– La estructura de los grupos nominales es la misma para el lenguaje de los titulares y para el lenguaje oral.

– La estructura de los grupos nominales es distinta para el lenguaje de los titulares y para el lenguaje oral.

1.3 (Avanzado) Los siguientes ejemplos tienen grupos nominales con una estructura un poco más complicada que la del ejercicio anterior. Proponga una estructura y trate de justificar con pruebas sintácticas por qué piensa que es así.

> **Ejemplo:** *Pilar* es una FD a pesar de que no tiene determinante porque tiene la misma distribución que las frases determinantes que sí tienen un artículo.

    a. Todos los amigos de Pedro

    b. Algunos de nuestros antepasados

    c. Mis cinco hermanas

2. Tiempo y flexión

2.1 Haga la estructura de los siguientes ejemplos:

    a. Una montaña tapaba la vista

    b. Veníamos de una excursión

    c. Los deportistas corrieron la maratón

2.2 Considere los siguientes ejemplos:

    a. María saludó a su primo

    b. Prometía encontrar el mejor restaurante

    c. Vivir en una casa es problemático

    d. Quiero que vengas a mi fiesta

Indique si los verbos indican lo siguiente:

1. Morfología de tiempo, persona, y número
2. Tiempo, persona, y número independiente
3. Tiempo, persona, y número dependiente

Si la respuesta es positiva en alguna categoría, indique cuáles son los valores (por ejemplo, "1ª persona singular, presente").

Ejemplo: escribir poemas			
Escribir:	Morfema independiente	Tiempo, persona, número	
		dependiente	independiente
	NO	SÍ	NO

3. **Subordinación y complementantes**

3.1 Observe los siguientes ejemplos:

    a. Quiero una manzana

    b. Quiero que venga

    c. Que venga tu hermano es bueno

    d. Preguntó si comes pescado

    e. Si quieres comer, avísame

Indique cuáles son las cláusulas de estos ejemplos.

Indique qué cláusulas son independientes o principales, y cuáles son subordinadas o dependientes.

Para las cláusulas dependientes, indique cuáles son los rasgos de tiempo, persona, y número.

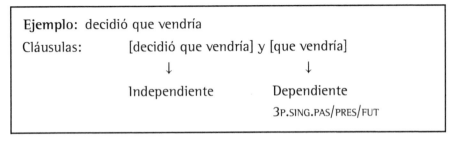

Ejemplo: decidió que vendría

Cláusulas: [decidió que vendría] y [que vendría]

                   ↓   ↓

               Independiente   Dependiente

                                  3P.SING.PAS/PRES/FUT

3.2 Indique cuáles son los complementantes del ejercicio anterior y qué contenido indican (declarativo, interrogativo, etc.).

3.3 Haga la estructura sintáctica de las siguientes frases:

　　a. Supongo que las hojas caerán pronto

　　b. Pensaba que tus hijos serían más grandes

　　c. ¿Sabes si lloverá?

Lecturas adicionales

Categorías funcionales

Abney (1987)

Cinque (1999, 2002)

Leonetti (2016)

5 | El baile de las palabras, y las relaciones entre las palabras

Objetivos del capítulo

- Presentar los distintos órdenes de palabras
- Presentar los mecanismos formales para derivar los distintos órdenes de palabras
- Presentar las restricciones sintácticas al movimiento sintáctico
- Introducir las relaciones de concordancia de género, número, y persona, y de caso abstracto

5.0 INTRODUCCIÓN

El capítulo anterior terminó con una idea esencial: las palabras se combinan para formar constituyentes, que tienen un núcleo, frecuentemente una categoría funcional. En este capítulo presentaremos tres mecanismos gramaticales importantes: los movimientos sintácticos, la concordancia y el caso abstracto. El concepto de movimiento sintáctico asocia secuencias lingüísticas que tienen contenido muy parecido y órdenes alternativos. La concordancia y el caso, en cambio, conectan elementos independientes de una cláusula (por ejemplo, *casa blanca*), y de esta manera refuerzan las relaciones sintácticas.

5.1 El orden de palabras

Imagínese que entra en la sala de su casa, y dos familiares suyos están conversando sobre algo, muy felices. Como a usted le gustaría participar en la conversación, pero no sabe de qué se trata, les pregunta:

(1) ¿Qué pasó?

Uno de sus familiares le contesta:

(2) ¡Tu hermana terminó el examen!

El orden de palabras de la respuesta de (2) se llama orden no marcado. La pregunta *¿Qué pasó?* nos indica que no sabemos nada sobre el discurso anterior, y por lo tanto, todo lo que diga la respuesta va a ser información novedosa para el que pregunta. En cambio, imagínese que toda la familia está pendiente de los resultados del examen, que se van a saber esa misma mañana. En ese contexto, uno de sus familiares pregunta:

(3) ¿Qué pasó con el examen?

Y el otro familiar responde:

(4) ¡El examen, tu hermana lo terminó!

En este otro contexto discursivo, los participantes ya saben que el tema de conversación es "el examen" como además lo indica la pregunta de (3), y el orden de palabras de (4) refleja ese conocimiento previo. En ese caso, el objeto precede al sujeto y al verbo (además, aparece el pronombre clítico *lo*).

Estos dos ejemplos nos muestran varias cosas: primero, que es posible tener distintos órdenes de palabras en una cláusula, y segundo, que esos órdenes son más o menos apropiados según el contexto discursivo, es decir lo que los participantes en el discurso asumen como información compartida. En el primer caso, no se asume nada como información conocida (el que hace la pregunta no sabe de qué se está hablando), y en el segundo el que hace la pregunta asume que el tema del examen se ha mencionado ya:

(5)

	Información compartida por el hablante y el oyente en ese momento	Información nueva
¿Qué pasó?	Ninguna	
¡Tu hermana terminó el examen!	Ninguna	Toda la cláusula
¿Qué pasó con el examen?	Hay un examen	
El examen, tu hermana lo terminó	Hay un examen	Tu hermana terminó

Al hacer la primera pregunta, los hablantes no comparten ninguna información previa, y la respuesta es toda información nueva. Al hacer la segunda pregunta, la información compartida es que hay un examen, y la respuesta aporta la información nueva.

Más adelante volveremos a revisar los aspectos discursivos asociados con el orden de palabras; en este momento, la pregunta que se nos plantea en este momento es ¿cómo relacionamos sintácticamente el orden de (2) con el orden de (4)? Evidentemente, los dos ejemplos están bastante conectados en el sentido de que usan más o menos las mismas palabras, y que a cierto nivel transmiten la misma información: hay alguien que aprueba un examen, aunque los dos órdenes son compatibles con distintos contextos discursivos en los que los hablantes comparten distinta cantidad de información.

Una posible respuesta a la relación entre las secuencias similares con distintos órdenes es que a veces se derivan de una forma común usando transformaciones, que informalmente llamamos movimiento sintáctico. Esquemáticamente, la idea es que (4) se deriva de (2), moviendo el objeto *el examen* desde su posición al final de la cláusula hasta la posición al principio de la cláusula.

---

(6) a.   Tu hermana terminó el examen

b.   El examen, tu hermana lo terminó

En este capítulo veremos, por una parte, cómo se formaliza la idea de movimiento en el contexto de lo que hemos presentado en otros capítulos, y por otra parte, qué otras secuencias (además de las alternancias de más arriba) están relacionadas por movimiento.

5.2 La formalización del movimiento

En el capítulo 3 (sec. 3.2) ya presentamos las operaciones que nos permiten crear estructuras más complejas a partir de palabras sueltas (o de grupos más simples). Concretamente, mencionábamos dos tipos de **fusión** sintáctica: la externa y la interna. En el primer tipo, dos elementos sintácticos independientes se combinan para formar uno más complejo. En el segundo tipo, se toma una parte de un elemento complejo que ya existe (B en (7a)) y se vuelve a fusionar más arriba para formar un elemento complejo nuevo, el de (7b)).

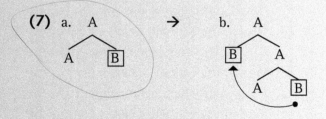

El resultado de esta operación de fusión externa es que ahora tenemos dos copias de B, una más arriba y otra más abajo. A la hora de pronunciar esta estructura, normalmente sólo una de las copias de B tiene forma expresa, la otra se **borra**, y generalmente la que se borra es la copia más baja:

(8)

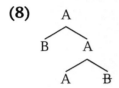

Esta operación de fusión permite transformar o mover partes de la estructura para generar órdenes distintos. Volviendo a los ejemplos de (6), el mecanismo que nos permite derivar uno del otro es la fusión interna, como vemos en (9). En (9a), los distintos pasos de fusión externa han producido una cláusula (FFlex/ FT), con el orden *tu hermana pasó el examen* (hemos eliminado algunas de las categorías funcionales que propusimos al final del capítulo 4, concretamente *v*, para simplificar el árbol). A continuación, la fusión interna toma el constituyente *el examen*, y lo vuelve a fusionar con Flex/T, como vemos en (9b). El último paso es eliminar la copia más baja, como se ve en (9c), y el resultado final es *el examen tu hermana lo pasó* (por ahora no vamos a decir nada concreto sobre *lo*, pero volveremos a hablar de este tipo de pronombres clíticos).

(9) a. Flex/T (FFlex/FT)

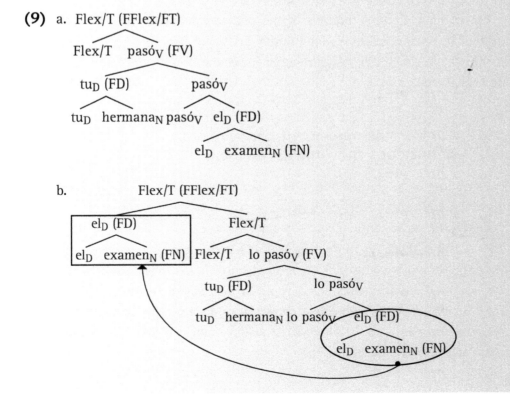

b.

c.

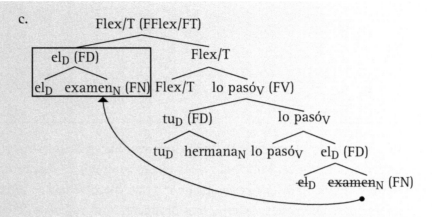

El mecanismo general de movimiento incluye, entonces, dos partes distintas: primero, fusionar un constituyente ya existente en una parte más alta (**fusión interna**), y segundo, **borrar** una de las copias que resultan de la fusión interna.

En la representación de (9b) y (9c), el constituyente que se mueve (*el examen*) se fusiona con Flex/T para formar una FFlex/T más compleja. Sin embargo, es posible que la categoría del constituyente más alto sea otra, como FC. Más adelante volveremos sobre esta alternativa.

En resumen, algunos cambios en el orden de palabras se pueden formalizar usando la noción de movimiento sintáctico. Este movimiento toma un elemento de un constituyente y lo vuelve a fusionar en otra posición, borrando una de las copias.

5.2.1 Dos tipos de movimiento: movimiento de núcleos y movimiento de frases

Del mismo modo que un avión puede viajar a largas distancias, pero un mosquito no, en la sintaxis hay dos tipos de movimiento, uno local y otro a larga distancia. El movimiento que presentamos en la sección anterior (en el ejemplo (9)) es a larga distancia, porque se "salta" varios nodos intermedios del árbol. Este tipo de movimiento (que siempre afecta a frases, no a núcleos) no tiene que ser local, como vemos en el esquema más abstracto de (10). En (9c), la frase determinante *el examen* se mueve al nodo más alto, saltándose a otra frase determinante, *tu hermana*. Del mismo modo, en (10), FY se mueve al nodo más alto, saltándose R(FR).

(10)

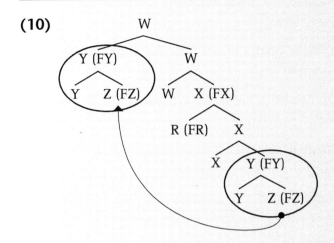

Los movimientos locales, en cambio, tienen dos propiedades: son **movimientos de núcleos** (es decir, categorías que no dominan a nada más) y están limitados a aterrizar en la categoría inmediatamente superior. En (11a), el núcleo Y se mueve al núcleo X, que es el primer núcleo inmediatamente superior, mientras que en (11b), el núcleo Y se salta al núcleo X para moverse a W, y esto no es legítimo.

(11) Movimiento local de núcleos

    a. W (WP)

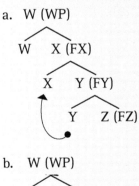

    b. W (WP)

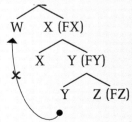

Esta restricción se llama la **restricción del movimiento de núcleos**: un núcleo sólo se puede mover de manera local.

Movimiento de frases: la fusión interna de una frase a una posición más alta. Puede ser local o a larga distancia.

Movimiento de núcleo: la fusión de un núcleo a una posición que domina inmediatamente al núcleo original.

Restricción del movimiento de núcleos: un núcleo solo se puede fusionar internamente con otro núcleo que lo domine inmediatamente.

Cuando un núcleo se mueve a otro, el resultado es un poco distinto que cuando una frase se mueve: el núcleo se **adjunta** a otro núcleo que ya existe, y se combinan en una operación que se llama **adjunción**:

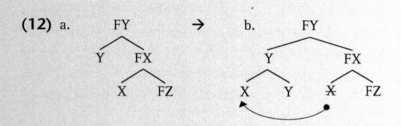

Para ver un ejemplo concreto de movimiento de núcleos, imagínese que está en la casa de un amigo, y necesita destapar una botella de cerveza, por eso le pregunta a su amigo:

(13) ¿Tienes un abrebotellas?

En esta secuencia, el verbo *abrir* y el nombre *botellas* forman una sola palabra, y nada puede intervenir entre ellas:

(14) a. *¿Tienes un abrelasbotellas?

b. *¿Tienes unos abrenbotellas?

Podemos representar la palabra *abrebotellas* como un caso de movimiento del núcleo N al núcleo V:

(15)

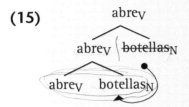

Esta estructura es un poco especial, porque el resultado de unir *abre* y *botellas* es un nombre (*abrebotellas*), pero no *botellas*. Dicho de manera más simple, un *abrebotellas* no es un tipo de botella. Por eso, por encima de la estructura de (15) debe haber otro nodo que convierta a la palabra en una frase determinante (*un abrebotellas*).

En cualquier caso, lo relevante de este ejemplo en este momento es que el compuesto se puede derivar fusionando los dos núcleos V y N. El hecho de que sea movimiento de núcleos explica por qué nada puede intervenir entre ellos: si lo hiciera, el movimiento de N a V no podría ser local.

Más adelante volveremos sobre el movimiento de núcleos con ejemplos concretos (ver capítulo 7, sec. 7.4.1).

5.2.2 Movimiento a posición A y movimiento a posición no-A

En la tradición gramatical reciente, se distinguen dos tipos de movimiento: **movimiento a una posición A** y **movimiento a una posición no-A** (más brevemente: movimiento A y movimiento no-A). El primer tipo de movimiento (movimiento A) desplaza constituyentes a posiciones argumentales, es decir a posiciones conectadas semánticamente con un verbo, por ejemplo, la posición de sujeto. El segundo tipo de movimiento (movimiento no-A) desplaza constituyentes a posiciones periféricas, que no reciben interpretación semántica conectada con un verbo. Los casos típicos de movimiento A son las pasivas, porque en esos casos el objeto directo termina en la posición de sujeto, como vemos en (16). En este caso, el argumento *la internet* se interpreta como el paciente de *conectar*, en la posición de sujeto del verbo. Veremos más detalles sobre el movimiento de pasivas más abajo.

(16) La internet fue conectada por la mañana

El movimiento no-A más típico son las preguntas, como las que presentamos en (17). En este caso, la posición inicial en la que aparece *qué bebida* no está conectada semánticamente con el verbo. En otras palabras, *qué bebida* se interpreta como un objeto directo, que normalmente aparece después del verbo en una cláusula declarativa.

(17)   a. ¿Qué bebida prefieren los niños?

      b.   Qué bebida prefieren los niños ___

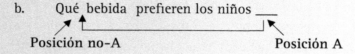

        Posición no-A   Posición A

Aunque se han propuesto algunas otras diferencias entre los dos tipos de movimiento, muchas de ellas dependen de los presupuestos teóricos asumidos en cada análisis, y no hay un consenso claro sobre cuáles son las propiedades generales que distinguen a los dos tipos de movimiento, por lo que no pondremos mucho énfasis en esta distinción.

A continuación, vamos a ver distintos casos de movimiento de frase (A y no-A).

5.2.3 El movimiento de pasiva (movimiento A)

La **voz pasiva** es un mecanismo muy general en las lenguas que cambia las relaciones sintácticas y argumentales de los verbos, además de la perspectiva discursiva de los hablantes. Por ejemplo, en (18a) tenemos dos participantes en el evento descrito (*los limpiaventanas* y *los vidrios del edificio*): el primero es el sujeto y el segundo el objeto, y el enfoque es sobre *los limpiaventanas* (o, en todo caso, sobre todo el evento). En (18b), en cambio, sólo hay un participante obligatorio (*los vidrios del edificio*), mientras que el otro pasa a un segundo plano sintáctico y discursivo (el enfoque es sobre los vidrios).

(18) a. Los limpiaventanas limpiaron los
     vidrios del edificio   (cláusula activa)
    b. Los vidrios del edificio fueron limpiados
     (por los limpiaventanas)   (cláusula pasiva)

Para entender los mecanismos sintácticos de la voz pasiva, empecemos por recordar las ideas de estructura argumental (sec. 2.3 del capítulo 2). Un verbo tiene un número de argumentos fijo, determinado por su significado léxico. De esta manera, tenemos verbos con un argumento (**intransitivos**), como *renacer*, verbos con dos argumentos (**transitivos**), como *construir*, y verbos con tres argumentos (**ditransitivos**), como *regalar*. La pasiva es una transformación en la estructura argumental de un verbo transitivo por la que pierde uno de sus argumentos (el sujeto agente) y se convierte en verbo intransitivo, como vemos presentado esquemáticamente en (19).

(19) Transformación de la estructura argumental en voz pasiva

Voz activa			Voz pasiva	
Verbo	**Argumentos**		**Verbo**	**Argumentos**
Limpiar	Agente (*limpiaventanas*)	→	ser limpiado	✗
	Paciente (*vidrios*)			Paciente (*vidrios*)

Veamos otro ejemplo con otro verbo: en (20) el verbo *construir* tiene dos argumentos (un sujeto *los obreros* y un objeto *el edificio*), mientras que en el segundo ejemplo, *el edificio* ha pasado a ser el sujeto, y el antiguo sujeto agente (*los obreros*) ha desaparecido. Sabemos que *el edificio* es el sujeto en (20b) porque concuerda en número y persona (singular, tercera persona) con el verbo.

(20) a. Los obreros construyeron el edificio en un tiempo record
    b. El edificio fue construido en un tiempo record

Por supuesto, el agente podría aparecer todavía, si dijéramos *el edificio fue construido por los obreros*, pero en ese caso ya no sería el sujeto, sino una frase preposicional con *por*, que, además, es opcional.

Desde el punto de vista sintáctico, este cambio en la estructura argumental produce algunas transformaciones. Por una parte, la función de los argumentos cambia: el paciente pasa de ser objeto a ser sujeto; por otra, el verbo añade un auxiliar y *construyeron* pasa a ser *fue construido*. El primero de estos cambios se puede analizar con los mecanismos de movimiento explicados en las secciones anteriores (un caso de movimiento A). Si comparamos los dos ejemplos de (20), vemos que *el edificio* se ha desplazado desde la posición de complemento del verbo a la posición de especificador de la FFlex/FT, como se ve en las estructuras de (21):

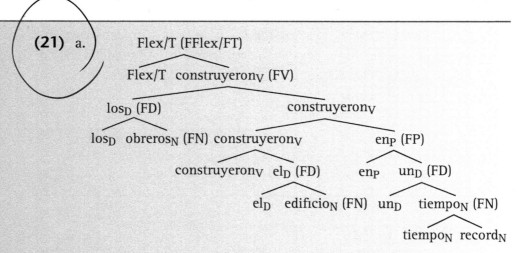

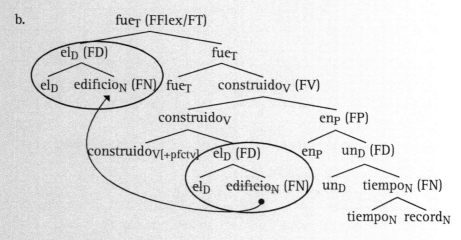

En (21a), *el edificio* se fusiona con *construyeron*. Fíjese también que *en un tiempo record* se fusiona con *construyeron el edificio*. En (21b), en cambio, *el edificio* se fusiona primero con *construyeron*, y a continuación con la flexión. Esto produce dos copias de *el edificio*, y una de ellas, la de abajo, no se pronuncia. Este tipo de movimiento es un movimiento de frase, porque toda la frase determinante se vuelve a fusionar con la flexión.

Como decíamos, *construyó* se distingue de *fue construido* en que se incluye un verbo auxiliar adicional, *fue*, pero también en que el verbo principal aparece en forma de participio (*construido*). Por un lado, está claro que *fue* tiene las marcas de tiempo, número, y persona (tercera persona singular, pasado), si lo comparamos con *fueron* (tercera persona plural, pasado) o *es* (tercera persona singular, presente). Además, como verbo auxiliar no tiene contenido semántico en las pasivas. Por esas razones, aparece como parte de la flexión o tiempo en el árbol de (21b). Por otra parte, el verbo tiene que aparecer en participio (*construido*): no podríamos decir **el edificio fue construyendo*. El participio indica **aspecto perfectivo**, que simplemente quiere decir que el evento (o una parte del evento) está terminado. Este significado se formaliza mediante el rasgo [+pfctv] del participio, aunque existe un análisis alternativo que trata el aspecto como una categoría funcional localizada encima de frase verbal.

La pasivización no es sólo un cambio de orden en la cláusula. En español se puede alternar entre distintos órdenes de palabras, con el sujeto al principio y al final, pero en las pasivas hay un auténtico cambio de las funciones gramaticales (y de las relaciones estructurales). Esto se ve más claramente cuando el objeto directo es un pronombre, por ejemplo en (22). En *el profesor no me llamó a la oficina*, el verbo y el sujeto concuerdan en tercera persona singular (*llamó*), mientras que en *yo no fui llamado a la oficina*, el verbo aparece en primera persona singular y concuerda con *yo*. Además, la forma del pronombre cambia: de *me* a *yo*, es decir de **caso acusativo** a **caso nominativo** (ver la sección 5.4 de este capítulo).

(22)   a. El profesor no me llamó a la oficina
          b. Yo no fui llamado a la oficina

Además de las pasivas expresadas con el verbo auxiliar *ser*, en español hay una manera más productiva de disminuir el número de argumentos de un verbo transitivo, con el clítico *se*. En este caso, el argumento externo también desaparece, y no puede ser expresado por medio de la FP *por*.

(23) Se terminó la obra (*por los trabajadores)

Hay distintos análisis de por qué no es posible tener un argumento externo en estos casos. Por ejemplo, es posible que *se* sea el argumento externo del verbo, pero la falta de rasgos de persona hace que no pueda ser interpretado como agente:

(24)

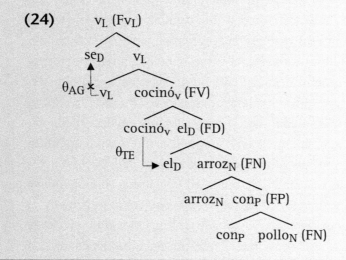

El papel temático de tema se asigna al objeto directo (esta relación se indica con la flecha punteada), pero el papel temático de agente no se puede asignar a *se* porque esta categoría no tiene rasgos de persona. El resultado es que la secuencia se interpreta sin agente explícito.

La segunda posibilidad de formalizar la intuición sobre el papel de *se* es que se trata de un morfema que cambia la estructura argumental del verbo a nivel léxico. En muchas lenguas hay procesos morfológicos que transforman la estructura argumental de un verbo. Por ejemplo, en shipibo-konibo, el verbo *oxa* significa 'dormir', pero si se le añade el morfema *-n* (*oxa-n*), entonces significa 'hacer dormir', es decir, pasa de ser un verbo de un argumento a dos. El análisis de *se* que estamos sugiriendo hace lo contrario: es un morfema que elimina uno de los argumentos del verbo. Formalmente, esto se traduce en que el verbo pierde su categoría funciona v_L, por lo que ya no tiene argumento externo:

(25)

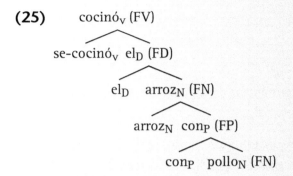

En las pasivas que acabamos de ver se reúnen varias propiedades: el cambio de la estructura argumental (de dos argumentos a uno), la alteración del caso de los argumentos, el movimiento del paciente desde la posición de complemento del verbo a especificador de FFlex (la llamada **promoción** del argumento), y los cambios en la morfología verbal (*construyeron → fue construido*). Cada una de estas propiedades se puede presentar de manera independiente.

La reducción en el número de argumentos (llamada **destransitivización**) elimina uno de los argumentos del verbo, generalmente el agente (o el argumento asociado con el sujeto). Este proceso se puede hacer por medio de la pasiva, o por otros mecanismos, como el *se*:

(26) a. Un huracán rompió los vidrios del edificio
　　　 b. Los vidrios del edificio se rompieron

En estos ejemplos, el verbo transitivo *romper* tiene dos argumentos en (26a) (*un huracán* y *los vidrios del edificio*), pero sólo uno en (26b) (*los vidrios del edificio*), y este único argumento se ha movido a la posición típica del sujeto, como acabamos de ver.

En otras lenguas, existen casos de destransitivización sin ninguna marca morfológica explícita, como vemos en el ejemplo del inglés de (27a), donde el verbo *break*, normalmente transitivo, tiene un solo argumento (*the window*, el paciente). Los hablantes de español de herencia en Estados Unidos tienen una versión parecida, sin morfología, que se ilustra en (27b). En este caso también, el paciente *la ventana* se ve promovido a sujeto de la manera que sugerimos en (21b).

(27) a. The window broke

b. La ventana rompió   (español de herencia, Estados Unidos)

La destransitivización: reduce el número de argumentos de un verbo usando procedimientos sintácticos o morfológicos.

Generalmente, la destransitivación toma un verbo de dos argumentos y lo convierte en uno de uno, pero en algunos casos, un verbo de tres argumentos (ditransitivo) pierde el sujeto y se convierte en uno de dos. En este caso, el objeto directo puede promoverse a sujeto, como vemos en el ejemplo español de (28) y el inglés de (29). En el evento de *entregar* hay tres participantes (la agente *la chofer*), el que recibe (*me*) y lo que se transfiere (*el pasaje*). En la versión (a) de los ejemplos de abajo, el verbo aparece con los tres argumentos, el sujeto, el objeto directo, y el objeto indirecto. En la versión (b), en cambio, pierde el argumento agente (*la chofer, the bus driver*), y el objeto (*el pasaje, the bus pass*) pasa a ser sujeto.

(28) a. La chofer del bus me entregó el pasaje

b. El pasaje me fue entregado (por la chofer del bus)

(29) a. The bus driver handed me a bus pass

b. The bus pass was handed to me (by the bus driver)

Sin embargo, en inglés también es posible pasivizar el otro argumento (el objeto indirecto, *me*), mientras que en español no, como vemos en (30).

(30) a. I was handed a bus pass

b. *Fui entregado un pasaje

Resumimos las distintas estrategias de destransitivización a continuación:

(31)

Procesos de destransitivización			
	Pasivización sintáctica	*se*	Morfología nula
2 → 1 argumento	*El libro fue escrito*	*Se escribió el libro*	*The window broke*
3 → 2 argumentos	*I was handed the bus pass*		

En resumen, las construcciones pasivas son alternancias en las que la estructura argumental de un verbo de dos o tres argumentos se reduce, y el objeto directo (o en casos excepcionales, el objeto indirecto) se convierte en sujeto, moviéndose a la posición de FFlex/FT. Además, puede haber cambios en la morfología verbal (auxiliar + participio, pronombre *se*).

5.2.4 El movimiento interrogativo (movimiento no-A)

En esta sección presentamos brevemente cómo funciona el movimiento interrogativo, un tipo de movimiento no-A, porque ocurre a una posición periférica, no argumental. Las propiedades de estas construcciones se explican más detalladamente en el capítulo 9 (sec. 9.3).

Imaginemos que Julio va al supermercado al volver de sus clases, y al entrar en su casa, se produce el siguiente diálogo:

(32) a. ¿Qué compraste?
b. Compré unos plátanos

La pregunta y la respuesta tienen aspectos en común: el mismo verbo (*compraste*) y dos argumentos; uno el sujeto, el otro representado en la pregunta está representado por el interrogativo *qué*, y en la respuesta por la frase determinante *unos plátanos*. Pero al mismo tiempo, el orden de las dos es distinto: en la pregunta, el interrogativo *qué* aparece al principio, mientras que, en la respuesta, *unos plátanos* aparece después del verbo.

Siguiendo la lógica de las pasivas, esta diferencia se puede derivar por una fusión interna a partir de una estructura básica similar. Para la respuesta, sería la siguiente:

(33)   Flex/T (FFlex/FT)

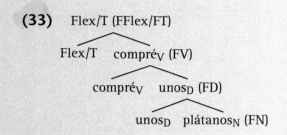

Para la pregunta, la estructura sería muy parecida inicialmente: el pronombre interrogativo *qué* se fusiona con el verbo de la misma manera que la frase determinante *unos plátanos* lo hace en (33):

(34)   Flex/T (FFlex/FT)

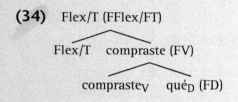

Sin embargo, en la pregunta hay una fusión adicional que produce el movimiento del pronombre interrogativo al principio de la cláusula. Esta fusión genera dos copias de *qué*, y la más baja no se pronuncia:

(35)   C (FC)

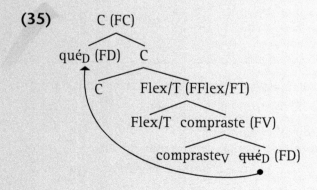

En la estructura de (35), el pronombre interrogativo se fusiona con un elemento C (complementante) no pronunciado. Como veremos en el capítulo

9 (sec. 9.1.1) con más detalle, esta categoría funcional corresponde al área donde se formaliza el tipo de cláusula (interrogativa, declarativa, etc.) y otras propiedades relacionadas con el discurso.

Al comparar la frase declarativa con la interrogativa, vemos que tienen parte de su estructura común (el hecho de que el objeto directo se fusiona con el verbo en los dos casos), y parte de su estructura distinta (el hecho de que el pronombre interrogativo *qué* se desplaza al principio de la cláusula para indicar que es una pregunta).

5.3 Restricciones del movimiento

Hasta el momento, hemos propuesto que varias secuencias (las preguntas, las pasivas) se generan moviendo un constituyente desde una posición inicial hasta otra posición periférica, y borrando una de las copias (generalmente la más baja). Sin embargo, existe otra posibilidad: que la relación entre las dos posiciones sea de correferencia, no de movimiento, es decir, que cuando hay dos elementos sintácticos (explícitos o implícitos) que intuitivamente se refieren a la misma entidad, pero aparecen en posiciones distintas, no haya relación de movimiento sino de correferencia. Esquemáticamente, las dos posibilidades son las siguientes:

(36) a. X_1.........X_2
$$\uparrow \qquad \uparrow$$
$$X_1 \qquad X_2$$

b. X.........X
$$X$$

En el primer caso, X_1 corresponde a un elemento (X_1) y X_2 a otro elemento X_2, y los dos se refieren al mismo ente. En el segundo caso, las dos instancias de X corresponden a un único elemento X: son copias de lo mismo. A continuación, vemos dos ejemplos para ejemplificar la idea:

(37) a. Julia creó un video. Ha sido muy exitosa en YouTube
       b. Julia parece ser exitosa en YouTube

En el primer ejemplo, la persona que crea el video y la que ha sido exitosa se pueden referir a la misma persona, "Julia", pero no tiene que ser así. Este ejemplo corresponde a la representación de (36a). En cambio, en el segundo ejemplo, la persona que es exitosa y la persona que *parece* no sólo son la misma entidad, sino que son el mismo elemento sintáctico, es decir, corresponden a la representación de (36b). Las dos relaciones se esquematizan a continuación ("pro" representa el sujeto nulo de la segunda cláusula):

(38) a. Julia creó un video. Pro ha sido exitosa en Youtube   (correferencia)

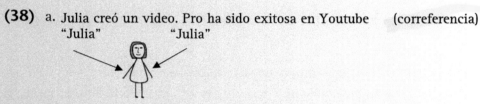

b. Julia parece ~~Julia~~ creer que va a tener éxito en Youtube (movimiento)

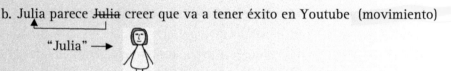

¿Cómo saber si una relación es de movimiento o de correferencia? Las relaciones de movimiento son sensibles a lo que se llaman **islas sintácticas**. Igual que en las verdaderas islas geográficas, desde las que es difícil salir, las islas sintácticas son constituyentes de cierto tipo que impiden que otro constituyente se mueva. En (39) se presenta el esquema típico de una isla sintáctica: Y es una isla que incluye a X e impide que X salga:

(39)

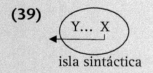

En cambio, las relaciones de correferencia no son sensibles, porque hay dos elementos distintos que no están relacionados por movimiento sintáctico.

A continuación, vamos a presentar las distintas islas sintácticas que se han identificado en las últimas décadas.

Isla de FD compleja. Las frases determinantes complejas son frases que tienen un nombre seguido por una cláusula, como *el hecho [de que...]*, como vemos en (40a). Cuando se intenta extraer una frase *qu-* desde dentro de una FD definida compleja, el resultado es agramatical. Por ejemplo, en (40b) se extrae el objeto directo de *golpea*, que está dentro de una cláusula (*que la vecina golpea*) que complementa a *el hecho de*, como se esquematiza en la estructura de (40c).

(40) a. Odio [el hecho de que la vecina siempre golpea la puerta]
 b. *¿Qué odias el hecho de que la vecina siempre golpea?
 c. Qué odias [$_{FD}$ el hecho de [$_{FC}$ que la vecina siempre golpea qué]]

×

En el ejemplo de (41a), vemos otro ejemplo distinto de frase determinante compleja: en este caso, el nombre va seguido por una cláusula de relativo (*que un amigo les recomendó*). En este contexto, tampoco es posible hacer una pregunta sobre el objeto indirecto (*a sus hermanos/a quiénes*) de esa cláusula de relativo:

(41) a. Sol leyó el libro que un amigo les recomendó a sus hermanos
 b. *¿A quiénes leyó Sol el libro que un amigo les recomendó?
 c. A quiénes leyó Sol [$_{FD}$ el libro [$_{FC}$ que un amigo les recomendó a quiénes]]

×

Isla de estructura coordinada. En una coordinación de dos o más frases, no es posible extraer desde una sola de las frases. En el ejemplo de (42a), hay dos frases coordinadas: *la niña desfilópor la pisra* y *su hermana saludó al público*, pero no es posible preguntar sólo por el objeto directo de la segunda, como vemos en (42b) y en la representación esquemática de (42c).

(42) a. La niña desfiló por la pista y su hermana saludó al público

b. *¿A quién desfiló la niña por la pista y saludó su hermana?

c. A quién [Flex/T desfiló la niña por la pista] y [Flex/T saludó su hermana a quién]

ⅹ

Isla de cláusula adjunta. No es posible extraer frases desde dentro de una cláusula adverbial. En (43a), la cláusula adverbial es *porque el perro rompió la silla*, y no es posible extraer su objeto directo para formar una pregunta, como vemos en (43b), representada en (43c).

(43) a. Llamamos al carpintero porque el perro rompió la silla

b. *¿Qué llamamos al carpintero porque el perro rompió?

c. Qué llamamos al carpintero [FC porque el perro rompió qué]

ⅹ

Isla interrogativa. No es posible extraer un pronombre interrogativo desde dentro de una cláusula que ya es interrogativa.

(44) a. Me pregunto qué podrán traer los invitados a la fiesta

b. *¿Quiénes me pregunto qué podrán traer a la fiesta?

c. Quiénes me pregunto [FC qué podrán traer quiénes a la fiesta]

ⅹ

En este caso, la cláusula subordinada *qué podrán traer los invitados a la fiesta* es una pregunta, por lo tanto, no es posible extraer *quién*, como vemos en (44b), con la representación de (44c).

Las cuatro islas presentadas aquí tienen en común que hay una cláusula, pero es importante notar que esa no es la causa real de que sean barreras a la extracción. Hay situaciones en las que una cláusula sí permite extracción, por ejemplo, cuando la cláusula subordinada es un argumento del verbo principal, como vemos en (45a). En este caso, *que los compositores crean obras maestras* es complemento de *piensan*, y la extracción del objeto directo de la subordinada es gramatical, como vemos en (45b) y (45c).

(45)   a. Los músicos piensan que los compositores crean obras maestras

b. ¿Qué piensan los músicos que los compositores crean?

c. Qué piensan los músicos [FC que los compositores crean ~~qué~~]

✓

Las tres primeras islas que hemos visto más arriba forman lo que se llaman **islas fuertes**, porque no permiten la extracción de ningún elemento gramatical. En cambio, la isla interrogativa es una **isla débil**, porque permite ciertas extracciones, pero no otras, según el contexto gramatical. Por ejemplo, en contraste con (44b), la siguiente extracción desde una isla interrogativa es mucho más aceptable (aunque no completamente):

(46)   a. Me pregunto si los invitados van a traer postre

b. ?¿Qué me pregunto si los invitados van a traer?

En las lecturas adicionales sugeridas al final del capítulo se puede explorar las diferencias entre islas fuertes e islas débiles.

Las islas sintácticas: son constituyentes que actúan como barreras para la salida de los elementos que están en el interior de la isla. Las islas **fuertes** impiden todo tipo de movimiento, mientras que las islas **débiles** impiden sólo algunos.

Las islas de FD complejas: son frases determinantes en las que el nombre va seguido por una cláusula (declarativa o relativa).

Las islas de cláusula adverbial: son cláusulas adverbiales adjuntas a otra cláusula.

Las islas de estructura coordinada: son constituyentes formados por una coordinación de dos frases.

Las islas interrogativas: son constituyentes formados por una cláusula interrogativa.

En resumen, las islas fuertes son contextos sintácticos que impiden el movimiento de constituyentes de su interior. Se pueden usar como diagnóstico para saber si la relación entre dos elementos es de movimiento o no: si un elemento desplazado es sensible a una isla fuerte, se ha movido, pero si no es sensible, la relación no es necesariamente de movimiento.

5.3.1 Los pronombres reasuntivos

Las relaciones de movimiento típicamente toman el mismo elemento de una posición y lo fusionan en otra, borrando una de las copias. Sin embargo, hay situaciones en las que dos elementos se relacionan, pero uno no es exactamente una copia del otro, sino un **pronombre reasuntivo**, como se ilustra en (47). En este ejemplo, *el mango* está conectado con el objeto directo de la cláusula relativa (*que el frutero dice que me vendió maduro*). En el primer caso de (47a), muy frecuente en español coloquial y oral, esa conexión se hace a través del pronombre reasuntivo *lo* dentro de la cláusula relativa, mientras que en el segundo no.

---

(47)   a. El mango que el frutero dice que me lo vendió maduro resultó bueno
   b. El mango que el frutero dice que me vendió maduro resultó bueno

---

(48)   a. El mango que el frutero dice que me lo vendió maduro resultó bueno

   b. El mango que el frutero dice que me vendió ~~el mango~~ maduro resultó bueno

---

Intuitivamente, los pronombres reasuntivos son más frecuentes cuanto más lejana y compleja sea la relación entre el antecedente y la posición en la que se interpreta. Por ejemplo, (49a) representa una extracción del objeto directo *al actor* cruzando dos cláusulas (que se marcan como FC), y el resultado es completamente inaceptable. En cambio, si hay un clítico reasuntivo *lo*, el ejemplo mejora mucho, como vemos en (49b):

(49) a. *Este es el actor [FC que la mujer [FC que vio ~~al actor~~ ayer]] pudo reconocerlo inmediatamente

b. Este es el actor [FC que la mujer [FC que lo vio ayer]] pudo reconocerlo inmediatamente

Asumiendo que el contexto de (49) es una isla de FD compleja, esto sugiere que (49a) es un caso de movimiento, mientras que (49b) no lo es. A continuación, representamos las relaciones entre los dos elementos en cada caso; en el segundo, las flechas aparecen como discontinuas, para indicar que el tipo de relación parece ser distinto:

(50) a. *Este es el actor [FC que la mujer [FC que vio ~~al actor~~ ayer]] pudo...

b. Este es el actor [FC que la mujer [FC que lo vio ayer]] pudo ...

Sin embargo, los pronombres reasuntivos no siempre pueden superar las restricciones de islas sintácticas: en ciertos contextos el pronombre reasuntivo no elimina la agramaticalidad en contextos de isla. Por ejemplo, un clítico reasuntivo no cambia el estatus de (43b) ni de (42b), como vemos a continuación:

(51) a. *¿Qué llamamos al carpintero porque el perro lo/la rompió?

b. *¿A quién desfiló la niña por la pista y la saludó su hermana?

Las condiciones sintácticas que regulan los pronombres reasuntivos son complejas, y su análisis también es un reto que se puede explorar con más detalle en las lecturas recomendadas. En cualquier caso, esta breve presentación muestra que los pronombres reasuntivos a veces son sensibles a las islas fuertes, pero otras no.

5.3.2 Resumen

En esta sección hemos presentado dos tipos de relaciones básicas entre elementos sintácticos: las de movimiento y las de correferencia. Las primeras son sensibles a las islas fuertes, que son contextos gramaticales en los que un constituyente impide que un elemento de su interior se desplace. Además, hemos visto que, en ciertos casos, los efectos de islas sintácticas pueden ser eliminados con un pronombre reasuntivo, mientras que, en otros casos, los pronombres reasuntivos no mejoran las restricciones de islas fuertes. Esto sugiere que los pronombres reasuntivos son a veces parte de una relación de movimiento, y otras, de una relación de correferencia.

5.4 El caso y la concordancia gramatical

En esta sección vamos a presentar dos mecanismos esenciales para relacionar palabras sintácticamente: el caso y la concordancia gramatical. En términos generales, tanto la concordancia como el caso gramatical se pueden ver como un intercambio de información entre dos categorías:

$$(52) \quad \begin{matrix} X \\ \begin{bmatrix} a \\ b \end{bmatrix} \end{matrix} \longleftrightarrow \begin{matrix} Y \\ \begin{bmatrix} a \\ b \end{bmatrix} \end{matrix}$$

Podemos ver este intercambio de información de dos maneras distintas: por un lado, una de las dos categorías suele tener la información como parte de su entrada léxica: la palabra *casa* es femenina en español, y esto es un accidente histórico. En cambio, la palabra *blanca* varía sistemáticamente según el nombre. En ese sentido, el intercambio de información es un proceso asimétrico, como si fuera una fotocopia. Cuando se fotocopia un documento, los rasgos del original se trasladan a un papel en blanco; lo mismo pasa en la gramática: los rasgos de la categoría original se duplican en otra categoría que antes no los tenía:

(53)

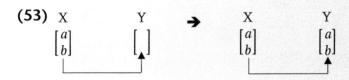

Podemos llamar a este mecanismo **valuación**: un rasgo sin contenido (sin valor) recibe su contenido de otra categoría.

Esta idea de valuación asume que los rasgos sintácticos constituyen información sintáctica abstracta, relacionada sólo indirectamente con los morfemas, es decir, que la palabra *casa* es femenino, pero ese rasgo abstracto es parcialmente independiente del morfema *-a*. Esta separación entre rasgo gramatical abstracto y morfema que lo representa se puede ver en *el comandante*, *la comandante*, donde el nombre *comandante* no cambia de terminación morfológica, pero de género, sí.

Por otro lado, cuando procesamos una secuencia de palabras, lo primero que encontramos son los morfemas explícitos que codifican la información de los rasgos abstractos, por lo que hay otro lado de la concordancia en el que los rasgos gramaticales de dos elementos sintácticos deben coincidir para concordar. Podemos llamar a este mecanismo **concordancia por comparación**:

(54)

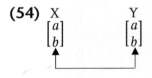

La información que se intercambia consiste de rasgos gramaticales como género, persona, número, o caso, y las categorías que participan en el intercambio varían según los rasgos, como veremos a continuación.

5.4.1 La concordancia en género y número

En español, hay varias categorías gramaticales que reflejan los rasgos de género y número:

(55) a. Las supuestas amenazas descubiertas
　　　b. La supuesta amenaza descubierta

(56) a. Los supuestos delitos cometidos
　　　b. El supuesto delito cometido

En estos ejemplos, la terminación morfológica del determinante y los adjetivos varía sistemáticamente dependiendo de los rasgos de género y número del nombre: si el nombre es femenino (*amenaza*), el determinante y los adjetivos también lo son, y si el nombre es masculino (*delito*), ocurre lo mismo. En los dos casos, también hay concordancia de número.

Como lo que determinan los rasgos gramaticales de género y número son los nombres, se puede asumir que el mecanismo de concordancia en este caso valúa los rasgos de género y número de las otras categorías:

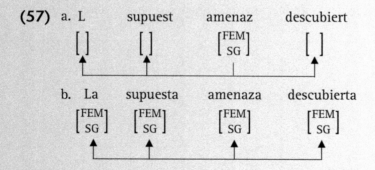

Como ya hemos sugerido arriba, al procesar una frase determinante, también hay proceso por el que los morfemas explícitos activan una relación de concordancia que busca morfemas con rasgos similares en otros elementos del grupo nominal.

5.4.2 La concordancia de número y persona y el caso gramatical

dentro del rasgo allí hay información que es el valor.

Los rasgos de número y persona se combinan en la concordancia entre el verbo y sus argumentos (el sujeto, por ejemplo):

---

(58) a. Tú comiste pollo en ese restaurante

b. Los otros invitados comieron salmón

En estos casos, el verbo muestra una variación sistemática en su terminación morfológica según la persona y el número del sujeto, que nos sugiere que estos dos rasgos abstractos concuerdan. Como en el caso del género y número en el dominio nominal, la persona y el número en la concordancia verbal están especificados en la frase determinante, y se copian a una categoría funcional asociada con el verbo (Flex/T):

---

(59)

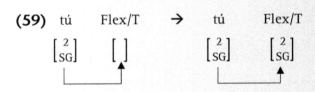

En el capítulo 4 revisamos algunos argumentos para justificar por qué la categoría relevante en la cláusula es Flex/T. Entre otros, veíamos que cuando la categoría Flex/T está especificada, la cláusula no puede ser independiente, y además, no puede aparecer un sujeto expreso:

---

(60) a. *Conversar (nosotros) toda la noche

b. (Nosotros) conversamos toda la noche

Veamos ahora una relación de concordancia más abstracta, pero que afecta la sintaxis de manera importante. Supongamos que alguien me pregunta qué pienso sobre las carreras de caballos y contesto:

(61) Yo creo que, a mí, las carreras de caballos nunca podrían llegar a gustarme

En este ejemplo, vemos que el pronombre de primera persona varía entre dos formas distintas: *mí* y *yo*, que dependen de su función gramatical: cuando es sujeto, la forma es *yo*, y cuando es objeto indirecto (complemento de una preposición), la forma es *mí*. Esta variación morfológica que depende de la función gramatical refleja el **caso gramatical**. En otras lenguas, el caso gramatical se refleja sistemáticamente en la morfología de todos los nombres, pero en español sólo se ve en los pronombres personales.

En las últimas décadas se ha propuesto la idea (que se basa en ideas muy tradicionales) de que el caso gramatical es una relación abstracta que licencia las frases determinantes independientemente de si el caso se observa morfológicamente o no. Es decir, el caso gramatical es **caso abstracto**. Esto quiere decir que todas las frases determinantes tienen caso abstracto, que sólo se ve en los pronombres:

(62) a. ¿Tú buscas la felicidad?

b. Tu amiga Gabi busca la felicidad

En el primer ejemplo, el sujeto *tú* tiene caso nominativo abstracto que se ve en su forma (se distingue de *te*, *ti*), y en el segundo caso, *tu amiga Gabi* también tiene caso nominativo abstracto, que no se formaliza en ningún morfema.

El caso abstracto: licencia las frases determinantes, es decir, les permite aparecer como argumentos sintácticos.

Otros tipos de caso abstracto incluyen el **acusativo**, asociado con el objeto directo del verbo, el **dativo**, asociado con objetos indirectos, y el caso **preposicional**, asociado con preposiciones:

(63) a. Visitamos la cárcel de mujeres

b. Le regalamos muñecas a las presas

c. Las muñecas eran para sus hijos

En el primer ejemplo, *la cárcel de mujeres* es el objeto directo de *visitamos*, y recibe caso acusativo. En el segundo, *las presas* es el objeto indirecto, y recibe **dativo**, y en el último ejemplo, *sus hijos* recibe caso preposicional.

Típicamente, las lenguas tienen sistemas de caso que combinan nominativo y acusativo, el primero para sujetos de verbos transitivos e intransitivos, y el segundo para objetos de verbos transitivos. Sin embargo, hay lenguas que tienen sistemas **ergativo-absolutivo**. En estas lenguas, el caso ergativo marca a los sujetos de verbos intransitivos y a los objetos de verbos transitivos, y el absolutivo a los sujetos de verbos transitivos.

El vasco es un ejemplo de lengua ergativa-absolutiva. En esta lengua, el caso se marca tanto en el argumento nominal como en el auxiliar verbal:

---

(64) a. Nekane-k   Miren   eta   Jon   ikusi   ditu

        Nekane-ERG Miren.ABS y   Jon.ABS visto AUX.3ABS.3SG

        'Nekane vio a Miren y a Jon'

    b. Miren   eta   Jon   etorri dira

       Miren.ABS y   Jon.ABS venir AUX.3-ABS

       'Miren y Jon han venido' (Rezac, Albizu, y Etxepare (2014))

El sujeto en el primer ejemplo (*Nekanek*) está marcado con caso ergativo (*-k*), mientras que el objeto directo (*Miren eta Jon*) no tiene morfema, lo que corresponde al absolutivo. En el segundo ejemplo, el sujeto intransitivo también está marcado como absolutivo (*Miren eta Jon*).

A continuación, resumimos la correspondencia entre caso abstracto en lenguas con nominativo-acusativo y en lenguas con ergativo-absolutivo, aunque los sistemas ergativos-absolutivos son mucho más variados y complejos de lo que sugiere este esquema:

---

(65) a.

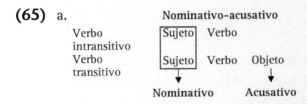

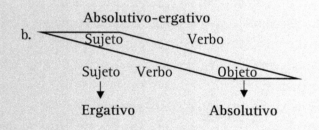

b. Absolutivo-ergativo

Sujeto   Verbo

Sujeto   Verbo   Objeto

Ergativo   Absolutivo

¿Qué quiere decir que el caso licencia una frase determinante como argumento? Para responder a esto, imaginemos que quiero ver un concierto de música en un teatro: tengo que comprar una entrada para una sección del teatro, y al entrar, una persona comprueba que tengo la entrada, y me indica dónde está mi sección y mi asiento. Si no tengo entrada, o la entrada es para otra sección, no me dejan pasar. El caso actúa de una manera similar: es una marca que legitima la presencia de un argumento en una posición sintáctica. En términos generales, el caso nominativo es la "entrada" para la sección "sujeto", y el acusativo, para la sección objeto directo. De la misma manera que todos los oyentes tienen que tener entrada al teatro, todos los argumentos tienen que tener caso:

Filtro de caso: toda frase determinante argumental tiene que tener caso abstracto.

Sin embargo, el caso gramatical tiene una condición más, que no tiene la entrada del teatro: todas las entradas tienen que venderse:

> Todas las marcas de caso tienen que ser asignadas a una frase determinante.

Veamos cómo funciona este mecanismo en el caso de los sujetos. Cuando el verbo no está flexionado, hemos visto que la cláusula no puede tener sujeto explícito:

(66)   a. *Conversar (nosotros) toda la noche
       b. (Nosotros) conversamos toda la noche

¿Qué pasa en este caso? Si el verbo no está flexionado, eso quiere decir que su flexión no tiene especificación de persona, número, o caso; como el caso nominativo depende de la flexión especificada, eso quiere decir que la frase determinante *nosotros* no puede recibir caso nominativo, y por esa razón no está licenciada. Formalmente, la frase determinante tiene un rasgo de caso no valuado, que no recibe ningún valor de la flexión:

(67) nosotros Flex/T conversar → nosotros Flex/T conversar

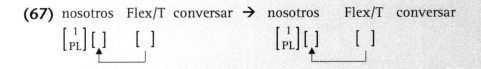

En cambio, cuando el verbo sí está flexionado, hay dos relaciones de concordancia, una que valúa los rasgos de persona y número de la flexión, y la otra que valúa el rasgo de caso de la frase determinante:

(68) nosotros Flex/T conversamos → nosotros Flex/T conversamos

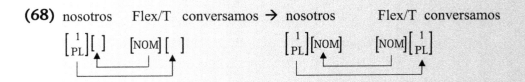

El caso abstracto viene determinado por la estructura argumental: un verbo con dos argumentos asigna caso acusativo o dativo (además del nominativo conectado con la flexión):

(69) a. Nino encontró su teléfono perdido

b. A Delia le duele la cabeza

En el primer ejemplo, el verbo *encontrar* tiene dos argumentos, el primero (*Nino*) recibe nominativo, el segundo *su teléfono perdido*, recibe acusativo. *Doler* también tiene dos argumentos, pero en este caso, uno recibe nominativo (*la cabeza*) y el otro dativo (*Delia*), como vemos por el pronombre *le*.

De la misma manera, todas las preposiciones asignan caso preposicional, porque todas tienen un argumento.

En resumen, el caso abstracto es una relación que licencia la presencia de frases determinantes argumentales en una cláusula. Este requisito gramatical se establece por medio de la concordancia entre la frase determinante y una categoría asociada con un verbo o una preposición. Según el tipo de categoría, el resultado es un caso distinto: nominativo para los verbos flexionados, acusativo para los objetos directos, dativo para los objetos indirectos, y preposicional para los complementos preposicionales.

5.5 Resumen del capítulo

En este capítulo hemos revisado los mecanismos sintácticos por los cuales se derivan órdenes alternativos: la fusión interna, que toma un elemento de un constituyente y lo fusiona de nuevo, creando dos copias (y la apariencia de movimiento) y borrando una de ellas. Hemos visto también distintos tipos de movimiento: movimiento A (a posiciones relacionadas semánticamente con un verbo) y movimiento no-A (a posiciones periféricas). El movimiento puede ser también local, de núcleo, o a larga distancia, de frase máxima. Finalmente, hemos visto varios contextos que impiden el movimiento, y que se llaman islas sintácticas.

También hemos revisado en este capítulo el caso abstracto, una relación entre un núcleo y una frase determinante que licencia a los argumentos, y el mecanismo de concordancia entre elementos sintácticos.

Ejercicios

1. Movimiento
1.1 Proponga la estructura para los siguientes ejemplos con movimiento.
    a. ¿A quién saludaron ese día?
    b. ¿Qué respondió a tu pregunta?
    c. El puente fue construido en dos meses.
    d. ¿Cuántas pizzas pidieron para comer?
1.2 Para cada ejemplo del ejercicio anterior, indique:
    a. si los movimientos son de núcleo o de frase
    b. si los movimientos son a una posición A o no-A
    c. si el movimiento es interrogativo o pasivo.
1.3 En los siguientes pares de ejemplos de cláusulas activas y pasivas, indique, primero, cuál es la versión activa y cuál la pasiva, y segundo, qué cambios le ocurren al argumento subrayado.

> **Ejemplo:**
>
> Los trabajadores asfaltaron la calle   ← activa
> La calle fue asfaltada por los trabajadores   ← pasiva
>
> – El argumento pasa a ser adjunto
> – El argumento pasa de recibir caso nominativo a recibir caso
>   preposicional
> – El argumento recibe el mismo papel temático (agente)

El tigre de Tasmania fue exterminado por los ocupantes
Los ocupantes exterminaron al tigre de Tasmania
Derritieron la nieve con calentadores
La nieve se derritió

1.4 En los siguientes pares de ejemplos, ¿qué cambios se observan entre la
versión afirmativa y la versión interrogativa?

> **Ejemplo:**
> Vieron unos ratones chiquitos en el zoológico
> ¿Qué vieron en el zoológico?
> La frase interrogativa *qué* se mueve desde la posición argumental
>   (objeto directo de *vieron*) al principio de la cláusula.

Aceptaron los regalos de los invitados
¿Qué aceptaron de los invitados?
Le trajeron una guitarra a Pepe
¿A quién le trajeron una guitarra?

1.5 Haga la estructura sintáctica de las dos preguntas del ejercicio anterior.

2. Islas

2.1 Identifique qué tipo de islas son las siguientes (FN compleja, isla de
adjunto, isla interrogativa, etc.)
a. Mira la silla que pensamos que duraría muchos años
b. Los estudiantes dudan del hecho que las tasas vayan a bajar

c. Me pregunto si alguien compró verduras para esta semana

d. Eliminamos algunos gastos para que el presupuesto alcance

e. El autobús señaló y giró a la derecha por la avenida principal

2.2 Los siguientes ejemplos incluyen algún tipo de isla y una frase que aparece en una posición desplazada. Primero, marque dónde empieza y dónde termina la isla; segundo, indique si la frase desplazada se ha movido o se ha fusionado en su posición periférica, y explique por qué. Los subíndices señalan los elementos que están relacionados.

Ejemplo: *¿Qué preguntaste quién no sabía?

– Límite de la isla: Qué$_i$ preguntaste [quién no sabía qué$_i$]
– *Qué* se ha desplazado a la posición periférica porque es agramatical en el contexto de una isla interrogativa

---

a. Respecto a su [respuesta]$_i$, no me sorprende el hecho de que se haya demorado en dárte[la]$_i$

b. A tu [hermana]$_i$, no me sorprende el hecho de que se haya demorado en llamarla

3. **La concordancia**

3.1 En los siguientes ejemplos, indique:

– qué elementos concuerdan entre sí
– en qué rasgos concuerdan
– qué morfema muestra esos rasgos (puede que no haya ningún morfema).

Ejemplo: La doctora eficiente atendió al paciente.

– *La*, *doctora*, y *eficiente* concuerdan en género (femenino) y número (singular)
– *La doctora eficiente* y *atendió* concuerdan en persona (tercera) y número (singular)
– La concordancia de número se ve en el cambio que se produce en el plural: *las doctoras eficientes*
– *-a* indica género femenino en *la* y *doctora*; el singular no tiene morfema, y *-ó* indica tercera persona singular en el verbo *atendió*.

---

a. Nuestra familia vendía juguetes infantiles
b. Varios ciclistas pasaron por un puente colgante
c. Todos los participantes pagaron la entrada preferencial
d. La puerta del edificio académico no funcionaba con la tarjeta electrónica
e. Nosotros los estudiantes no sabemos qué hacer

3.2 Indique qué caso reciben los argumentos subrayados en los siguientes ejemplos, y cuál es el asignador de caso.

Ejemplo: Mirta sustituyó a Raúl en la barra.

– *Mirta* recibe nominativo de la flexión/tiempo.
– *Raúl* recibe acusativo del verbo *sustituir*.
– La *barra* recibe caso preposicional de *en*.

---

a. Los gusanos se convirtieron en mariposas
b. Los árboles fueron consumidos por las llamas
c. Quisiéramos una mesa para tres personas
d. A mí me encanta la salsa

pregunta de examen

3.3 (Avanzado) Observe el siguiente paradigma del shipibo-konibo (faltan las glosas de los morfemas de caso):

a. ea-ra   moa   kai
   yo-EVID   ya   voy
   'ya me voy'

b. ea-ra   joke   Yarinainoax
   yo-EVID   venir-ASP   Yarinacocha-de
   'Vengo de Yarinacocha'

intransitivo

c. En-ra   Sani rishki-ke
   Yo- EVID   Sani golpear-ASP
   'Yo golpeé a Sani'

d. Sanin-ra   ea   rishki-ke
   Sanin-EVID   yo   golpear-ASP
   'Sani me golpeó a mí'

transitivo

(ejemplos adaptados de Valenzuela (2003) y Faust (1973))

Indique cómo se marca el caso en los siguientes elementos (indicando a qué ejemplo se refiere cada caso):
- S de verbo intransitivo
- S de verbo transitivo
- O de verbo transitivo.

¿Es un sistema de caso ergativo-absolutivo o nominativo-acusativo?

Lecturas adicionales

Concordancia

Corbett (1983, 2000, 2006)
Delicado-Cantero y Sessarego (2011)
Pesetsky y Torrego (2004, 2007)

Islas

Boeckx (2012)
Szabolcsi (2006)

Movimiento en general

Brucart y Gallego (2012a, 2012b)

Pasivas

Ausín (2012)

Preguntas *qu-*

Goodall (1994, 2004)
Uribe-Etxebarría (2003)

SEGUNDA PARTE

6 | La sintaxis de los objetos

6.0 INTRODUCCIÓN

En los capítulos anteriores, hemos presentado los mecanismos generales con los que se forman unidades sintácticas complejas a partir de unidades más simples, y también cómo se transforman las unidades complejas para expresar distintos contenidos lingüísticos, como preguntas, pasivas, etcétera. En los próximos capítulos, empezamos a ver con más detalle los aspectos relacionados con distintas partes de la cláusula. En este nos enfocamos en la transitividad, la sintaxis de los objetos directos e indirectos, y la sintaxis de los pronombres clíticos.

Los objetos (directos e indirectos) tienen una vida muy intensa. Por una parte, aparecen en distintas posiciones, según la situación, a veces como frases, otras como pronombres clíticos, y a veces combinando las dos posibilidades. Por otra parte, son sensibles a la **animacidad** del referente que representan, que se marca con el morfema especial *a*. En este capítulo revisaremos cada uno de estos aspectos de la sintaxis del español.

6.1 La distinción entre verbos transitivos, inacusativos, e inergativos. La Fv "pequeña" o ligera

En el capítulo 2 (sec. 2.3) vimos que los predicados vienen con uno, dos, o tres argumentos: *caminar* (un argumento), *coser* (dos argumentos), o *regalar* (tres argumentos). En esta sección nos concentramos en la representación sintáctica de dos tipos de verbos de un argumento, los llamados **inacusativos** e **inergativos**. Las propiedades sintácticas de ese único argumento varían mucho en estos dos tipos de verbos.

Imaginemos que acabo de llegar a un apartamento nuevo, y llamo a la compañía de comunicaciones que manda a un técnico para instalar internet. Un amigo me pregunta por la visita, y le digo lo siguiente:

(1) a. Esta mañana llegó el técnico de la compañía de internet   (inacusativo)
 b. Mi hijo tosió toda la noche   (inergativo)

Los dos verbos intransitivos de estos dos ejemplos (*llegar* y *toser*) tienen un solo argumento (representados por *el técnico* y *mi hijo*) con propiedades sintácticas y semánticas muy distintas. En primer lugar, *llegar*, que es **inacusativo**, puede aparecer en dos órdenes: sujeto-verbo o verbo-sujeto; este último se ve en (1a). Con *toser*, en cambio, que es **inergativo**, el orden sujeto-verbo es mucho más frecuente.

Sólo los verbos inacusativos pueden aparecer en construcciones **absolutas**, como las que vemos en (2a): el participio del verbo, y a veces otro tipo de predicados, indica la causa de la cláusula principal, o también una relación temporal. Por ejemplo, en (2a), la cláusula absoluta *llegado el técnico esta mañana* indica un momento anterior (o tal vez la causa de) que pudiera empezar a arreglar la internet.

---

(2) a. [Llegado el técnico esta mañana], pudo empezar a arreglar la internet

   b. *[Tosido el paciente], la enfermedad mejoró

Estas cláusulas absolutas son más frecuentes en la variedad escrita del español peninsular, menos en el español latinoamericano. En los ejemplos de (2), las cláusulas absolutas tienen un participio, que puede ser un verbo inacusativo *(llegado)*, pero no inergativo, como vemos en (2b).

Se aparece frecuentemente con los verbos inacusativos, pero no con los inergativos, como vemos en (3). Sin embargo, no todos los verbos que aparecen con *se* son inacusativos.

---

(3) a. Se rompió la ventana   (inacusativo)

   b. *Se trabajó el profesor/el informe   (inergativo)

En otras lenguas románicas, los verbos inacusativos e inergativos se distinguen muy fácilmente: en italiano, por ejemplo, hay dos auxiliares verbales (*essere* y *avere*), y el primero se usa con verbos inacusativos, mientras que el segundo tiende a ir con verbos inergativos (aunque la distinción no es tajante):

---

(4) a. Siamo arrivati   (inacusativo, italiano)

   somos llegados

   'Hemos llegado'

   b. I pazienti hanno tossito   (inergativo, italiano)

   'los pacientes han tosido'

Otra propiedad interesante que sólo se puede ver en italiano, en francés, o en catalán, se refiere a un tipo de pronombres clíticos llamados **partitivos**, que se ilustran en (5). El partitivo indica una parte de algo; por ejemplo, en (5), del total de cosas disponibles, el hablante afirma que ha tomado dos (una parte). Lo más interesante es que el clítico partitivo *ne* sólo puede usarse con verbos inacusativos, y no con inergativos, como vemos en (6).

(5) Ne ho presso due   (partitivo *ne*, italiano)
         PART he tomado dos
         'He tomado dos de ellos'

(6) a. Ne   arrivarono   tre   (partitivo, verbo
            PART   llegaron   tres   inacusativo, italiano)
            'Llegaron tres de ellos'
         b. *Ne   hanno   tossito tre   (partitivo, verbo inergativo,
            PART   han   tosido tres   italiano)
            'Han tosido tres (de ellos)'

Resumimos las propiedades de los dos tipos de verbos a continuación:

(7) Propiedades de los verbos inacusativos e inergativos

Propiedad	Inacusativos	Inergativos
Sujetos	Pre- o postverbales	Preverbales
Participios absolutos	Sí	No
Se	Sí	No
Auxiliar (italiano)	essere	avere
Concordancia con el participio (italiano)	Sí	No
Clítico partitivo (italiano, francés, catalán)	Sí	No

6.1.1 La representación sintáctica de la distinción inacusativo/inergativo

¿Cómo se representa la diferencia entre estos dos tipos de verbos? Nos interesa tener una hipótesis que correlacione o explique la mayor cantidad de propiedades observadas. Para empezar, observamos que el clítico partitivo *ne* en italiano tiene otra propiedad interesante: sólo puede referirse a un argumento interno (objeto directo, indirecto), pero no a un argumento externo (un sujeto preverbal); por ejemplo, supongamos un contexto en el que dos amigos compran libros, como en (8a). En ese contexto, *ne* puede referirse a *libri* 'libros', como vemos en (8b). En cambio, no puede referirse a *amici* 'amigos', como vemos en (8c):

(8) a. Due amici hanno comprato libri
         'Dos amigos han comprado libros'
     b. Due amici ne hanno comprato tre   (*ne* = *libri*)
         dos amigos PART han comprado tres
         'Dos amigos han comprado tres (de ellos)'
     c. *Due ne   hanno comprato tre libri   (*ne* = *amici*)
         dos PART   han comprado tres libros
         'Dos (de ellos) han comprado tres libros'

La diferencia es que *libri* es un objeto directo, mientras que *due amici* es un sujeto. Esto quiere decir que por lo menos para el italiano, *ne* generalmente se refiere a argumentos internos (objetos pero no sujetos), como resumimos a continuación:

(9) Distribución del clítico partitivo *ne*

	Verbo transitivo	Verbo inacusativo	Verbo inergativo
Sujeto	No	Sí	No
Objeto	Sí		

Con verbos transitivos, *ne* puede referirse a objetos, pero no a sujetos. Curiosamente, con verbos inacusativos, *ne* puede aparecer, pero con verbos inergativos, no. Esta distribución sugiere que los verbos inacusativos se comportan como si tuvieran un objeto interno, mientras que los verbos inergativos parece que tuvieran un sujeto. Esta es la intuición sobre la que se construye el análisis general de los verbos inacusativos e inergativos, como vamos a ver.

¿Cómo distinguimos estructuralmente esta diferencia? Primero, introducimos una categoría funcional asociada con los argumentos externos (sujetos): v "pequeña" o "ligera", que llamaremos v_L para distinguirla del verbo léxico V. Como esta categoría v_L introduce los argumentos externos (los sujetos), siempre está presente con los verbos transitivos:

(10) Estructura de un verbo transitivo (*Los médicos comieron un asado*)

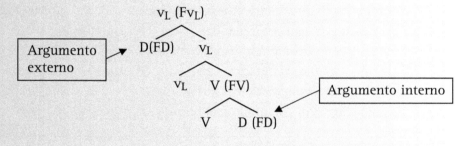

En esta estructura, el objeto directo interno es complemento de V, mientras que el sujeto (externo) es especificador de v_L. Como el único argumento de un verbo inergativo se parece a un sujeto, la estructura correspondiente es la siguiente:

(11) Estructura de un verbo inergativo (*el niño tosió*)

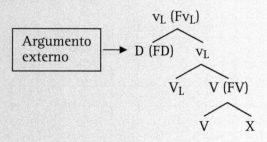

La "X" es el complemento invisible del verbo (ver más abajo). Por ahora, lo importante es que el argumento de *toser* (*el niño*), es un argumento externo, un verdadero sujeto.

Un verbo inacusativo, en cambio, tiene una estructura distinta. Como hemos dicho, su único argumento es más parecido a un objeto interno, por lo tanto, debe ser complemento de V:

(12) Estructura de un verbo inacusativo (*llegó gente*)

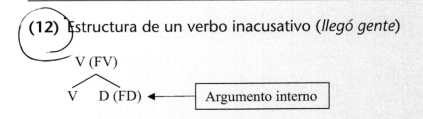

En este caso, no está la categoría funcional v_L.

En estas estructuras hemos distinguido entre **argumentos externos** (el sujeto de un inergativo y de un transitivo, que se fusionan con V_L) y **argumentos internos** (el objeto de un transitivo y el sujeto de un inacusativo, que se fusionan con V).

Para ilustrar cómo funciona esa propuesta, veamos algunos casos concretos. La cláusula con el verbo inergativo *toser* del ejemplo (13a), se representa en (13b): el argumento *el paciente* se fusiona con v_L (volveremos a la misteriosa categoría X más abajo).

(13) a. El paciente tosió (verbo inergativo)

b.

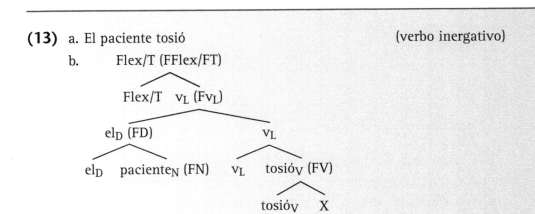

En (14a) vemos un verbo transitivo (*almorzar*), que tendría la representación de (14b): el argumento interno (el objeto, *un asado*) se fusiona con el verbo léxico *almorzaron*, y el argumento externo (el sujeto, *los médicos*) se fusiona con v_L.

(14) a. Los médicos almorzaron un asado (verbo transitivo)

b.

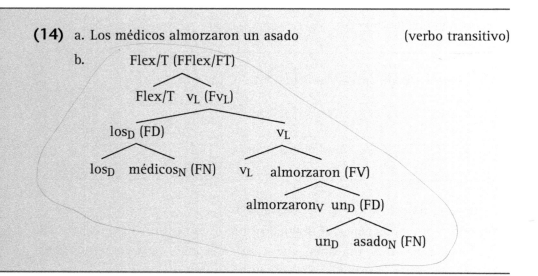

Finalmente, en (15a), vemos un ejemplo con un verbo inacusativo, que se representa en (15b). En este caso, el único argumento del verbo se fusiona como si fuera un argumento interno (objeto directo).

(15) a. Pasaron varios camiones (verbo inacusativo)

b.

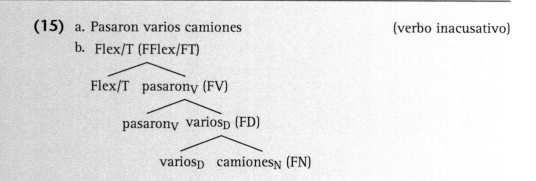

Las estructuras de (13b)–(15b) se diferencian en si existe la categoría funcional v_L, que está presente en los verbos transitivos e inergativos, pero no en los verbos inacusativos. La hipótesis sobre la diferencia entre verbos con y sin

v_L se combina con otra propiedad: los verbos léxicos (*toser* en (13) y *almorzar* en (14)) se mueven como núcleos a v_L, como vemos en (16):

(16) a.

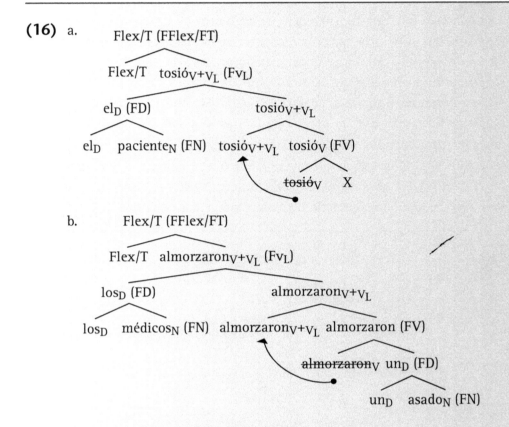

Es decir, los verbos inergativos y transitivos se fusionan con la categoría funcional v_L, y este es un movimiento de núcleos (ver capítulo 7, sec. 7.4.1).

Esta idea parece un poco abstracta e innecesaria. Como siempre, sólo debemos mantenerla si explica alguna otra propiedad de estas construcciones. Veamos una posible extensión. Supongamos que vemos a una pareja que se quiere mucho en la calle, y de pronto, uno de ellos suspira profundamente. Este evento se puede describir de muchas maneras, por ejemplo:

(17) a. El enamorado suspiró
   b. El enamorado dio un suspiro

En el primer ejemplo, el verbo inergativo *suspirar* tiene un solo argumento, mientras que en el segundo, hay un verbo adicional, *dar*, con un objeto directo *suspiro*. ¿Qué significa *dar* en este caso? No es exactamente igual que *dar un regalo*, donde hay una transferencia de un objeto de una persona a otra. En este caso, *dar* sirve más bien como soporte verbal para el sustantivo *suspiro*. En cierto sentido, *dar un suspiro* = *suspirar*, pero la estructura de *dar un suspiro* es más compleja que la de *suspirar*.

Las estructuras propuestas más arriba para los verbos inergativos y transitivos predicen este tipo de pares como *suspirar* y *dar un suspiro*. *Suspirar* tiene la representación de (18a): el argumento externo (*el enamorado*) está asociado con una categoría abstracta v_L, a la que se adjunta el verbo *suspirar*. En el caso de *dar un suspiro*, en cambio, la categoría v_L se realiza como un **verbo ligero** (*dar*, sin contenido léxico), como vemos en (18b).

(18) a.

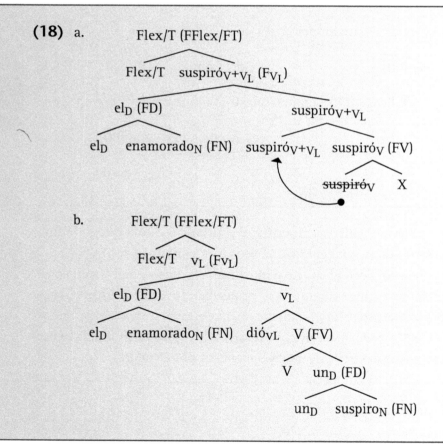

¿Qué pasa con el verbo léxico V en (18b)? En esa representación está vacío, porque el contenido léxico del predicado de la cláusula lo aporta *suspiro*, pero esa palabra es un nombre, no un verbo, por lo que no aparece en el núcleo V, sino como complemento a ese núcleo.

El par de ejemplos de (17) nos permite, finalmente, volver sobre la identidad de "X" en las estructuras inergativas como la de (13b). Decíamos que esta X es un objeto no expresado abiertamente. De la misma manera que *dar un suspiro* tiene una parte sin significado (*dar*), *suspirar* tiene un objeto sin significado, porque ese significado está incorporado a la raíz verbal (*suspir-*). La diferencia principal es que el objeto nulo puede incorporarse al verbo, mientras que la parte verbal, sin contenido, aparece como un verbo ligero:

(19) *Suspir-*
      a. suspirar$_{V+V_L}$ + $\emptyset_D$
      b. dar$_{V_L}$ + suspiro$_D$

Hay otros ejemplos parecidos, pero no todos los verbos los tienen:

(20)   a. Dar un paseo = pasear
        b. Dar la vuelta = voltear
        c. Dar un regalo = regalar

(21)   a. Dar comida ≠ comer/*comedear
        b. Dar una vuelta ≠ voltear/*vueltar

En resumen, la propuesta de la estructura sintáctica abstracta (v_L, $\emptyset_D$) nos permite explicar (y de hecho predice) pares en los que se combinan un verbo ligero con un nombre.

El análisis que hemos presentado para la diferencia entre verbos inacusativos e inergativos se basa en distintas estructuras sintácticas, específicamente en la categoría funcional v_L, pero también hay otras maneras de analizar esas diferencias, que no implica estructuras sintácticas diferentes. Por ejemplo, para algunos lingüistas, las diferencias entre verbos inacusativos e inergativos son semánticas, no estructurales. En algunas lenguas, la distribución sintáctica de los inacusativos depende de las propiedades aspectuales. Otros investigadores proponen que la diferencia relevante está en el papel temático que se asigna. En cualquier caso, las distintas hipótesis deben ser capaces de explicar el mayor número de datos posible.

En resumen, entre los verbos con un solo argumento, los inacusativos tienen un argumento interno y los inergativos tienen un argumento externo asociado con una categoría funcional causativa, v_L. El análisis alternativo sugiere que la diferencia entre estos dos tipos de verbos depende de diferencias semánticas, y no sintácticas.

Expansión: Extensiones de la hipótesis de V_L

Una hipótesis interesante sobre el papel de v_L le asigna el papel de **verbalizador**. La idea es que en la sintaxis existen raíces léxicas sin categoría gramatical, y las proyecciones funcionales se encargan de convertirlas en verbos o nombres. En ese sentido, la diferencia entre *suspirar* y *dar un suspiro* no es entre un verbo y un nombre estrictamente: las dos construcciones empiezan con una raíz no categorizada (*suspir-*), que se convierte en nombre en un caso (*suspiro*) cuando se une a un nominalizador, o en verbo en el otro (*suspirar*) cuando se une a un verbalizador. Esta hipótesis se ha propuesto en el marco de la **morfología distribuida**.

6.2 Los objetos directos

En esta sección presentamos la propiedad más importante de los objetos directos: la sensibilidad a la animacidad del referente (el marcado diferencial de objeto). Los verbos transitivos tienen típicamente dos argumentos: un sujeto y un objeto directo, como vemos en los siguientes ejemplos:

(22) a. La astronauta guió la nave espacial

b. El jueves precede al viernes

c. Sebastián saludó a sus amigos

d. Esta mañana los vimos

En cada uno de estos ejemplos hay un objeto directo de distinto tipo: el primero es una frase determinante inanimada (*la nave espacial*); en (22b), en cambio, el objeto directo, también inanimado (*el viernes*), va precedido por *a*. Este mismo morfema aparece en el siguiente ejemplo, pero el objeto es animado (*sus amigos*); y finalmente, en (22d), el objeto directo se asocia con el pronombre clítico *los*. Estos ejemplos nos muestran los tres parámetros más importantes en la distribución de los objetos directos: si el objeto es animado o no, si va marcado con *a*, y si el pronombre clítico está presente. Como veremos a continuación, los tres están relacionados.

6.2.1 El marcado diferencial de objeto (la *a* personal)

En todos los dialectos monolingües del español aparece una marca especial *a* para algunos objetos directos (el **marcado diferencial de objeto, MDO)**, como ya vimos más arriba en (22c). Imaginemos que la policía anda buscando a un grupo de manifestantes que han participado en una protesta, y un periodista narra esos acontecimientos de la siguiente manera:

(23) a. Encontraron a los sospechosos

b. Los arrestaron a todos

c. Después liberaron a los que no habían hecho nada

d. Finalmente les devolvieron sus pertenencias

Vemos que en los tres primeros ejemplos de (23), el objeto directo (*los sospechosos*, *todos*, y *los que no habían hecho nada*) va precedido por *a*, mientras que en el cuarto ejemplo, *sus pertenencias*, no.

¿Por qué no decimos "preposición", en vez de MDO? Al fin y al cabo, *a* se parece a la preposición que vemos en *vengo a las tres* … La razón es que las preposiciones son obligatorias, mientras que la MDO *a* aparece o no con el mismo verbo: *encontraron a los culpables* frente a *encontraron la respuesta*. Esto depende de ciertas condiciones semánticas que vamos a ver más adelante.

Según ese criterio (la opcionalidad de la MDO), los siguientes casos no son MDO, porque *a* siempre es obligatoria:

(24)   a. En el desfile, Marta precede a Miguel
b. *En el desfile Marta precede Miguel

El marcado diferencial de objeto: se refiere al morfema *a* que aparece con algunos objetos directos según las condiciones semánticas del referente de ese objeto.

¿En qué condiciones se usa el MDO? Cuando el referente del objeto directo es **animado** y **definido**, el MDO con *a* es obligatorio, mientras que cuando el objeto se refiere a una entidad **inanimada**, el MDO es normalmente imposible, como vemos al comparar (23) con las variantes de (25):

(25)   a. *Encontraron los culpables
b. *Finalmente les devolvieron a sus pertenencias

El primer ejemplo de (25a) muestra que el objeto directo con referencia animada (*los culpables*) no puede aparecer sin MDO (aunque esto depende del verbo, como veremos más abajo). El segundo ejemplo, en cambio, nos indica que un objeto directo con referente inanimado, como *sus pertenencias*, no puede aparecer con MDO.

Cuando la frase nominal se refiere a un ente animado pero **indefinido** (es decir, una FD introducida por el determinante *un/una*), lo importante es si ese ente es más o menos **específico**: los referentes más específicos aparecen con la marca *a*. Por ejemplo, imaginemos que estoy en una fiesta infantil donde hay que encontrar distintos personajes. En ese contexto, las dos variantes de (26) son posibles:

---

(26)　a. Estamos buscando a una pescadora con vestido verde

　　　b. Estamos buscando una pescadora con vestido verde

La diferencia entre estos ejemplos y los anteriores es que la frase determinante es indefinida (*una pescadora* frente a *los culpables*) y animada (*una pescadora* frente a *sus pertenencias*). Aparentemente, aquí la MDO es opcional, sin embargo, los dos ejemplos de (26) no son exactamente sinónimos: si tenemos en mente una pescadora con vestido verde conocida y concreta, el primer ejemplo es más apropiado. En cambio, si no sabemos si existe o no la pescadora con vestido verde, el segundo es más apropiado. De todos modos, la diferencia no es tajante: por ejemplo, en las dos oraciones de (27), *personas* se interpretan como indefinido (no familiar), pero la *a* es opcional.

---

(27)　a. No conozco a personas con ese aspecto

　　　b. No conozco personas con ese aspecto

Cuando la frase determinante es inanimada, generalmente no aparece con MDO, como vemos en (28) y (29). *Algo* se refiere a cosas inanimadas, mientras que *alguien* se refiere a seres animados, y en esos ejemplos vemos que el primero no puede aparecer con *a*, y el segundo puede aparecer con o sin *a*, según la interpretación específica o no específica del objeto.

---

(28)　a. Vimos algo raro

　　　b. *Vimos a algo raro

---

(29)　a. Vimos alguien escondido

　　　b. Vimos a alguien escondido

A continuación, presentamos un diagrama de la distribución de *a*:

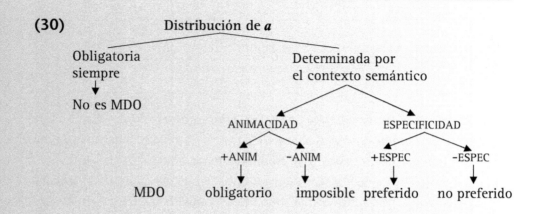

(30)   Distribución de *a*

Obligatoria
siempre

↓

No es MDO

Determinada por
el contexto semántico

ANIMACIDAD   ESPECIFICIDAD

+ANIM   –ANIM   +ESPEC   –ESPEC

MDO   obligatorio   imposible preferido   no preferido

Factores que determinan el MDO:

Animacidad: expresa si el referente de una expresión nominal está vivo o no: *llamó al perro.*

Definitud: una frase determinante con el determinante *el/la* es definida; una frase con el determinante *un* es indefinida. El referente de una frase definida es único y familiar: *saludamos a la tía.*

Especificidad: una frase determinante es específica si tiene un referente concreto o identificable: *vimos a un niño conocido.*

A veces los nombres inanimados se marcan con MDO. Por ejemplo, Stroobant (n.d.) propone los siguientes ejemplos usados en el español mexicano:

(31) a. Pedro **vio** de repente la motocicleta y se decidió a comprarla
      b. Pedro **vio** de repente a la motocicleta y se decidió a comprarla

En estos ejemplos, que no se han estudiado muy bien, *la motocicleta* es una entidad definida con referente inanimado (según la definición que hemos dado), pero el MDO modifica la interpretación de manera sutil. Rodriguez-Mondonedo

(2007) propone que un objeto **animado** es más bien un "objeto que se puede mover", y es verdad que *la motocicleta* en (31b) se interpreta más naturalmente como algo que está en movimiento, mientras que en (31a), se presenta más como un objeto inmóvil y expuesto a la vista. Sin embargo, también puedo decir *vi una/la motocicleta pasar a 100 kms por hora*, donde la motocicleta se mueve (y rápido), pero no aparece el MDO.

Es posible que en distintas variedades dialectales, las condiciones de uso del MDO sean ligeramente distintas, y que en la variedad ilustrada en (31), el criterio relevante ya no sea exactamente animacidad (aunque no sabemos cuál sería el criterio preciso que regula el MDO en esa variedad).

En cualquier caso, la definitud y la especificidad también favorecen el MDO, incluso cuando los objetos son inanimados. Siguiendo con los ejemplos de las motocicletas, en (32) vemos que el MDO *a* sólo puede aparecer cuando la frase determinante inanimada se interpreta como específica (como en (32a)), y no como inespecífica, como en (32b) (*cualquiera* induce la interpretación inespecífica).

(32)   a. Pedro vio a una motocicleta que venía muy rápido
        b. *Pedro vio a una motocicleta cualquiera

En los ejemplos siguientes, vemos que en un contexto que refuerza la interpretación inespecífica (por el significado del verbo *buscar*), la presencia de *a* no es posible ni en español mexicano ni en otras variedades.

(33)   a. *Ana buscaba a una motocicleta
        b. Ana buscaba una motocicleta

Resumimos las condiciones para el MDO en (34). El factor más importante es si la FD se refiere a un ser animado o no, y después, si se interpreta como algo específico (identificable) o no.

(34) Condiciones del marcado diferencial de objeto en el español general

Objetos directos	MDO	Ejemplo
Animados		
Definidos	Sí	*Vi al encargado (*vi el encargado)*
Específicos	Sí	*Vi a una estudiante conocida*
No específicos	Opcional	*Vi una estudiante en el metro*
Inanimados		
Definido específico	Variable	*¿Cómo ves a la industria nacional?*
Indefinido específico	No	*Compré un libro que quería*
No específico	No	*Vamos a comprar una guía turística cualquiera*

Estas propiedades de ± animado, ± definido, ± específico, etcétera, de las que venimos hablando se han formalizado usando dos escalas, la de **animacidad** y la de **definitud** (Aissen (2003)):

(35) a. **Escala de animacidad:** Humano > Animado > Inanimado

   b. **Escala de definitud:** Pronombre personal > Nombre propio > FN definida > FN indefinida y específica > FN no específica

Estas escalas formalizan relaciones de implicación: los elementos que están a la derecha de la escala implican a los de la izquierda de la escala. Por ejemplo, si una gramática marca las FDs "animadas", esto quiere decir que todos los niveles que están más arriba (es decir "humano" y "animado") también reciben una marca gramatical, pero no los que están más abajo.

En ese sentido, el MDO en español se les aplica a elementos nominales con significados más altos que "animado" y que "FN no específica" en cada una de las escalas, como vemos en (36).

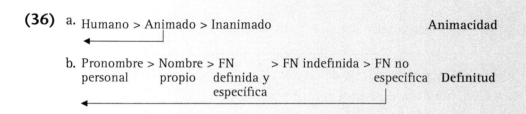

(36) a. Humano > Animado > Inanimado   **Animacidad**

b. Pronombre > Nombre > FN   > FN indefinida > FN no
   personal   propio   definida y   específica **Definitud**
                          específica

Para resumir, el MDO en español presta atención a la animacidad y a la especificidad del referente: los referentes animados son marcados con MDO, los inanimados tienden a no serlo, y los específicos también tienden a aparecer con MDO.

6.2.2 Análisis sintáctico de la MDO

En esta sección presentamos distintas ideas sobre el análisis sintáctico del
MDO. En primer lugar, ya observamos en el ejemplo (22b) que hay verbos que
seleccionan la preposición *a* obligatoriamente con todo tipo de complementos, como vemos también en los ejemplos en (37) y (38). Estos no son casos
de MDO, sino que la *a* es una auténtica preposición, porque no es opcional y
porque no depende del tipo de frase nominal con el que aparece.

(37) a. En esa fila, los adultos preceden a los niños
      b. *En esa fila, los adultos preceden los niños

(38) a. En el alfabeto, la "f" precede a la "g"
      b. *En el alfabeto, la "f" precede la "g"

En segundo lugar, mientras que el MDO depende del tipo de frase nominal (± animada, específica, etc.), la selección preposicional normalmente no
depende del tipo de frase nominal del complemento:

(39) a. Conseguimos entradas para el cine
      b. Conseguimos entradas para una amiga

c. Conseguimos entradas para amigos

d. Conseguimos entradas para conciertos

En estos ejemplos, la frase determinante puede ser definida ((39a)) o indefinida ((39b)), animada específica ((39c)) o inanimada ((39d)), y la preposición *para* no cambia.

Si descartamos los ejemplos de verdaderas FPs obligatorias de (39), todavía tenemos que explicar qué es el MDO con *a* de los otros casos. Los análisis existentes proponen dos ideas independientes para explicar el MDO. Por una parte, el MDO refleja una relación de concordancia entre el verbo (o una proyección funcional verbal) y el objeto directo respecto al rasgo de animacidad. De la misma manera que la concordancia entre el sujeto y el verbo valora los rasgos de persona y número (*yo no sé, tú sí sabes, nosotros sabemos*), el verbo concuerda con el objeto en animacidad: cuando esa relación es [+ animado], aparece el marcador *a*, cuando es [– animado], no aparece, como vemos en (40a) y (40b) respectivamente:

(40) a.

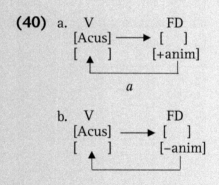

En los dos esquemas, el caso acusativo se asigna por parte del verbo a la FD: en el de arriba, el rasgo de concordancia [+ animado] resulta en *a*, mientras que abajo, el rasgo de concordancia [– animado] resulta en Ø.

En resumen, este esquema sugiere que el MDO es el reflejo de un "intercambio" de rasgos de animacidad y caso gramatical. La conexión entre caso gramatical y MDO se refleja en otras lenguas también. El vasco, como ya vimos, tiene un sistema de caso ergativo-absolutivo (ver capítulo 5, sec. 5.4.2), que marca tanto los argumentos como el auxiliar. En esta lengua, el objeto directo recibe absolutivo (Ø en el argumento y *za-* en el auxiliar):

(41) Ni-k   zu   ikusi za   -it –u   -t   (vasco estándar)
yo-ERG ustedes.ABS ver 2.ABS-PL-haber-1SG.ERG
'Los he visto a ustedes'   (Fernández y Rezac (2016))

En una de las variedades de vasco, hablada por ejemplo en Lekeitio, cuando el objeto es definido y se refiere a un humano, el caso que se usa es dativo en vez de absolutivo: *-ri* para el argumento, y *zu-* para el verbo auxiliar en vez de Ø y *za-* respectivamente, como vemos en el ejemplo de (42). En (43) se presentan las diferencias entre los dos dialectos esquemáticamente para la segunda persona.

(42) Ni-k   su-ri   ikusi   dot   -zu   -t   (vasco de Lekeitio)
yo-ERG ustedes-DAT ver   haber-2.DAT-1SG.ERG
'Los he visto (a ustedes)'   (Hualde, Elordieta, y Elordieta (1994))

(43)

	OD$_{[+Hum]}$	Auxiliar
Vasco estándar	*zu-Ø$_{ABS}$*	*za-$_{ABS}$*
Vasco de Lekeitio	*su-ri$_{DAT}$*	*zu-$_{DAT}$*

Es interesante notar que las características del MDO del vasco de Lekeitio (y otros dialectos vascos) son muy similares a las del MDO en español: en los dos casos, la marca de MDO coincide con el morfema de dativo (*a* en español y *–ri* y *–zu–* en vasco de Lekeitio). Además, en los dos casos el MDO se aplica a FDs con referentes animados/humanos. Posiblemente esta coincidencia sea resultado del contacto prolongado de las dos lenguas. Pero también nos ilustra que el MDO se manifiesta en el caso y la concordancia de persona.

El marcado diferencial de objeto (MDO): una relación de concordancia entre el verbo y el objeto que refleja el rasgo de animacidad

La segunda idea sobre el MDO sugiere que los objetos marcados ocupan una posición estructural distinta de la de los otros objetos. La evidencia para esta idea es un poco más indirecta, y se conecta con el comportamiento de los objetos directos en otras lenguas. En danés, los pronombres (que son necesariamente animados y específicos) tienen que aparecer en una posición desplazada, mientras que las frases determinantes no:

---

(44) a. *Hvorfor   læstev   Peter aldrig   **den**?   (danés; Vikner (2005))
    por qué   leyó   Peter nunca   3SG
  b. Hvorfor læstev   Peter **den**   aldrig?
    por qué leyó   Peter 3SG   nunca
    '¿Por qué no lo leyó Peter nunca?'

---

(45) a. Hvorfor   læstev   Peter   aldrig **den her bog**?
    por qué   leyó   Peter   nunca este   libro
    '¿Por qué no leyó nunca Peter este libro?
  b. *Hvorfor   læstev   Peter **den her bog**   aldrig?
    por qué   leyó   Peter este   libro   nunca

En la primera oración de (44), el pronombre *den* no puede aparecer a la derecha del adverbio negativo *aldrig* 'nunca' (*aldrig den*), sino que tiene que aparecer a su izquierda, como vemos en el segundo ejemplo (*den aldrig*). En cambio, una frase determinante como *estos libros* (*den her bog*), tiene el patrón contrario, como vemos en (45): la frase determinante aparece a la derecha del adverbio (*aldrig den her blog*) y no puede aparecer a la izquierda (*den her blog aldrig*).

¿Cómo interpretar estos patrones? Podemos empezar por asumir que la posición inicial de los objetos en danés es siempre la misma, y es la que observamos en (45a). Esto quiere decir que los pronombres empiezan en esa misma posición y después se desplazan a otra estructuralmente más alta. Si además tomamos el adverbio negativo *aldrig* como un indicio del límite de la frase verbal (Fv_L), entonces parece que el pronombre tiene que moverse fuera de la frase verbal. Esquemáticamente, la situación es la de (46):

(46) a. [[aldrig [$_{FVL}$... pron]]

b. *[[aldrig [$_{FVL}$... den her bog]]]

Como ya dijimos, sólo los pronombres tienen este comportamiento, y la diferencia entre los pronombres y otros nominales está en sus propiedades semánticas: en la escala de animacidad y definitud de (35), los pronombres ocupan la posición más alta (aunque las condiciones semánticas son un poco más complejas en danés de lo que se presenta aquí). En este sentido, los pronombres del danés se parecen a los pronombres fuertes del español, que aparecen obligatoriamente con el MDO (y tienen que ser doblados obligatoriamente por un clítico cuando son objetos), como vemos en (47):

(47) a. Los vimos a ellos
b. *Vimos a ellos
c. *Los vimos ellos
d. *Vimos ellos

Evidentemente, el movimiento de los pronombres del danés y el MDO no son idénticos, pero sí comparten algunas propiedades, como resumimos en (48).

(48) Comparación entre el MDO en español y vasco de Lekeitio y el movimiento de objeto en danés

	Restricción semántica	Marcado formal
Movimiento de objeto en danés	Sí (pronombres referenciales, animados, y específicos)	Desplazamiento
MDO en español	Sí (animacidad)	*a*
MDO en vasco de Lekeitio	Sí (animacidad)	caso dativo

El movimiento de objetos en danés, el MDO en español, y el MDO en vasco de Lekeitio dependen de las propiedades semánticas del objeto (su posición en las escalas de animacidad y definitud), pero se manifiestan de maneras distintas: como movimiento en danés, y como un morfema de dativo en español y vasco de Lekeitio.

En resumen, el MDO es un mecanismo sintáctico que permite diferenciar objetos directos según sus propiedades semánticas en la escala de animacidad y definitud. En español, el MDO es el morfema *a*, que aparece con elementos de referencia animada, y, opcionalmente, específica. Este mecanismo se ve en la marca de caso dativo en vasco de Lekeitio. En danés, hay un fenómeno parecido que produce movimiento de pronombres de objeto (animados y específicos).

6.3 Los objetos indirectos

Pasamos a revisar las propiedades de los objetos indirectos. Imaginemos que nos han invitado a la fiesta de cumpleaños de un amigo. Naturalmente, pensamos qué regalarle por su celebración:

(49) No sé qué regalarle de cumpleaños a Mario

En este ejemplo, el verbo *regalar* tiene tres argumentos: el sujeto (el hablante), el objeto, que tiene papel temático de tema (en este caso, asignado a *qué*), y el **objeto indirecto** (OI), que tiene el papel temático de beneficiario (en este caso, *Mario*). El nombre objeto indirecto incluye a distintos tipos de argumentos, pero un grupo importante tiene que estar precedidos obligatoriamente con la marca de caso dativo *a*, independientemente de si el OI es animado o inanimado (y eso la diferencia de los objetos directos con MDO):

(50) *No sé qué regalarle de cumpleaños Mario

(51)   a. El carro se le acercó demasiado al muro de separación

      b. *El carro se le acercó demasiado el muro de separación

En (50), la ausencia de la marca de dativo *a* produce un resultado agramatical. En (51), el dativo inanimado también va obligatoriamente marcado con *a*.

El dativo *a* también es distinto de la preposición *a*. Por una parte, un OI con a_{DAT} puede ser doblado por el clítico *le*, como vemos en (52), pero una frase preposicional con *a* no, como se muestra en el caso de (53):

(52) Marta le acercó la mesa a Andrea

(53)   a. *Juan le fue a Paris

      b. *Luis le renunció a ella   (ejemplos de Cuervo (2003))

Eso nos permite distinguir entre **objetos indirectos preposicionales**, que tienen la estructura de (54), y **objetos directos dativos**, con la estructura de (55).

(54) Objeto indirecto preposicional

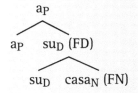

(55) Objeto indirecto dativo

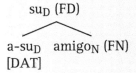

Entonces, tenemos las siguientes divisiones hasta el momento: a_{DAT} es obligatoria, no depende de la referencia del objeto (eso la diferencia del MDO), y puede ser doblada por el clítico *le* (eso la diferencia de a_P).

Como observa Strozer (1976), además, los OI preposicionales tienen una restricción semántica interesante: cuando el OI es un pronombre, tiene que referirse a un ente animado. Supongamos que estoy jugando con un niño y una niña, y estamos limpiando objetos distintos. Primero, veo una mesa, y la limpio, después, jugando, limpio al niño con la franela, y digo:

(56) a. Le pasé la franela a la mesa   (ejemplo de Cuervo (2003))
      b. También le pasé la franela a la niña

En ese contexto, la niña me pregunta lo siguiente:

(57) ¿Le pasaste la franela (a ella?   *animada*   (✗la mesa, ✓la niña)

Esa pregunta sólo puede referirse a "la niña", no a "la mesa", porque el referente de *le ... a ella* tiene que ser un ente animado, no uno inanimado.

En los ejemplos de (56) y (57), sabemos que se trata de un OI con dativo por el diagnóstico del clítico: más arriba concluimos que cuando aparece el clítico, se trata de un OI dativo. En cambio, si el OI es una preposición (sin clítico), esa restricción no existe, como vemos en (58): el pronombre fuerte *ella* de (58b) puede referirse a un ente inanimado ("la mesa"):

(58) a. Lola limpió la mesa con la franela
      b. Lola limpió la mesa con ella

Lo mismo se ve en (59b): en este caso, *ella* también puede referirse a un ente inanimado ("la lucha"):

(59) a. Luis renunció a la lucha
      b. Luis renunció a ella

La situación se resume en (60) y (61). Si los complementos de preposición son insensibles al rasgo de animacidad, eso sugiere que a_{DAT} no es una preposición, sino algo distinto, como sugerimos: una marca de caso.

(60) Posibilidades de referencia de los pronombres fuertes con preposición y *a* de OI

	Referencia animada	Referencia inanimada
Le ... a_{DAT} + pronombre	✓	✗
con$_P$ + pronombre	✓	✓
a$_P$ + pronombre	✓	✓

Sólo los objetos indirectos dativos imponen restricciones semánticas a los pronombres fuertes, los preposicionales no. Es cierto, sin embargo, que esta situación no se extiende a todas las preposiciones, por lo menos no en todos los dialectos. Para muchos hablantes, el pronombre fuerte *él/ella* está restringido a referentes animados, incluso con otras preposiciones:

(61) a. El libro está al lado de la mesa

b. ??El libro está al lado de ella

El diagnóstico principal que hemos usado hasta ahora para distinguir OI preposicionales y no preposicionales es la presencia del clítico *le*: cuando aparece el clítico *le*, el OI es dativo y la *a* es una marca de caso, no una preposición. En cambio, cuando no aparece el clítico, la *a* sí es una preposición:

(62) a. Objeto indirecto dativo: *le...a$_{DAT}$* FD

b. Objeto indirecto preposicional: *a$_{Prep}$* + FD

Las diferencias entre los dos se resumen en la siguiente tabla:

(63)

	OI dativo	OI preposicional
Clítico	Obligatorio	*x*
Restricción a la interpretación del pronombre fuerte	Sí (sólo animado)	No
Categoría	Marca de caso dativo	Preposición

Si *a* puede a veces ser preposición y otras marca de dativo, eso quiere decir que un mismo verbo (por ejemplo, *enviar*) puede tener dos estructuras sintácticas, como vemos en (64): una con OI dativo ((64a), *enviar$_1$*) y otra con un argumento preposicional ((64b), *enviar$_2$*).

(64) a. Enviar$_1$: le...a$_{DAT}$ FD
b. Enviar$_2$: a$_{Prep}$ + FD

Veamos algunos ejemplos del distinto comportamiento sintáctico de los dos tipos de OI. Pablo y Gabi son amigos, y Gabi le dice a Pablo que necesita urgentemente un diccionario especial para su trabajo. En ese contexto, puedo decir perfectamente:

(65) Pablo le envió un diccionario a Gabi (ejemplo de Cuervo (2003))

Gabi es un OI con dativo (por la presencia del clítico), y se interpreta como el destinatario del diccionario. Sin embargo, si cambio *Gabi* por Barcelona, pasa algo curioso: con el clítico, la oración ya no es aceptable:

(66)   a. *Pablo le envió un diccionario a Barcelona
       b. Pablo envió un diccionario a Barcelona

¿Por qué? *Barcelona* ya no se interpreta como el destinatario del diccionario, sino como un lugar, y en ese contexto no puede ser doblado por un clítico *le*. En cambio, sin el clítico, no hay ningún problema. Este contraste sería difícil de explicar si *le* fuera sólo un clítico que aparece opcionalmente sin ninguna función clara. Sin embargo, si los dos ejemplos corresponden a estructuras sintácticas distintas, entonces se predice correctamente que ocurran en contextos sintácticos diferentes. Según lo que hemos propuesto, los OIs de estos ejemplos tienen estructuras distintas. Si *enviar$_1$* y *enviar$_2$* tienen estructuras distintas, eso quiere decir que el clítico *le* no es opcional, sino que es obligatorio con una de las estructuras (la que corresponde a *enviar$_1$* y a (64a)), pero es imposible en la otra (la que corresponde a *enviar$_2$* y a (64b)).

¿Cómo representamos sintácticamente estas estructuras diferentes? Si se recuerda el principio de este capítulo, la estrategia para distinguir dos tipos de verbos de un solo argumento (intransitivos) consistía en introducir un núcleo funcional adicional, v_L. La estrategia para distinguir los tipos de verbos ditransitivos es similar: los dativos con clítico corresponden a la presencia del núcleo funcional **aplicativo** (que representa al dativo y al clítico), mientras que los otros verbos (los de *enviar$_2$*) no tienen el núcleo funcional aplicativo. La noción de "aplicativo" fue introducida para describir la lengua nahua en los siglos XVI y XVII. Por ejemplo, el jesuita Horacio Carochi define el verbo aplicativo así (he modernizado la ortografía original): "verbo aplicativo es el que ordena la acción del verbo a otra persona, o cosa, atribuyéndosela por vía de daño, o provecho, quitándosela, o poniéndosela, o refiriéndosela de cualquiera manera, que sea" (Carochi (1645), libro 3, cap. 14, reeditado en (2001)). Es decir, aplicativo se refiere a los argumentos que son afectados de alguna manera por la acción del verbo.

Volviendo a nuestros ejemplos de (64), en el primer caso, el núcleo aplicativo tiene como morfema el clítico dativo *le*, como vemos en la representación siguiente:

(67) Estructura de un dativo con *le*

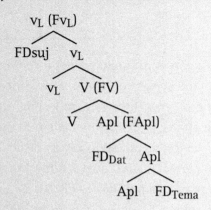

Por lo tanto, la estructura parcial de un ejemplo como (65) sería la de (68), donde se han simplificado algunos aspectos y movimientos no relevantes para esta presentación.

(68)

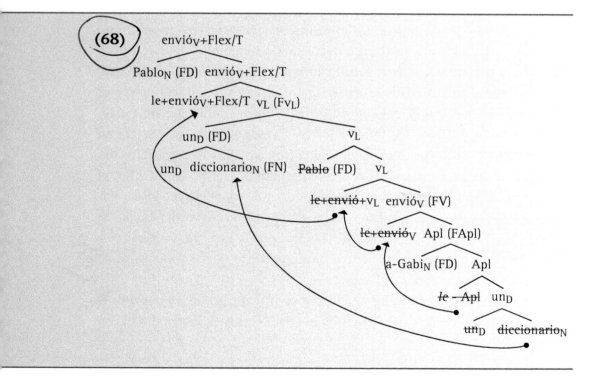

Según esta propuesta, el clítico *le* es un núcleo aplicativo que se adjunta al verbo, y junto con el verbo se mueve hasta la flexión/tiempo. La *a* es la marca de dativo de la FD, y el objeto directo/tema *un diccionario* se mueve hasta v_L por razones independientes de las que estamos presentando.

En el caso de los objetos indirectos preposicionales (los que corresponden a *enviar₂*), la estructura es distinta, como vemos en (69), que representa a (66b). En este caso, *a Barcelona* es una verdadera frase preposicional, por lo tanto no es posible tener un clítico *le* porque no existe la frase aplicativa.

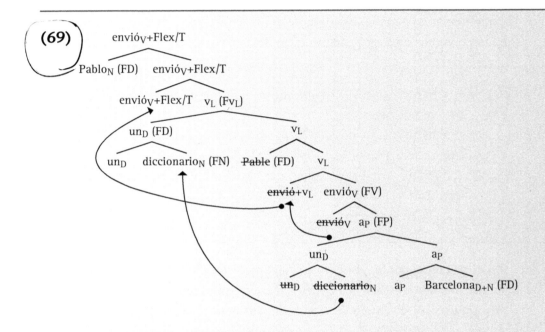

(69)

Los objetos indirectos dativos: se reconocen por el clítico *le*, que es el núcleo de la categoría funcional aplicativa.

Los objetos indirectos preposicionales: no tienen clítico y tampoco la categoría funcional aplicativa.

En resumen, siguiendo la idea de que las distintas estructuras argumentales se relacionan con núcleos funcionales exclusivos, hemos sugerido que los verbos ditransitivos tienen por lo menos dos estructuras: la primera, en la que el clítico dobla obligatoriamente al dativo, incluye un núcleo aplicativo encabezado por el clítico *le* (o *me*, *te*, etc.). La segunda, en cambio, contiene una frase preposicional, y no puede aparecer con el clítico.

6.3.1 Dativos no argumentales

Los dativos aplicativos y los OI preposicionales que hemos visto en la sección anterior comparten la propiedad de ser argumentos del verbo, es decir, son frases que aparecen porque el significado léxico del verbo las legitima. Hay una clase de clíticos no argumentales llamados **dativos éticos**, que representan el papel temático benefactivo (o, a veces, malefactivo) o meta del evento verbal, como vemos en los siguientes ejemplos:

(70) a. Cuando el papá se despidió de su hija que se iba al ejército, le dijo: "no te me vayas"

b. Vimos una culebra cuando paseábamos por el bosque. El guía dijo: "no se le acerquen"

c. La mamá gritaba desesperada: "este niño no me come" (español peninsular)

d. Casi se te lo llevan

En el primer ejemplo, el verbo *irse* aparece con el clítico *me*, que se refiere a la persona perjudicada (el papel temático **malefactivo**) por el evento. En el segundo caso, el clítico *le* representa la meta posible del evento ("no se acerquen a la culebra"), en el tercer ejemplo, de nuevo, el clítico *me* indica la persona en la que recaen los efectos del evento. El último ejemplo, producido en el contexto en el que un camarero estuvo a punto de llevarse la bebida de una de las personas en una cafetería, nos muestra una combinación del malefactivo *te*, un clítico claramente argumental *lo* (objeto directo), y un clítico *se*, que parece indicar lugar de procedencia ("llevarse algo **de aquí**").

Distintos hablantes aceptan los dativos éticos más o menos, según el verbo, y según los contextos gramaticales. Por ejemplo, los dativos éticos son bastante más frecuentes en primera y segunda persona, aunque es posible imaginar contextos en los que el afectado no sea ni el hablante ni el oyente, como vemos a continuación. El primer ejemplo es claramente más aceptable que el segundo:

(71) a. No te le caigas a tu abuelo

b. ?¡No te le vayas!

Estos dativos son más frecuentes con una negación (como casi todos los ejemplos vistos hasta el momento), y son claramente inaceptables en contextos imperativos afirmativos. Por ejemplo, si estoy jugando con un amigo, podría decirle (72a) y (73a), sin dativo ético, pero no (72b) y (73b):

(72) a. Cáete

b. *Cáeteme

(73) a. Vete

b. *Veteme

En general, el reto que plantean los dativos éticos es que no están conectados con la estructura argumental del verbo, sino que interactúan con los interlocutores discursivos (el hablante, el oyente, etc.), y por lo tanto son opcionales, pero al mismo tiempo bastante restringidos.

6.3.2 Los verbos sicológicos

Los llamados **verbos sicológicos** indican un estado de la mente. Por ejemplo, si una noche de verano hay una tormenta muy fuerte con mucha lluvia, rayos frecuentes, y truenos sonoros que caen muy cerca de su casa, un padre preocupado podría decir:

(74) a. Las tormentas aterrorizan a mi hija

b. Mi hija teme a las tormentas

c. Mi hija odia los truenos

d. A mi hermano le gustan los rayos

Estos cuatro ejemplos muestran estados mentales, pero, desde el punto de vista sintáctico no son iguales. Todos los verbos tienen dos argumentos, y los papeles temáticos también son parecidos: un experimentante y un tema, pero la manera como se alinean esos papeles temáticos con las funciones gramaticales varía. Para *aterrorizar*, el tema (*las tormentas*) es sujeto, mientras que para *temer* y *odiar*, el experimentante (*mi hija*) es sujeto. En cambio, *gustar* es distinto a todos: aparentemente el tema es el sujeto y el paciente/experimentante el objeto, pero el orden más natural pone al experimentante al principio. En (75) resumimos esta situación:

(75) Estructura argumental de los verbos sicológicos

Verbo	Papel temático del sujeto	Papel temático del objeto	Orden neutro
Aterrorizar	Tema	Experimentante	SVO
Temer	Experimentante	Tema	SVO
Odiar	Experimentante	Tema	SVO
Gustar	Tema	Experimentante	OVS

El caso del argumento interno varía: para *temer* y *gustar* es dativo, para *odiar* y *aterrorizar* es acusativo:

(76) a. Las tormentas la aterrorizan

b. Mi hija les teme a las tormentas

c. Mi hija los odia

d. A mi hermano le gustan los rayos

Como veremos, el clítico acusativo aparece en algunos dialectos como *le* cuando el OI es animado, pero eso es un fenómeno más general (ver sec. 6.4.6).

Los verbos sicológicos plantean preguntas interesantes, específicamente cómo analizar la alineación de papeles temáticos y funciones sintácticas, y de manera relacionada, cómo analizar el orden más natural objeto-verbo-sujeto en el caso de *gustar*. Para saber más sobre estos verbos, por favor vea las lecturas adicionales al final del capítulo.

6.4 Los clíticos referenciales

Hemos mencionado varias veces la palabra **clíticos**. ¿A qué se refiere? Lo mejor es empezar por algunos ejemplos:

---

(77) a. A Anita **la** conocen bien en el barrio
   b. **Se** había comido la manzana
   c. **Me** vi reflejada en el espejo

Estos ejemplos comparten dos propiedades formales: son formas fonológicamente débiles y dependientes. Fonológicamente, sólo tienen una sílaba y no tienen acento propio (en la mayoría de los dialectos), y por lo tanto dependen prosódicamente de otra palabra con acento propio. Sintácticamente, también dependen de una categoría verbal: *conocen*, *había*, y *vi* respectivamente. La mayoría son **pronombres referenciales**, es decir, elementos nominales que tienen referencia (como *la* y *me* en esos ejemplos), pero otros no se refieren a entidades externas, como *se*. A continuación presentamos las propiedades comunes de todos los clíticos, y después nos concentramos en las características de los clíticos referenciales. (Las propiedades de los clíticos con otros significados se presentan en el capítulo 7, sec. 7.2.2.1.)

Los clíticos: unidades sintácticas fonológica y sintácticamente débiles, que se adjuntan a otros núcleos; en español se adjuntan a núcleos verbales. Algunos clíticos son pronominales, otros tienen otras propiedades semánticas.

6.4.1 Las propiedades generales de los clíticos

Veamos otros ejemplos de clíticos:

---

(78) a. A tu mamá **la** tratan bien en esa tienda
   b. Estamos dándo**le** la bienvenida al invitado
   c. ¿**Te** gustan las empanadas de carne?
   d. **Nos** reconocimos inmediatamente

e. No puedo creerlo

f. **Se** acabó la diversión

Los ejemplos de (78) muestran distintos aspectos de los rasgos de los clíticos. En los cinco primeros ejemplos, el clítico es referencial: se refiere a una entidad (humana en (78a–d), inanimada en (78e)), mientras que *se* en (78f) es un clítico no referencial *se*. Además, el clítico puede indicar reciprocidad (como en (78d)) o reflexividad.

Los clíticos sólo tienen dos posiciones posibles en la cláusula. La primera se puede ver en (78a, c, d, f): inmediatamente delante del verbo flexionado (los clíticos en esta posición se llaman **procliticos**). La segunda posición es la que aparece en 78b, e), después del verbo no flexionado (los clíticos en esta posición se llaman **encliticos**). En (79), se ilustran las dos posibilidades: en el primer ejemplo, *lo* precede y se adjunta a la forma flexionada *puedo*; en el segundo, sigue a la forma no flexionada *creer*.

(79)   a. No lo puedo creer

b. No puedo creerlo

Cuando el verbo aparece en una única forma flexionada, el clítico sólo puede ser proclítico, como vemos en (80), y en esto el español moderno se diferencia de otras variedades romances, que pueden tener encliticos con formas flexionadas.

(80)   a. No lo veo

b. *No veolo

Igualmente, si sólo aparece una única forma no flexionada, el clítico tiene que ser enclítico. Esta situación es menos frecuente porque las formas no flexionadas normalmente aparecen con un auxiliar flexionado (*puedo llamarte*), pero se observa en algunos casos:

(81) a. Compramos una casa demasiado grande. Venderla después fue un problema

b. Compramos una casa demasiado grande. *La vender después fue un problema

En el segundo ejemplo vemos claramente que los clíticos no pueden aparecer delante del verbo no flexionado (en este caso, el infinitivo).

¿Qué pasa si hay un auxiliar y un verbo no flexionado? En ese caso, las dos posiciones son opcionalmente posibles: esto es lo que se llama **subida del clítico**, que se observa en los ejemplos de (79).

Los proclíticos: preceden a un verbo flexionado.

Los enclíticos: siguen a un verbo no flexionado.

Finalmente, el clítico también es muy exigente respecto a la localidad: nada puede intervenir entre el clítico y la forma verbal: la negación *no* no puede separar al clítico del verbo, como vemos en (82a–b); tampoco puede un adverbio como *frecuentemente* ((83a–b)). Es decir, la relación entre el clítico y el núcleo verbal es estrictamente local.

(82) a. *Lo no puedo creer

b. No lo puedo creer

(83) a. *Lo frecuentemente pierdo

b. Lo pierdo frecuentemente

La segunda propiedad formal del clítico es que depende prosódicamente de la base a la que se adjunta, al no tener acento propio. En algunos dialectos como el de Buenos Aires, los clíticos pueden tener acento en ciertos contextos sintácticos, pero en la mayoría de las otras variedades, no es así.

> ## Propiedades generales de los clíticos
>
> a) **Dependencia:** los clíticos dependen prosódica y sintácticamente de un núcleo verbal.
> b) **Posición:** delante de los verbos flexionados (**proclíticos**), detrás de los verbos no flexionados (**enclíticos**).

6.4.2 El análisis de los clíticos referenciales

Los clíticos referenciales indican el rasgo de persona, como vemos en los siguientes ejemplos: *te* indica segunda persona morfológica, que generalmente se refiere al oyente; *me* señala primera persona, que se refiere al hablante; y *le* indica tercera persona morfológica, que puede referirse a alguien que no es ni el hablante ni el oyente, o, en muchas variedades, al oyente de manera formal, como vemos en (84d).

(84) a. ¿Quieres que te llame?
　　　b. Pienso irme
　　　c. Le pedí un favor
　　　d. ¿La puedo ayudar?

Además, los clíticos referenciales indican número singular y plural: junto a los ejemplos de (84), todos en singular, tenemos los siguientes en plural: en (85a), vemos las formas de primera y tercera persona plurales (*me*, *los*, y también *les* y *las*), y en (85b), la forma de segunda persona plural *os* para el español peninsular. Para las demás variedades, la forma de tercera persona plural (*les*, *las*, *los*) se usa también para referirse a los oyentes, como vemos en (85c). En este ejemplo, *ustedes* y *les* son terceras personas morfológicamente, pero se refieren al oyente presente en el discurso (en ese ejemplo, la concordancia del verbo *gustar* es con el tema, *los mariscos*):

(85) a. Nos invitaron a una fiesta, pero no los conozco muy bien
　　　b. Os voy a hacer un regalo (español peninsular)
　　　c. ¿A ustedes les gustan los mariscos?

Las formas de tercera persona singular distinguen, además de número y persona, los rasgos de caso, género, y con frecuencia, animacidad: *le/la/lo*. Estos tres rasgos presentan una gran variación en los distintos dialectos del español, como veremos más adelante:

(86)

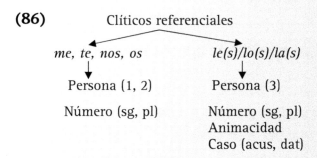

El análisis sintáctico de los clíticos es particularmente complejo por varias razones. Por una parte, los clíticos referenciales están conectados con argumentos sintácticos (representan a objetos directos o indirectos), pero ocupan posiciones totalmente distintas de esos argumentos cuando son frases determinantes:

(87)   a. Esta mañana un extraño acarició amigablemente **a mi perro**
           b. Esta mañana un extraño **lo** acarició amigablemente

En el primer caso, el objeto directo *mi perro* aparece después del verbo, mientras que en el segundo caso, el proclítico está adjunto al verbo, como ya hemos visto. Además, la frase determinante *mi perro* tiene bastante libertad de movimiento: puede aparecer detrás del verbo (como en (87a)), o puede aparecer dislocada al principio de la cláusula. Por ejemplo, si estamos hablando de mi perro y de mi gato, podría decir:

(88) A mi perro, creo que lo acarició un extraño esta mañana

En este ejemplo, *a mi perro* está separado no sólo de su posición argumental postverbal, sino que está dislocado al principio de otra cláusula distinta (*creo que ...*). Eso no es posible con los clíticos, que sólo pueden ocupar la posición preverbal adjunta al verbo.

Por otra parte, la relación entre el clítico y la frase argumental también es compleja. Veamos una breve historia:

(89) Cuando pasé por el aeropuerto de Buenos Aires, vi a los equipos de hombres y mujeres que volvían de las olimpiadas.

    a. Primero las vi a ellas subir al bus

    b. Aunque eran muchas, no las pude ver a todas

    c. Pero sí les pedí un autógrafo a las que vi

En esta pequeña historia, la primera oración nos presenta a *los equipos de hombres y mujeres*. A continuación, en (89a), nos referimos a *las mujeres* usando *las ... ellas*. Esto es lo que se llama **doblado con clítico**: cuando el argumento y el clítico aparecen al mismo tiempo en una cláusula. Lo mismo ocurre en (89b) (*las ... a todas*) y en (89c) (*les ... a las que vi*).

A veces, el doblado con clítico es obligatorio, otras veces es opcional y preferido, y otras veces imposible. Además, las condiciones en las que puede ocurrir varían mucho según los dialectos, como vamos a ver más adelante.

Estos dos aspectos (la diferencia de posición del clítico respecto a las FDs y el doblado con clítico) plantean las siguientes preguntas: ¿existe una posición básica para los clíticos? Si es así, ¿cuál es? Cuando hay un clítico y una frase doblada (*las ... a ellas*) ¿cuál es el verdadero argumento? Las respuestas a estas preguntas están muy conectadas.

Empecemos por el caso más simple: cuando aparece un clítico solo, sin una frase doblada. En ese caso, asumamos que el clítico es un argumento que recibe el papel temático correspondiente del verbo, y como argumento del verbo, se fusiona inicialmente con V. En otras palabras, estructuralmente no hay en realidad diferencia entre *acarició al perro* y *lo acarició*: las dos secuencias fusionan al verbo con el argumento de una manera parecida, V + FD en el primer caso, y V + CL en el segundo, como vemos en (90).

(90) a.   acaricio$_V$ (FV)

         acaricio$_V$ a-el$_D$ (FD)

              a-el$_D$ perro$_N$ (FN)

    b.   acarició$_V$ (FV)

         acarició$_V$ lo$_D$ (FD)

La diferencia entre las dos consiste en que el clítico tiene que adjuntarse al verbo primero (porque es una categoría prosódica y sintácticamente débil), y junto con el verbo sube hasta la posición de la flexión, como vemos en (91). Este es el **análisis de movimiento de los clíticos argumentales** (omitimos algunos detalles de la estructura, para simplificar la presentación):

(91) Análisis de clítico argumental por movimiento

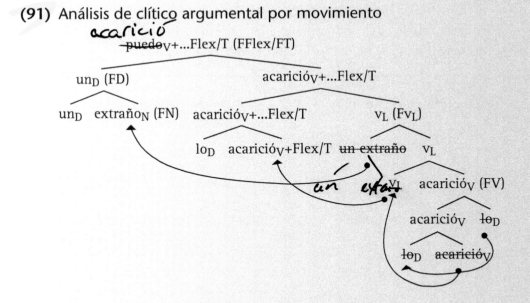

¿Qué pasa cuando el clítico dobla a una frase determinante? Evidentemente, este caso presenta un problema: el verbo sólo puede licenciar a un único objeto directo, pero si el clítico es el argumento, entonces la frase doblada no puede ser licenciada. Dicho de manera más fácil, no hay suficientes posiciones para tantos argumentos:

(92) acarició lo   a él

        ?

El análisis de movimiento del clítico no explica fácilmente cómo recibe papel temático la frase determinante. Como solución a este problema, se ha sugerido que en esos casos, la frase determinante no es realmente un argumento, sino un adjunto, y que, por lo tanto, no tiene que recibir el papel temático del verbo.

Ahora, exploremos la posibilidad contraria: empecemos por la situación en la que el verbo aparece solo con una frase determinante (*acarició a mi perro*). En ese caso, podemos asumir que esa frase es el argumento del verbo: recibe papel temático. Cuando la frase determinante es doblada por un clítico, el clítico no es argumento, sino una marca de concordancia entre el verbo y el argumento. De la misma manera que el verbo concuerda en persona y número con el sujeto (*las ingenieras conversaron*) el **análisis de los clíticos como concordancia** asume que el clítico refleja la concordancia de persona y número y otros rasgos entre el objeto y el verbo, como vemos en (93).

(93) Análisis de los clíticos como marcas de concordancia

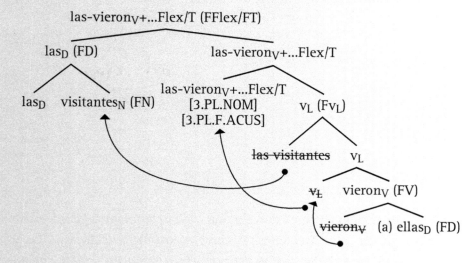

En esta estructura sintáctica, el clítico se representa como parte de la morfología del verbo. El morfema *a* es la MDO que presentamos en la sección 2.1. Observemos el nodo Flex/T con un poco más de detalle. En él se especifican dos tipos de rasgos [3.PL.NOM] correspondiente al sujeto, y [3.PL.F.ACUS] correspondiente al objeto. El primer rasgo se realiza como el morfema *-ron* de *vie-ron*, y el segundo se realiza como el clítico *las*.

Según este análisis, el verdadero (y único) argumento del verbo es la frase determinante, que es la que recibe el papel temático, mientras que el clítico no tiene en sí mismo contenido referencial, sino rasgos morfológicos que deben ser compatibles con los de la frase determinante, como consecuencia de la concordancia.

¿Qué pasa cuando no hay una frase determinante doblada? Este es un ejemplo:

(94) Lo acarició

Según el análisis del clítico como concordancia, aquí no hay argumento explícito (porque el argumento siempre es una frase determinante). Si el clítico es una marca de concordancia, ¿con qué concuerda en ese caso? Una posibilidad es que en (94), en realidad hay un argumento implícito, no pronunciado, con los rasgos correspondientes de género, persona, numero, especificidad, y caso, como se representa en (95):

(95) Lo-acarició [~FD~ ~D~ ~FN~]

$$
\begin{bmatrix} 3 \\ \text{ACUS} \\ \text{SG} \\ \text{MASC} \\ ... \end{bmatrix} \longrightarrow \begin{bmatrix} \\ \\ \end{bmatrix}
$$

En este caso, los rasgos de concordancia de la FD nula se copian del clítico. Esta representación sería parecida a la de los sujetos nulos.

Por supuesto, otra posibilidad sería proponer un análisis híbrido: cuando hay argumento explícito, este recibe el papel temático; cuando no lo hay, lo recibe el clítico. Esta alternativa no puede explicar con facilidad por qué es que el clítico no puede recibir papel temático cuando dobla al argumento.

En resumen, el análisis del clítico generado por movimiento tiene ventaja en los casos en que no hay frase determinante argumental, mientras que el análisis de clítico como concordancia tiene ventaja en los casos de doblado, como resumimos en (96).

(96) Resumen de los distintos análisis del clítico referencial

	Movimiento de CL	Concordancia CL-FD
	CL-V ... ~~CL~~	CL$_i$-V ... FD$_i$
CL sin doblado	CL es argumento	Argumento nulo
CL con doblado	FD es adjunto	FD es argumento

6.4.3 El doblado con clíticos

Más arriba mencionábamos que los clíticos referenciales coexisten con las frases determinantes argumentales, como vemos en los siguientes ejemplos:

(97) a. Ayer les pedí a mis amigos que trajeran comida para la fiesta

b. No las pude ver a ellas, pero a ellos sí

c. Aunque hacía tiempo que no veía a mi familia, los reconocí a todos

Estos ejemplos de doblado con clítico son consistentes con la llamada **generalización de Kayne**. Aunque la formulación exacta de esta generalización se ha debatido mucho, la intuición es que cuando se dobla un argumento, este argumento va marcado de una manera especial.

Generalización de Kayne: una frase determinante puede ser doblada por un clítico si va precedida por una preposición.

En el caso de (97), la marca especial es *a*. Ya hemos argumentado que en los dos últimos casos, *a* no es una verdadera preposición, sino un MDO que coincide con la marca de caso dativo. En cualquier caso, la idea general es que no debe haber doblado con clíticos sin marca especial, y esto parece ser cierto para muchas variedades del español, excepto en ciertos casos de la variedad hablada en Lima (ver más abajo):

(98)   a. *Las regalé las plantas

b. *Los reconocí los niños

En estos casos, la ausencia de *a* impide que se doble la frase determinante con un clítico.

Nótese que la generalización de Kayne se explica de manera muy elegante si asumimos el análisis de los clíticos por movimiento (propuesto originalmente por el propio Kayne): si el verbo sólo puede licenciar un único argumento interno, y el clítico representa a ese argumento, entonces para que pueda aparecer la frase determinante, debe haber otra categoría que la licencie, en este caso la "preposición" (o la marca correspondiente).

6.4.3.1 Doblado con clítico obligatorio en español general

El doblado con clítico es obligatorio cuando el objeto (directo o indirecto) es un pronombre fuerte:

(99)   a. *No pude ver a ellas

b. *No pude ver ellas

c. No pude verlas a ellas

También es obligatorio con los que llamamos dativos aplicativos (ver sec. 6.3). De hecho, en la mayoría de los objetos indirectos, el doblado con clítico es obligatorio, como señala Cuervo (2003, p. 44), y como vemos en los siguientes ejemplos:

(100)   a. A Laura le gustan las empanadas

b. *A Laura gustan las empanadas

(101)   a. A Hugo le picaban las manos

b. *A Hugo picaban las manos

El primer ejemplo muestra un verbo sicológico, mencionado ya en la sección 3.2 (aunque no todos los verbos sicológicos tienen doblado obligatorio). El segundo ejemplo muestra un verbo que también tiene dos argumentos, y hay una relación de posesión entre los dos: las "manos" son de "Hugo". El poseedor (*Hugo*), marcado como dativo, tiene que aparecer con el clítico dativo obligatoriamente.

Vimos también que hay otros casos de aparente opcionalidad del clítico dativo, y que son productivos con objetos indirectos marcados como meta, como vemos a continuación:

(102)   a. Les donaré todos mis bienes a museos locales

b. Donaré todos mis bienes a museos locales

En estos casos, como se sugirió arriba, la opcionalidad no es real, sino que refleja dos estructuras distintas: una con núcleo aplicativo y doblado obligatorio, y otra con una frase preposicional, y sin doblado. En cualquier caso, el doblado ilustrado en (102a) es posible en todas las variedades de español.

Finalmente, algunos cuantificadores, como *todo/todos*, también pueden doblarse en todas las variedades, como vemos en los siguientes ejemplos:

(103)   a. Les voy a hacer un regalo a todos

b. Las saludé a todas

c. Algunas personas lo saben todo

d. Pasé por una florería, vi rosas rojas, y las compré todas

Como vemos en estos ejemplos, *todo/todos/todas* puede aparecer con clítico, incluso sin MDO, como muestra (103d).

Para resumir, los casos de doblado con clítico en español general incluyen los pronombres fuertes (doblado obligatorio), los dativos aplicativos (doblado obligatorio), y algunos cuantificadores, como *todos*.

6.4.3.2 Doblado con clítico restringido

Además de los casos de doblado generalizado en español que presentamos en la sección anterior, las distintas variedades del español permiten el doblado con clítico en condiciones restringidas, aunque la distribución geográfica y la naturaleza de la restricción no estén totalmente delimitadas. El doblado más productivo ocurre en variedades latinoamericanas, y concretamente en el Río de la Plata (Buenos Aires y Montevideo, la llamada variedad porteña), Paraguay y Lima, aunque con algunas variaciones. Sin embargo, también está presente en el español de México, e incluso en el español peninsular.

Para los dialectos en los que el doblado es más productivo, los factores más importantes que rigen la posibilidad de doblar son la **animacidad** y la **definitud** del elemento doblado (ver Zdrojewski y Sánchez (2014)). Por ejemplo, las frases determinantes definidas (con un determinante *el/la*) y con referente animado se pueden doblar en todas estas variedades (limeño, porteño, paraguayo):

(104) a. La vi a la profesora (limeño, porteño, paraguayo)

   b. Los vi a los cocineros

En el caso de las frases determinantes indefinidas (con *un/una*), la distribución varía: en porteño, no se pueden doblar, mientras que en limeño sí, pero sólo bajo ciertas condiciones discursivas. Las frases indefinidas pueden ser familiares en el discurso, por ejemplo:

(105) Una amiga que vino ayer me dijo que las gafas están de oferta en esa tienda

En este ejemplo, *una amiga* es indefinido, pero es familiar (asumimos que es una concreta, al añadir *que vino ayer*). En ese caso, sí pueden ser dobladas en la variedad de Lima:

(106) Los saludamos a unos estudiantes que conozco (Lima/*Buenos Aires/*general)

Pero si el indefinido no es familiar, entonces el doblado es imposible en todos los dialectos:

(107) *Los buscamos a unos estudiantes (*Lima/*Buenos Aires/ *general)

En este ejemplo, el hablante no busca a unos estudiantes familiares o concretos, sino a cualquier persona que sea estudiante.

Para algunos hablantes de la variedad limeña, es posible doblar objetos inanimados, como los de (108), pero para los de Buenos Aires no. En este último ejemplo, la generalización de Kayne ya no funciona, porque el objeto directo *la calle de mi mamá* no tiene ninguna marca especial.

(108) Finalmente la arreglaron la calle de mi mamá (✓Lima/ *Buenos Aires)

Finalmente, hay variedades del español latinoamericano, algunas en contacto con otras lenguas, en las que se puede doblar objetos con referente inanimado, a veces indefinidos y sin MDO, como vemos en los siguientes ejemplos de (Lipski (1996)):

(109) a. Le veo el carro   (Ecuador)
           b. Lo ponen abajo los plátanos   (México)
           c. Sácalo las botellas   (México, Chiapas)
           d. No lo traigo nada que dar   (El Salvador)
           e. Se lo llevó una caja   (Perú)

Presumiblemente, en estas variedades, el clítico es una marca de concordancia de objeto, que no tiene ninguna restricción semántica aparente. Es importante notar también que en estos ejemplos el clítico tiende a no concordar en género y número con el objeto.

En (110) resumimos la distribución del doblado en los distintos dialectos para los que se tienen datos detallados.

(110) Distribución del doblado de clíticos en las variantes del español

	Español general	Español porteño	Español limeño	Español en contacto
Objetos indirectos	✓	✓	✓	✓
Objetos directos animados				
Pronombres Fuertes	✓	✓	✓	✓
todos	✓	✓	✓	✓
FDs definidas	*	✓	✓	✓
FDs indefinidas Fuertes	*	*	✓	✓
FDs indefinidas débiles	*	*	*	✓
Objetos directos inanimados (sin a)				
FDs definidas	*	*	✓	✓
FDs indefinidas	*	*	*	✓

Como se puede ver en este cuadro, el rango de variación entre dialectos es bastante sutil, pero lo más interesante es que las condiciones de doblado dependen de la interpretación semántica de la frase doblada, de manera parecida al MDO.

6.4.3.3 Doblado con clítico, dislocación a la izquierda, y dislocación a la derecha

Casi todos los ejemplos de doblado con clítico presentados en la sección anterior tienen el orden CL ... FD, y eso no es una casualidad. El doblado con clítico tiene condiciones distintas de los casos de dislocación a la izquierda con clítico (DICL) (ver capítulo 9, sec. 9.2.1), que vemos en los siguientes ejemplos:

(111)   a. A unos estudiantes los buscaron por la mañana
b. La silla la compramos en la tienda de muebles de la esquina

Por un lado, la DICL es más general en todas las variedades de español que el doblado restringido. En el ejemplo de (111b), *la silla* (una FD inanimada y sin MDO) puede ser dislocada a la izquierda en todas las variedades, pero no podría ser doblada con clítico en casi ninguna (*la compramos la silla en la tienda de muebles de la esquina*).

Otra distinción importante, pero más difícil de formalizar, es la que se hace frecuentemente entre doblado con clítico y dislocación a la derecha con clítico (DDCL). En este caso el orden superficial es el mismo (CL ... FD), pero la DDCL tiene una pausa prosódica y una entonación distinta, que se representa a veces ortográficamente con una coma:

(112)   a. Las veo siempre, a las vecinas

b. Las cierro por las tardes, las ventanas

Mientras que (112) es bastante general en todos los dialectos, las versiones correspondientes sin pausa prosódica no lo son, como ya vimos más arriba. Además, *las ventanas* en (112b) es inanimado, y esa condición restringe el doblado con clítico, pero no la DDCL. En este sentido, la DDCL se puede considerar una construcción independiente del doblado con clítico.

6.4.4 Clíticos reflexivos y recíprocos

Dentro de los clíticos referenciales, existe un grupo especial que indica reflexividad o reciprocidad:

(113)   a. El actor se miró en el espejo

b. Las jugadoras se pasaron la pelota hasta llegar a la portería

El verbo *mirar* tiene dos argumentos, pero en (113a) los dos participantes se refieren a la misma persona: el que mira es el mismo que recibe la mirada. En el segundo ejemplo, el verbo *pasar* tiene tres argumentos (alguien le pasa algo a otra persona), pero en este caso, el grupo de jugadoras se pasa la pelota unas a otras, de manera que son al mismo tiempo agentes y receptoras de los pases. Estos clíticos en los que los participantes son al mismo tiempo agentes y pacientes se llaman **anafóricos**.

Las anáforas en español tienen dos partes: el clítico y una frase determinante opcional (*a sí misma, el uno al otro*). Estas frases concuerdan en género y número con el sujeto de la cláusula:

---

(114)   a. El actor se miró a sí mismo en el espejo

b. Las jugadoras se pasaron la pelota la una a la otra hasta llegar a la portería

---

Lo que tienen en común las anáforas es que la referencia del argumento interno (el objeto directo o indirecto) es la misma que la del sujeto; por esa razón los siguientes ejemplos son anómalos:

---

(115)   a. *El actor se miró a sí misma en el espejo

b. *Las jugadoras se pasaron la pelota los unos a los otros hasta llegar a la portería

---

En cada caso, el género de la frase determinante objeto no coincide con el género de la FD sujeto (*el actor ... sí misma* y *las jugadoras ... los unos a los otros*), por lo que no pueden referirse a la misma persona y el resultado es agramatical. Las anáforas están regidas por el principio siguiente:

Principio A de la teoría de ligamiento: las anáforas deben tener un antecedente con c-comando en la cláusula que las contiene. El antecedente y la anáfora se refieren a la misma entidad.

Este principio tiene dos partes: las anáforas deben tener un antecedente, y este antecedente debe estar en la misma cláusula que la anáfora (la **localidad**). Predice que si el antecedente aparece en otra cláusula, el resultado es anómalo:

---

(116)   a. *El actor cree que [la directora se mira a sí mismo en el espejo]

b. *Las jugadoras piensan que [los contrarios se pasaron la pelota la una a la otra hasta llegar a la portería]

En el primer ejemplo, la anáfora *se … a sí mismo* debe tener un antecedente en su cláusula (entre corchetes), pero no hay ninguno que coincida en género y número. El único candidato potencial, *el actor*, está en otra cláusula, y el resultado es agramatical.

En el segundo ejemplo ocurre lo mismo: el único antecedente potencial que coincide en género y número con *se … la una a la otra* es *las jugadoras*, pero esta frase está en otra cláusula, y por lo tanto el resultado es agramatical.

El principio A de la teoría de ligamiento menciona que el antecedente tiene que c-comandar a la anáfora. Esto se ilustra con el siguiente ejemplo:

(117)   *La sobrina del actor se mira a sí mismo en el espejo

Aquí, el candidato a antecedente de *se … sí mismo* es *el actor*. En este caso, el problema no es que esté fuera de la cláusula (está dentro de la misma), sino que está demasiado incrustado dentro de la frase del sujeto. Formalmente, el antecedente no c-comanda a la anáfora, como vemos en la representación siguiente, donde hemos simplificado algunos detalles:

(118)

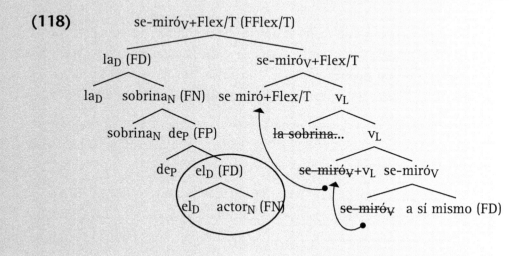

Como vemos en esta estructura, *el actor* no c-comanda a *se* (ni a *sí mismo*), porque el primer nodo que domina *el actor* (*de*$_P$) no domina a *se … sí mismo*.

En cambio, *la sobrina (del actor)* sí c-comanda a *se ... sí mismo*, porque el primer nodo que domina a esa FD (FFlex) domina a *se ... sí mismo*. En este sentido, *la sobrina* podría ser estructuralmente el antecedente de *se ... sí mismo*, pero no coinciden en rasgos de género, por lo que no pueden referirse al mismo referente.

Lo mismo ocurre con las anáforas recíprocas, como vemos en el siguiente ejemplo:

(119) *La hija de las jugadoras se pasaron la pelota la una a la otra hasta llegar a la portería

En este caso, *la hija* c-comanda a *se* y a *la una a la otra*, pero es singular, y la anáfora recíproca requiere un antecedente plural. *Las jugadoras*, en cambio, no c-comanda a la anáfora, por lo tanto, no puede ser su antecedente, y el resultado es que la anáfora no tiene antecedente viable.

6.4.5 Combinaciones de clíticos

En esta sección cambiamos un poco de dirección, y revisamos los patrones que se producen cuando aparecen dos clíticos formando un grupo. Empezamos con un ejemplo: supongamos que Daniel perdió su mochila y su teléfono celular el otro día mientras viajaba en bus, pero como es una persona con mucha suerte, la mochila se la devolvió una pasajera. En cuanto al teléfono, Daniel nos dice:

(120) El teléfono, me lo devolvió el chofer del bus

En este ejemplo, dos clíticos (*me*, *lo*) aparecen juntos, formando un grupo que tiene reglas bastante estrictas: por una parte, los dos clíticos tienen que estar juntos, como en (120), o como en (121a), y no pueden aparecer separados, como en (121b–c). Representamos la generalización esquemáticamente en (122):

(121) a. El teléfono pudo devolvérmelo el chofer del bus

b. *El teléfono **me** pudo devolverlo el chofer del bus

c. *El teléfono **lo** pudo devolverme el chofer del bus

---

(122) a. CL_1-CL_2 V_{FLEX} ✓

b. $V_{NO\text{-}FLEX}$ CL_1-CL_2 ✓

c. *CL_1 V CL_2 ✗

En segundo lugar, el orden y la forma en el que aparecen los clíticos dentro del grupo tiene también reglas estrictas. Por un lado, no es posible tener dos clíticos de tercera persona que empiecen por *l-*, como vemos en (123). En (123a) y (123b), vemos que cada uno de los argumentos del verbo *tirar* puede ser dislocado con un clítico de tercera persona: *les* para *los pájaros*, y *las* para *las semillas*. Pero cuando los dos argumentos del verbo aparecen dislocados en (123c), los clíticos no pueden ser *les* + *las*, como esperaríamos, sino que el primero se transforma en *se*, como vemos en (123d). La regla simplificada se presenta en (124):

---

(123) a. A los pájaros les tiraron unas semillas

b. Las semillas, en cambio, nos las tiraron al suelo

c. *A los pájaros, las semillas, también les las tiraron al suelo

d. A los pájaros, las semillas, también se las tiraron al suelo

---

(124) $l\text{-}_{CL} + l\text{-}_{CL} \rightarrow se_{CL} + l\text{-}_{CL}$

¿Por qué es necesario anotar la regla de (124) con el subíndice "CL"? ¿No bastaría decir que *l-* + *l-* → *s-* + *l-*? No, porque el cambio sólo pasa con los clíticos, no con cualquier palabra que empiece por *l-*, como vemos a continuación:

(125)   a. Le lanzó una naranja   *Se lanzó una naranja.
            b. Vamos a traerles la cuenta   *Vamos a traerse la cuenta

Es decir, el cambio sólo se produce cuando las dos secuencias son de clíticos.

El **orden interno** de los grupos de clíticos también tiene reglas rígidas. Para las variedades generales del español, las reglas de combinación son las que aparecen en el esquema de (126a), expresadas en términos de rasgos de persona y caso (ver Perlmutter (1971)): *se* precede a todos los otros clíticos, la segunda persona precede a la primera, y la tercera dativo precede a la tercera acusativo. En (126b) se presentan ejemplos concretos de los clíticos.

(126)   a. SE > 2 > 1 > 3.DAT > 3.ACUS
            b. se > te > me > le > lo

A continuación vemos ejemplos de las secuencias posibles e imposibles según las reglas de (126a):

(127)   a. Te lo dije
            b. *Lo te dije

(128)   a. Se le cayó
            b. *Le se cayó

En el primer caso, *te* (segunda persona) precede a *lo* (tercera persona), y el orden contrario no es posible. En el segundo caso, *se* precede a *le*, y no al contrario.

El esquema de (126a) tiene ligeras variaciones según las variedades. Por ejemplo, en algunas regiones de Castilla (España), es frecuente el orden 1 > 2 (*me te*) y 1 / 2 > *se*, como vemos en los siguientes ejemplos:

(129) a. Me se cayó   (español de Castilla)
        b. Te se duerme la pierna
        c. No me te vayas

El esquema de (126) opera sobre el rasgo de persona y de caso. Además, existe otra restricción que sugiere que cuando uno de los clíticos es de tercera persona, tiene que ser el objeto directo. Para ver esta restricción, consideremos el verbo *presentar*, que tiene tres participantes:

(130) El embajador le presentó a Marta al presidente

Los participantes que nos interesan son *Marta* (el tema, la persona presentada) y *el presidente* (la meta, o la que "recibe" la presentación). Como vemos en (131), es posible tener los dos clíticos sin problemas: *se* es el clítico de objeto indirecto y *la* es el clítico de objeto directo.

(131) A Marta, se la presentó el embajador al presidente

Si construimos ejemplos parecidos, pero con una segunda persona como objeto directo, el resultado es (132a), donde el tema está representado por el clítico *te*. En ese caso, el ejemplo es gramatical también, pero cuando los dos argumentos aparecen como clíticos, como en (132b), la oración es agramatical, porque ahora tenemos un clítico de tercera persona (*le*) que no es objeto directo, sino objeto indirecto.

(132) a. El embajador te presentó al presidente
        b. *A ti, te le presentó el embajador al presidente

Las interacciones entre persona y caso que venimos presentando se han descrito en muchas lenguas, algunas cercanas al español (el catalán, por ejemplo), pero otras muy alejadas (el guaraní o las lenguas algonquinas). Estas interacciones entre la morfología, la persona, y el caso se han llamado la **restricción de persona y caso**. Hay distintos tipos de análisis: algunos proponen que estas interacciones son puramente morfológicas, y asumen que los clíticos que indican persona tienen una estructura morfológica compleja, que al interactuar con otros clíticos, produce estos resultados. Otros análisis se basan en diferencias en la representación sintáctica de las distintas personas, que se manifiestan en las restricciones que hemos descrito. Los detalles de cada uno de los análisis son bastante complejos y referimos al lector interesado a las lecturas del final del capítulo.

6.4.6 Variación en el paradigma de los clíticos

Hemos mencionado más arriba que los clíticos referenciales tienen rasgos de persona, número, y especificidad, y en tercera persona de género y caso (*le/lo/la*). En esta sección, vamos a concentrarnos en la muy compleja variación dialectal en los rasgos de tercera persona. El sistema representado en (133) es el llamado **sistema de caso**, que distingue entre el dativo *le(s)* y acusativo *lo(s)/la(s)*, como vemos en (134): en el primer ejemplo, *la* corresponde al objeto directo de *saludar*, mientras que en el segundo, *le* corresponde al objeto indirecto de *pedir*.

---

(133)   Paradigma de caso de los clíticos de tercera persona

	Masculino	Femenino
Acusativo	Lo(s)	la(s)
Dativo	Le(s)	Le(s)

---

(134)   a. La saludé

b. Le pedí un favor

El segundo paradigma llamado **referencial** no distingue entre los clíticos respecto al caso, sino respecto al tipo de referente, y corresponde al área central de España. La distinción clave en este sistema está entre nombres con referente discontinuo (entidades que se pueden contar, como *mesa*, *niña*, *árbol*) y nombres con referente continuo (entidades que no se pueden contar, sino que corresponden a masas: *vino*, *pan*, *aire*, *gente*). Este segundo sistema se ilustra en (136)–(138). En el primer par de ejemplos, *le* representa un referente no continuo masculino (tanto un objeto directo como uno indirecto). En el segundo par, *la* representa objetos directos e indirectos no continuos femeninos. En el tercer par de ejemplos, *lo* representa a objetos directos e indirectos continuos.

(135)   Paradigma referencial de los clíticos de tercera persona

	Masculino	Femenino
Continuo	*Lo*	*lo*
No continuo	*Lo*	*la*

(136)   a. Le conocí ayer

b. Le regalaron un libro

(137)   a. La saludé ayer

b. La regalaron un libro

(138)   a. Lo toman en las comidas (*vino, agua, pan* ...)

b. Lo añaden (*a la leche*) colorantes

Estos dos sistemas representan los casos más claros, pero hay otros mezclados. Incluso en el paradigma de caso hay algunos verbos que tienen casi exclusivamente objetos animados y que aparecen con *le*: *ayudar, llamar*. Es posible que el argumento de esos verbos sea un verdadero dativo, y no un objeto directo. En ese caso, sería esperable que apareciera el clítico *le*. Pero también es posible que la animacidad sea más relevante en estos casos que la marca de caso acusativo (el llamado **leísmo**). Del mismo modo, existen variaciones en el paradigma referencial que alternan entre *le* y *lo* o *le* y *la* con referentes continuos:

---

(139)   a. El congrio lo cuezo, y luego le frío un ajo
   b. [La ropa] la dabas dos regaduras   (ejemplos de Fernández-Ordóñez (1994))

Un tercer tipo de variación bastante frecuente en España extiende la marca de género a los dativos, independientemente de si son continuos o no: *A Marta la dije que no llegara muy pronto, y a Pedro también le dije lo mismo.* En este caso, el clítico *la* es objeto indirecto e indica femenino, mientras que el segundo clítico *le*, también objeto directo, indica masculino. Tradicionalmente, esta extensión del género al objeto indirecto se llama **laísmo**.

En contextos bilingües o de contacto de lenguas, se han descrito paradigmas que simplifican radicalmente las distinciones: por ejemplo, en Puno (Perú, en contacto con quechua y aymara), algunos hablantes usan *le* para objetos indirectos y *lo* para objetos directos, marcando la distinción casual, y eliminando los rasgos de animacidad y género. En Ayacucho (Perú, en contacto con quechua), también hay gran variación, y el paradigma más radical usa únicamente *lo* (el llamado **loísmo**). Más arriba vimos ejemplos de doblado en los que el clítico no establece concordancia con el género del referente, sino que son únicamente marcas de caso en el verbo (ver (109)).

La gran variación en los paradigmas de los clíticos plantea dos retos: por un lado, cómo caracterizar los distintos sistemas observados, por otro lado, cómo explicar la variación aparentemente libre entre formas producidas por un mismo hablante. La primera pregunta sugiere que hay varios factores que son más o menos prominentes en cada variedad: para algunos hablantes, lo que prima es la animacidad, para otros, el caso y el género, etcétera. La segunda pregunta es más compleja: si un hablante tiene un sistema basado en la distinción de caso (*le* para indirectos, *lo/la* para directos), ¿cómo caracterizar el uso de *le* con verbos como *llamar* o *ayudar*? Parece obvio que en estos casos la animacidad prima sobre el caso. Por otro lado, a veces un mismo hablante usa *le* o *lo* en el mismo contexto (como en el ejemplo de (139a)), pero no sabemos con exactitud si esta variación está condicionada por un factor o si es simplemente variación libre. Finalmente, aunque el papel del contacto con otras lenguas es claramente relevante, los parámetros de influencia de la otra lengua no están tan claramente definidos en todos los casos.

En resumen, los paradigmas clíticos en español varían según los rasgos de animacidad, caso, género, y continuidad del referente, además del contacto con otras lenguas. Existe también aparente variación individual que no se sabe si es libre o condicionada por algún factor no entendido totalmente.

6.5 Resumen del capítulo

Este capítulo ha presentado bastante información: por un lado, hemos introducido una distinción estructural entre verbos inacusativos, inergativos, y transitivos, basada en una categoría funcional v_L conectada con argumentos externos. Por otro lado, hemos analizado las condiciones en las que se aplica el marcado diferencial de objeto (MDO) con objetos directos animados. En tercer lugar, hemos distinguido entre objetos indirectos dativos (con clítico *le*) asociados con una categoría funcional aplicativa, y los objetos directos preposicionales. También hemos presentado los dativos éticos, que no son argumentales, pero codifican los efectos que un evento tiene en los participantes. Finalmente, hemos revisado las propiedades de los clíticos, concentrándonos en los clíticos referenciales. Los clíticos son unidades sintácticamente y fonológicamente débiles, que se adjuntan a núcleos verbales.

Ejercicios

1. **Verbos inacusativos e inergativos**
1.1 Clasifique los siguientes verbos en inacusativos e inergativos, usando los diagnósticos propuestos para el español.

MDO depende de la referencia del objeto

> **Ejemplo:**
> *Llegar:* inacusativo, porque es posible decir *llegados los invitados ...* y las cláusulas absolutas son un diagnóstico para los verbos inacusativos.

Venir, terminarse, pasar, bailar, sonreír, existir, permanecer, nacer

1.2 Elija un verbo de cada tipo de la lista anterior, y de un ejemplo de su uso. Presente la estructura para cada uno, según la hipótesis que plantea dos estructuras distintas para los verbos inacusativos e inergativos.

2. Objetos directos

2.1 Identifique los objetos directos en los siguientes ejemplos:

   a. Los abuelos les regalaron juguetes a los niños
   b. Un meteorito invadió la atmósfera
   c. Los gatos persiguen a los ratones
   d. Esta mañana lavaron la terraza

2.2 En los siguientes ejemplos, ¿cuáles son frases preposicionales y cuáles MDO? Para cada caso, explique su respuesta usando pruebas sintácticas de distribución.

> **Ejemplo:** Oímos a un cantante
> *A* es MDO, porque si el objeto directo es inanimado, no aparece: *oímos la música.* El MDO es opcional según las condiciones semánticas del objeto.

   a. Visitamos a mis papás durante el fin de semana *MDO*
   b. El candidato Pérez precedió al candidato Romero en la toma de posesión   *prep.*
   c. Los periodistas siguieron al famoso actor hasta su casa *MDO*   *puedes decir seguir sin a.*
   d. Los estudiantes asistieron a clase *prep.*
   e. Sorprendieron a los ladrones en pleno robo *prep.*

2.3 (Avanzado) Los siguientes verbos aparecen obligatoriamente con *a*:

   a. El resultado del concurso impresionó a los jueces
   b. El sabor de la cocina mexicana sorprendió a los turistas

¿Podemos considerar *a* un MDO en estos casos? Proponga razones a favor o en contra.

3. Objetos indirectos

3.1 Identifique los objetos indirectos dativos y los objetos indirectos preposicionales en los siguientes ejemplos, explicando qué criterios ha usado para clasificarlos de esa manera.
   a. El perro le dio un mordisco a la pelota
   b. El avión llevó a los pasajeros a Túnez
   c. El cartero le entregó un paquete a Ana
   d. A Mabel le duele mucho la cabeza
   e. Trajeron unas flores para los invitados

3.2 (Avanzado) Los objetos indirectos subrayados pueden dividirse en dos grupos: los de los verbos sicológicos y los de los verbos ditransitivos. Primero, clasifique los ejemplos en uno de esos dos grupos. Segundo, indique qué propiedades sintácticas los distinguen.
   a. A los gorilas les gustan los chocolates
   b. A mi hermana le dieron chocolates por su cumpleaños
   c. A la perrita Maki les molesta que la mojen
   d. Le pidieron identificación a ella
   e. A mí me importa que la gente sufra

3.3 (Avanzado) Indique cuáles de los clíticos en los siguientes ejemplos son argumentales y cuáles son dativos éticos

> Ejemplo: *Se lo di*
> *Se* y *le* son argumentales. *Se* es un dativo que aparece como *se* por la regla que impide tener dos clíticos con *l-* seguidos.

   a. No me molestes
   b. No me bebo nada de líquido
   c. Se me murió mi gatito
   d. Se me cayó un vaso

4. Clíticos

4.1 Indique cuáles son las posibles posiciones del clítico entre paréntesis en los siguientes ejemplos.

> **Ejemplo:** El pescado, _____ permitió _____ traer_____
>
> El pescado, <u>me lo</u> permitió traer
>
> El pescado, permitió traér<u>melo</u>
>
> *El pescado, permitió <u>me lo</u> traer

a. Los libros, _____ quiero _____ traer_____   (*te* y *lo*)

b. Las respuestas correctas, _____ sigue _____ dando_____ (*me* y *las*)

c. Los resultados, _____ espero que _____ entregues_____ (*nos* y *los*)

d. El asado, _____ espero _____ comprar_____   (*lo*)

e. La cuenta, _____ quiero que _____ des_____   (*me* y *la*)

f. La botella, _____ siguió _____ llenando_____   (*me* y *la*)

4.2 Elija uno de los ejemplos de 4.1 y haga la estructura para los clíticos según el análisis de movimiento y otra estructura con el análisis del clítico como marca de concordancia.

4.3 (Avanzado) ¿Qué generalizaciones se pueden establecer sobre las posibles posiciones de los clíticos según las respuestas al ejercicio 4.1?

4.4 En los siguientes ejemplos de doblado con clítico, indique: 1) si el doblado es obligatorio, opcional, o restringido a una variedad. 2) Si es restringido, ¿qué variedad lo permite? 3) ¿Qué rasgo de la frase doblada es relevante en cada caso?

> **Ejemplo:** *Los vi a los niños*, restringido a la variedad porteña y de Lima.
>
> El rasgo relevante es que la FD tiene referente definido y humano.

a. La vi a ella

b. Las compré las agujas

c. Los saludé a todos

d. Los visité a unos niños

4.5 Indique cuáles de los siguientes clíticos son reflexivos o recíprocos, y cuál es su antecedente.

> Ejemplo: El niño se habló a sí mismo
> *Se* es un clítico reflexivo y su antecedente es *el niño*.

a. Se saludaron unos a otros
b. Se miró en la superficie del lago
c. Me visto todas las mañanas
d. Piensan sorprenderse el día de su aniversario

4.6 En los siguientes ejemplos, hay varias frases nominales. Indique cuáles son posibles antecedentes para las anáforas, y cuál sería la cláusula en la que la anáfora tiene que tener su antecedente.

> Ejemplo: Miguel dice que Pedro se vio a sí mismo
> *Pedro* es un posible antecedente que está en la misma cláusula que *se ... sí mismo* (*Pedro se vio a sí mismo*).

a. Marta piensa que Ana se perjudicó a sí misma con esa decisión
b. Los primos de Miguel y Mario se molestaban el uno al otro en las fiestas de cumpleaños
c. Gustavo le pidió a Pedro que se valga por sí mismo
d. Vimos a María identificarse a sí misma en la foto

4.7 (Avanzado) Los siguientes ejemplos son agramaticales porque la anáfora no puede interpretarse apropiadamente. ¿Qué principio gramatical explícito no se cumple en estos casos?

> Ejemplo: *La niña se confundió a sí mismo
> Principio gramatical: las anáforas tienen que tener un antecedente local, que concuerde en género y número; en este caso, *sí mismo* es masculino y *la niña* es femenino.

a. *La hija de Miguel se escribió a sí mismo una carta
b. *Marta cree que ellos se perjudicó a sí misma

    c. *El perrito se mordió el uno al otro

    d. *Los participantes se presentaron a sí mismo

4.8 Identifique los rasgos de los distintos clíticos. ¿Son consistentes con la escala de Perlmutter?

> **Ejemplo:** Se lo dije
>
> *Se* > *lo* (3, acusativo), sí es consistente con la generalización.

    a. Se lo dieron

    b. No te me caigas

    c. Me se cayó (dialecto castellano)

    d. Avísenmele

    e. No te me le acerques

    f. ¿Se te perdió?

4.9 (Avanzado) En los siguientes ejemplos vemos tres variedades distintas respecto al sistema de clíticos de tercera persona. Para cada una de las variedades, indique qué rasgos gramaticales determinan el sistema de clíticos.

> **Ejemplo:** En la variedad X, los rasgos que determinan el sistema son la referencialidad y la animacidad.

Variedad A:

    a. La harina lo mezclas con agua

    b. A María, la dieron un pantalón

    c. A los burros, les llevaron al establo

    d. El vino, lo bebes con las comidas

Variedad B:

    a. La harina la mezclas con agua

    b. A María, le dieron un pantalón

    c. A los burros los llevan al establo

    d. El vino, lo bebes con las comidas

Variedad C:

    a. La harina lo mezclas con agua

    b. A María, lo dieron un pantalón

    c. A los burros los llevan al establo

    d. El vino, lo bebes con las comidas

Lecturas adicionales

Verbos inacusativos, inergativos, y sicológicos

Burzio (1986)

Mateu (2016)

Mendikoetxea (1999)

Perlmutter (1978)

Toribio y Nye (2006)

Objetos directos, indirectos, y MDO

Cuervo (2003)

Leonetti (2004)

Rodriguez-Mondonedo (2007)

Torrego (1998, 1999)

Clíticos

Bonet (1991)

Fernández-Ordóñez (1999)

Fernández Soriano (1993, 1999)

Jaeggli (1986)

Kayne (1975)

Ordóñez (2012)

Perlmutter (1971)

Suñer (1988, 1992, 1999)

Zdrojewski y Sánchez (2014)

7 | Extensiones de la frase verbal: tiempo y aspecto

7.0 INTRODUCCIÓN

En el capítulo 2 introdujimos la distinción entre categorías léxicas y categorías funcionales, y en el capítulo 6 empezamos a ilustrar el importante papel que tienen las categorías funcionales en las distinciones argumentales (verbos ergativos frente a inacusativos) y en la distribución de los objetos directos dativos o aplicativos. Este capítulo está dedicado a dos categorías importantes relacionadas con la localización de los eventos verbales en el contexto más amplio: el tiempo y el aspecto. La primera localiza los eventos respecto al momento del habla, y también determina la posibilidad de tener sujetos nulos, y la segunda codifica la estructura interna de un evento, indicando si el evento está acabado o no, si el evento es durativo o puntual, etcétera. Veremos que se han propuesto dos grandes tipos de aspecto: el aspecto interno y el aspecto externo. Finalmente, revisaremos algunas de las propiedades asociadas con el tiempo (T).

7.1   La localización de los eventos: el tiempo y el aspecto

Imagínese una de esas películas en las que se presentan los mismos aconteci-mientos desde puntos de vista muy distintos, según el narrador. Por ejemplo, si un corredor narra su experiencia de correr una maratón, su perspectiva es muy distinta que si lo hace un espectador. Evidentemente, un mismo evento se puede ver de distintas maneras, pero cuando lo codificamos lingüística-mente, algunas características del evento se marcan gramaticalmente y otras no. Por ejemplo, si digo *veo al corredor pasando la meta*, mi descripción de ese acontecimiento indica que está ocurriendo en el momento que hablo, pero no me dice si son las 11 de la mañana o las 3 de la tarde, si el corredor se siente cansado, si corre con pasos largos o cortos, o si hace frío o calor cuando lo veo.

Dos de las propiedades que se codifican sistemáticamente en todo evento gramatical incluyen el tiempo y el aspecto. El tiempo es una categoría relativamente fácil de entender intuitivamente. En el ejemplo del corredor de maratón, podemos imaginar una marca imaginaria, el momento del habla, respecto al cuál se ordenan los eventos: la llegada del corredor es simultánea, otros eventos son anteriores, y otros posteriores. El tiempo gramatical hace eso: ordena los eventos respecto a un punto de referencia, el más importante es el momento en que la persona habla. La representación del tiempo se presenta esquemáticamente en (1):

(1) a. Tiempo

b. Ayer se cerraron las calles para la maratón

c. Veo al corredor pasando la meta

d. Esta tarde van a entregar los premios de la carrera

Los tres eventos representados en ese esquema se sitúan antes del momento del habla (evento 1), alrededor del momento del habla (evento 2), o después (evento 3), y es lo que llamamos pasado, presente, o futuro.

Ahora cambiemos de perspectiva, en vez de localizar los eventos respecto al momento del habla, imaginemos que nuestro investigador toma una lupa y mira los detalles de cada evento: en cada momento investiga si está pasando algo o no, si una acción ha empezado ya, o si ha terminado, si continúa, etcétera. Estos detalles del desarrollo interno del evento son el **aspecto**, como vemos en (2). En ese esquema, en el evento 1, la acción está delimitada al principio y al final, mientras que en el evento 2, la acción está abierta por ambos lados, es decir, es durativa.

(2) Aspecto

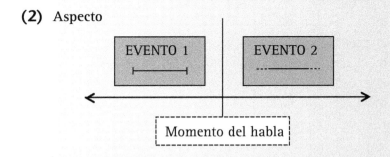

Como lo indica el esquema de (2), esos distintos eventos aspectuales de todos modos se asocian con el momento del habla, de manera que hay una relación dinámica entre el tiempo y el aspecto: puedo decir *llegué ayer* o *llegaba ayer*, los dos eventos son pasados respecto al momento del habla, pero uno está delimitado y el otro no.

Veamos otro ejemplo. Las dos cláusulas que vemos a continuación indican eventos pasados (el tiempo es antes del momento del habla), pero el primero de ellos (*llegué*) está delimitado (es **perfectivo** y lo representamos como una línea muy corta con límites), mientras que el segundo (*cantaba*) no lo es (es **durativo** y los representamos como una línea abierta en los extremos).

(3) a. Cuando llegué ayer, ella cantaba

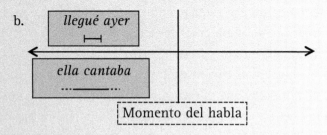

Aspecto: la codificación lingüística de la estructura interna de un evento.

Tiempo: la relación entre un evento codificado lingüísticamente, el momento del habla, y otros puntos de referencia en el eje temporal.

En lenguas como el español, normalmente el tiempo es más preeminente, porque dentro de un mismo tiempo puede haber distintos aspectos: *llegué* y *llegaba* son tiempos pasados que indican aspecto perfectivo e imperfectivo o durativo respectivamente, y porque todas las formas verbales flexionadas tienen potencialmente denotación temporal. Por esa razón, se asume que el tiempo es la categoría dominante en la flexión, mientras que el aspecto es una categoría funcional localizada más abajo en la jerarquía de la cláusula.

Estas dos categorías funcionales, el tiempo y el aspecto, se asocian con bastantes fenómenos gramaticales. El tiempo está muy conectado con la expresión de la persona y el número en el verbo, y estas propiedades determinan que pueda haber sujetos no expresos. Los clíticos como *se* pueden expresar nociones aspectuales. En las próximas secciones revisaremos tanto la parte del significado aspectual y temporal, como los fenómenos sintácticos asociados con esas categorías funcionales.

7.2 El aspecto

Como adelantamos más arriba, el aspecto verbal se concentra en la estructura interna de los eventos, es decir, si se codifica gramaticalmente el principio y el fin del evento, si dura, si tiene un resultado, etcétera. El aspecto se expresa de dos maneras sistemáticamente distintas: el **aspecto verbal** (o **gramatical**), también llamado **aspecto de punto de vista** o **aspecto externo**, es el que distingue entre *comí* y *comía*. Como indican esos ejemplos, este tipo de aspecto se ve claramente en español en la morfología del verbo.

El **aspecto léxico** o **Aktionsart**, también llamado **aspecto situacional** o **interno,** es más complejo: se ve en el significado de la frase verbal (*vivir*, una actividad, *ser feliz*, un estado), pero también se ve afectado por otros elementos como los objetos directos, las frases preposicionales, e incluso el aspecto verbal.

7.2.1 Aspecto verbal

El aspecto externo se expresa en la morfología verbal, por ejemplo, en las distintas terminaciones morfológicas de *viví* y v*ivía*. ¿Qué significados codifica este aspecto externo? Los límites del evento: el aspecto **imperfectivo** (*vivía*) indica que el evento se codifica lingüísticamente como abierto, sin límites, mientras que el aspecto **perfectivo** (*viví*) indica que el evento tiene un límite, normalmente al final. Supongamos que *alguien me cuenta* la historia de su vida, de los sitios donde ha vivido, y dice:

(4) a. En esa época de mi vida vivía en Asunción
    b. En esa época de mi vida viví en Asunción

¿Cuál es la diferencia entre los dos? En cierto sentido, narran un evento parecido ("vivir en Asunción en el pasado"), pero lo hacen con puntos de vista distintos sobre ese evento. Estos dos eventos se pueden representar de la siguiente manera:

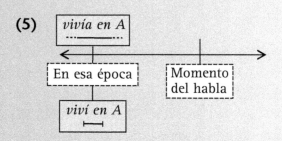

(5)

Ambos eventos son anteriores al momento del habla, y simultáneos a un momento pasado representado por *en esa época*. Al usar el imperfecto (*vivía*, representado en la parte de arriba de (5)), se deja abierta la posibilidad de que el evento empezara antes del momento de referencia (*en esa época*), y continuara después: el imperfecto no indica cuándo dejó de vivir en Asunción, ni siquiera si dejó de vivir en esa ciudad (aunque el oyente puede asumir que como es un evento pasado, ya no sigue siendo válido, pero esto es sólo una impresión).

En cambio, la línea cerrada del cuadro inferior de (5) refleja que la forma verbal del pretérito del ejemplo (4b) es perfectiva, y eso me indica que el evento de vivir en Asunción terminó en algún momento del pasado.

El aspecto externo se codifica en español como parte de la morfología verbal, como ya mencionamos: *viv-ía* y *viv-í*, pero también puede aparecer en los auxiliares verbales, como vemos en (6). En estos dos ejemplos, el auxiliar (*seguir* y *continuar*) junto con la forma de gerundio (*siendo, lloviendo*) indican aspecto imperfectivo.

(6)   a. La canción dice: "pero sigo siendo el rey"
　　　　b. Continúa lloviendo

Los adverbios también son sensibles a las diferencias aspectuales, como podemos ver en los siguientes ejemplos. El contexto es la llegada de un amigo a un hospital donde su mejor amiga va a tener un niño. Al ver al padre, pregunta:

(7) ¿Ya nació?

El adverbio *ya* señala el punto a partir del cual un evento ha terminado: si digo *ya nació*, esto quiere decir que el nacimiento terminó de ocurrir en un punto de referencia del pasado (señalado por *ya*). Sin embargo, podemos observar que *ya* no es compatible con ciertos aspectos verbales:

(8) ¿Ya nacía?

Como el aspecto imperfectivo del imperfecto indica un evento abierto, sin límite, *ya* es incompatible, porque *ya* necesita ese límite de referencia. Este límite normalmente lo proporciona en el pasado la delimitación perfectiva del pretérito, pero también puede hacerlo el aspecto léxico del verbo (*A los tres años ya sabía leer*).

Aspecto verbal o gramatical (aspecto externo o de punto de vista): el aspecto con efectos sintácticos, que se codifica morfológicamente en español en un verbo o en un auxiliar verbal.

Aspecto imperfectivo: el aspecto que indica que el evento lingüístico es abierto (sin límites intrínsecos).

Aspecto perfectivo: el aspecto que indica que el evento lingüístico tiene un final.

Aspecto incoativo: el aspecto que indica que el evento lingüístico tiene un principio.

¿Cómo representamos este tipo de restricciones aspectuales de los adverbios? Como hemos visto, *ya* establece una relación entre su significado y el significado aspectual del verbo, y eso es lo que refleja típicamente la sintaxis. Por esa razón, se ha propuesto representar el aspecto como un núcleo funcional, porque la sintaxis refleja las relaciones combinatorias entre las distintas palabras y frases. Este núcleo funcional ASP puede tener distintos valores: [PERFECTIVO] o [IMPERFECTIVO]. Es decir, el ejemplo *llegó el paquete* tendría la estructura que vemos en (9).

(9) Flex/T (FFlex/T)

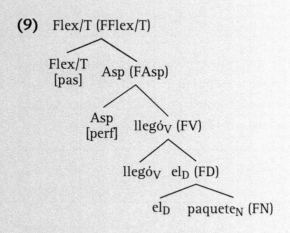

Un adverbio como *ya* tiene el rasgo [PERFECTIVO], que tiene que concordar con el aspecto de la cláusula. Por esta razón, sólo (7) es gramatical, y no (8).

El aspecto verbal también se puede ver en las construcciones absolutas que ya han aparecido en la presentación de los verbos inacusativos e inergativos. Cuando las construcciones absolutas aparecen con un participio, indican aspecto perfectivo, como vemos en (10) con *llegados*.

(10) Llegados los paquetes, pudimos envolver los regalos

Expansión: Otras manifestaciones del aspecto gramatical

En algunas lenguas, el aspecto gramatical aparece conectado con el caso gramatical. Por ejemplo, en finlandés, el caso acusativo del objeto directo produce una interpretación perfectiva, mientras que el caso partitivo produce una lectura imperfectiva, como vemos en (i) y en (ii) respectivamente (ver Comrie (1976), p. 8). Esto sugiere que el aspecto externo no es puramente verbal, sino más correctamente gramatical, porque afecta a partes de la sintaxis (como las relaciones de caso) distintas de la morfología verbal.

(i)   Hän luri kirjan
      Él lee libros-ACUS   'Él leyó el libro'

(ii) Hän luri kirjaa
      Él lee libros-PART   'Él estaba leyendo el libro'

En resumen, el aspecto verbal o gramatical es una categoría asociada con la morfología del verbo, que se sitúa jerárquicamente por debajo del tiempo, y que indica conceptos como perfectivo/imperfectivo.

7.2.2 El aspecto léxico

Un segundo tipo de aspecto se llama **aspecto léxico**, también llamado **aspecto interno** o **Aktionsart**. Este aspecto se diferencia del aspecto verbal en que viene determinado por el significado mismo del verbo, y no tiene morfemas propios. Por ejemplo, "nacer", "vivir", y "morir" son actividades muy conectadas en la existencia de los humanos: salvo los inmortales, todos los seres humanos nacemos, vivimos, y morimos, pero como verbos, *nacer, vivir,* y *morir* son muy distintos: *nacer* indica un **cambio de estado** (**incoativo**): es el momento en que se pasa de no tener vida a tener vida, *morir* también indica un **cambio de estado,** pero en este caso es el final: dejar de vivir, mientras que *vivir* indica una **actividad** (desde el punto de vista gramatical, sin límites intrínsecos). La diferencia entre los verbos *vivir* y *morir* se manifiesta en la posibilidad de combinarlos con distintos tipos de adverbios:

(11) a. Las hormigas viven en el hormiguero durante varias semanas
          b. *Las hormigas viven en el hormiguero en una hora

(12) a. Las moscas mueren en pocos días

b. *Las moscas mueren durante dos horas

Lo primero que notamos es que todos estos ejemplos están en el mismo tiempo verbal, de modo que las diferencias no tienen que ver con el tiempo, ni con el aspecto verbal. Como vemos en el primero, *vivir* es compatible con *durante varias semanas*, pero no con *en una hora*. *Morir*, en cambio, es compatible con la frase *en pocos días*, pero no con *durante dos horas*. ¿Por qué? A primera vista, estas diferencias son sorprendentes, no sólo porque no hay grandes diferencias obvias (más allá de la duración del periodo) entre *en una hora* y *durante varias semanas*, sino también porque nada más cambia en los ejemplos.

El significado de cada una de estas frases temporales nos da la clave: *durante* … precisa la duración de un evento, y por lo tanto sólo es compatible con verbos que expresan duración. *En X tiempo*, en cambio, se asocia con el final del evento, y por lo tanto, el verbo debe expresar ese final como parte de su significado para ser compatible con esa FP. *Vivir* tiene un significado durativo, mientras que *morir* tiene un significado de cambio de estado (es decir, el límite entre dos estados), por lo tanto, *vivir* es compatible con *durante X tiempo*, mientras que *morir* es compatible con *en X tiempo*. En (13) resumimos la situación.

(13) Distribución de *vivir* y *morir* con frases temporales

	Significado	En X tiempo	Durante
vivir	durativo	*	✓
morir	cambio de estado	✓	*

Estas propiedades son gramaticales, no accidentes de la vida: el evento de "nacer" dura muchas horas en la vida real, pero el verbo *nacer* es un cambio de estado "instantáneo".

El aspecto léxico tiene tres dimensiones distintas: si el evento cambia o no (**dinamicidad**), si dura o no (**duración**), y si tiene un límite o no (**telicidad**). Cuando un evento no cambia (evento **estativo**), no es sensible al paso del tiempo (aunque esté localizado en el tiempo), mientras que un evento **dinámico** sí. Imaginemos que mi amigo Nito ha estudiado en Brasil muchos años, y que por lo tanto *sabe portugués*. Esa frase describe una característica cognitiva de Nito, no un proceso de aprendizaje que cambia con el tiempo: es un evento estativo. En cambio, durante el proceso de aprendizaje de la lengua, podemos decir que *Nito aprende portugués*, y en ese caso la actividad cambia día a día: es dinámica.

(14)   Eventos según la dinamicidad

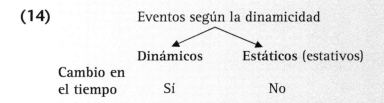

Si un día me levanto con pocas ganas de trabajar, prendo la computadora y me dedico a *mirar YouTube*, ese evento dura más o menos tiempo (¡a veces demasiado!): es un evento **durativo**. En cambio, si salgo a la calle en la mitad del invierno y *me resbalo*, ese evento es lingüísticamente **instantáneo** (aunque en mi cabeza pueda durar mucho tiempo ...).

(15)   Eventos según la duración

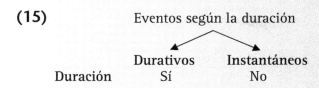

Finalmente, a veces, las situaciones cambian repentinamente, y otras veces no: si *Alicia se enamoró de Nita*, eso significa que mágicamente pasó de no tener sentimientos a tener un gran interés sentimental por Nita. En cambio, si *Nita respira fuerte* ante la noticia de que Alicia está enamorada de ella, *respirar* describe una actividad que no refleja un cambio. Es decir, los eventos pueden tener un **cambio de estado** con una culminación y un resultado (**telos**), o no:

---

(16)   Eventos según la culminación

          Télicos   Atélicos

Cambio de
estado   Sí   No

Según esa clasificación, hay por lo menos cuatro tipos de aspecto léxico, presentados en (17).

---

(17) Clasificación del aspecto léxico

	Estático	Durativo	Télico
Estado	+	+	−
Actividad	−	+	−
Realización	−	+	+
Logro	−	−	+

Veamos algunos ejemplos de cada tipo de verbo:

---

(18) Estados (+ est, + dur, − tél)
  a. Los niños están contentos porque no hay colegio
  b. Esta maleta pesa 30 kilos

Estar contento y *pesar* son eventos estáticos (no cambian en el tiempo) y durativos, que no implican un final en sí mismos.

---

(19) Actividades (− est, + dur, − tél)
  a. Los invitados bailaron toda la noche
  b. Los participantes caminaron por todo el parque

Bailar y *caminar* también son actividades que sí cambian en el tiempo (no son estáticas), tienen duración, y no tienen un final en sí mismas.

---

(20) Realizaciones (− est, + dur, + tél)

    a. En cinco años construyeron el túnel por debajo del río

    b. Caminamos hasta la playa

Construir y *caminar hasta la playa* también son actividades no estáticas, pero que tienen un final intrínseco: el túnel construido y la llegada a la playa, respectivamente.

---

(21) Logros (− est, − dur, + tél)

    a. Descubrieron la vacuna contra la rabia

    b. El avión aterrizó a las 3

Descubrir y *aterrizar* implican actividades instantáneas, con un final.

La diferencia entre estados y actividades es más o menos intuitiva: en los estados no hay cambios con el paso del tiempo. Las diferencias entre realizaciones y logros tienen que ver con la duración: los logros son "cambios de estado instantáneos", mientras que las realizaciones son "cambios de estado con un proceso previo".

Estas cuatro clases aspectuales reaccionan de manera distinta cuando se combinan con las frases *en X tiempo* y *durante X tiempo*. Los predicados télicos (con una culminación: logros y realizaciones) aceptan *en X tiempo*, mientras que los estados y las actividades no:

---

(22)   a. Caminamos hasta la playa en dos horas   (realización)

       b. Descubrieron la vacuna contra la rabia en cuatro años   (logro)

       c. *Los invitados bailaron toda la noche en ocho horas   (actividad)

       d. *Esta maleta pesa 30 kilos en cuatro horas   (estado)

Por otro lado, las actividades y los logros claramente pueden aparecer con *durante*; los estados varían:

(23)   a. Los invitados bailaron toda la noche durante el festival   (actividad)
   b. El avión aterrizó a las tres durante la tormenta   (logro)
   c. *Juan sabe francés durante el curso/los estudios   (estado)
   d. Los niños están contentos durante las vacaciones   (estado)

Otras pruebas que se han sugerido para clasificar el aspecto léxico incluyen la posibilidad de aparecer como complemento de *dejar/parar de*:

(24) Complemento de *dejar/parar de*
   a. Los niños dejaron/pararon de estar felices porque hay
      colegio   (estado)
   b. Los invitados dejaron/pararon de bailar toda
      la noche   (actividad)
   c. Dejaron/pararon de hacer el túnel por debajo
      del río   (realización)
   d. *Dejaron/pararon de descubrir la vacuna contra la rabia   (logro)

Las distintas pruebas se resumen en el siguiente cuadro:

(25) Resumen de pruebas de aspecto léxico

	durante	*en X tiempo*	*dejar/parar de*
Estado (+ est, + dur, – tél)	?	✗	✓
Actividad (– est, + dur – tél)	✓	✗	✓
Realización (– est, + dur, + tél)	✓	✓	✓
Logro (– est, – dur, + tél)	✓	✓	✗

Las diferencias de (25) se explican porque cada uno de los diagnósticos son sensibles a distintos rasgos del aspecto léxico. Por ejemplo, *durante* es incompatible con la culminación del evento (**telos**), mientras que *en X tiempo* requiere esa culminación. *Dejar/parar de* necesitan una duración, y por lo tanto no son compatibles con logros.

En este cuadro, la "?" en la casilla de los estados con *durante* indica la variabilidad de los estados que hemos visto en los ejemplos de (23c) y (23d).

En resumen, el aspecto léxico es el reflejo de la estructura interna de un evento en el significado de un verbo. Como vamos a ver, el aspecto léxico también afecta a otros componentes de la cláusula.

7.2.2.1 La composicionalidad del aspecto léxico: los clíticos aspectuales

Algunos elementos de la cláusula pueden afectar el aspecto léxico de un verbo, como la presencia de ciertos objetos directos, o el aspecto gramatical:

(26)   a. Los participantes caminaron por todo el parque   (actividad)
b. Caminamos hasta la playa   (realización)

(27)   a. Durante la mañana, los niños pintan   (actividad)
b. Picasso pintó el Guernica en cuatro meses   (realización)

En (26b), la actividad de caminar recibe una culminación cuando se especifica la meta (*hasta la playa*), convirtiéndose en una realización. Es decir, al combinar la denotación de *hasta la playa* con la actividad de *caminar*, el resultado composicional es una realización.

Lo mismo ocurre con la actividad de pintar: el objeto directo (*Guernica*) de (27b) indica el final de la actividad, y convierte a la frase verbal en una realización. Incluso el tipo de frase determinante es importante: así como *pintar el Guernica* es una realización, en cambio, *los niños pintan cuadros durante la mañana* es una actividad, y la diferencia está en que *el Guernica* tiene un determinante definido, mientras que *cuadros* no tiene determinante explícito.

El caso de *saber* es interesante, porque tiene distinto aspecto léxico dependiendo del aspecto gramatical en el que aparece:

(28) a. Marcela sabe la noticia (*durante su vida)   (estado)

 b. Marcela supo la noticia durante la reunión   (logro)

Sabe en presente (imperfectivo) se interpreta como un estado, y por eso es incompatible con *durante su vida*, pero *supo* en pretérito (perfectivo) se interpreta como un logro, parecido a *descubrir*. Esto no es sorprendente, porque la perfectividad indica que hay un límite en el evento, que es lo que necesita un logro.

Los clíticos no referenciales son uno de los mecanismos más productivos del español para cambiar el aspecto léxico de un verbo. Ya hemos visto en la sección 4 del capítulo 6 que los clíticos son morfemas prosódica y sintácticamente débiles, y que algunos de ellos modifican el aspecto léxico, como vemos en los siguientes ejemplos:

(29) a. Las camisas de algodón se arrugan fácilmente

 b. Juan arrugó las camisas fácilmente

(30) a. El niño se leyó el libro

 b. El niño leyó el libro

(31) a. Después de leer un rato, Paola se durmió

 b. Después del almuerzo, Paola durmió

En el primer ejemplo, el clítico *se* tiene dos efectos: por una parte, cambia la estructura argumental (el tema *las camisas* es el sujeto, como en una pasiva), y por otra, refuerza la interpretación genérica, casi universal: las camisas de algodón en general se arrugan fácilmente. Además, el primer ejemplo se interpreta más bien como una actividad, mientras que el segundo es más bien una realización.

En (30) vemos que la presencia de *se* cambia el aspecto léxico: el primer ejemplo indica que el niño terminó de leer el libro, o lo leyó totalmente (es decir, se interpreta como una realización), mientras que en el segundo, sin *se*, no se implica que la actividad resultara en el libro terminado, más bien es una actividad.

En (31), la diferencia está entre un cambio de estado en el primer ejemplo (pasar de estar despierto a estar dormido) frente a una actividad en el segundo, y este cambio se relaciona con la presencia de *se*.

¿Cómo formalizar sintácticamente el aspecto léxico? Empezamos diciendo que el aspecto léxico era una propiedad del significado del verbo, pero como vemos, también tiene repercusiones en la sintaxis: el tipo de adverbios que pueden aparecer, los cambios que ocurren si hay o no hay objeto directo, los efectos de *se*, etcétera. Todo esto sugiere que el aspecto léxico debe representarse en la sintaxis, pero al mismo tiempo, los efectos son tan variados, que un solo núcleo funcional probablemente no permita derivarlos todos.

Hemos visto que el aspecto léxico se descompone en distintas partes (dinamicidad, duración, y telos), de modo que una posibilidad para representar el aspecto léxico consiste en asociar las distintas subpartes del aspecto léxico con distintos nodos de la estructura sintáctica de la cláusula. En este caso, una actividad (dinámica) se representa posiblemente en el nodo v_L, mientras que el resultado (telos) se representa en V, por ejemplo.

En cualquier caso, la generalización más clara parece ser que el aspecto gramatical es más global, afecta a categorías jerárquicamente más altas (por eso se ha llamado aspecto externo), mientras que el aspecto léxico afecta a categorías más bajas (aspecto interno):

(32)   T/Flex (FT/FFlex)

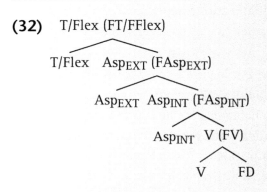

7.2.2.2 El aspecto y la pasivización

En el capítulo 5 (sec. 5.2.3), presentamos las propiedades de la voz pasiva como un movimiento del objeto a posición de sujeto. Sin embargo, no todos los verbos transitivos pueden aparecer en estructuras pasivas con *ser*, sólo los verbos que indican aspecto léxico télico (realizaciones y logros). Con los verbos atélicos (estados y actividades) hay más restricciones, aunque algunos sí son posibles:

(33) a. El arroz con pollo fue cocinado por Raquel (realización)
  b. La vacuna fue descubierta por la investigadora (logro)
  c. *El perro es tenido por Marta (estado)
  d. Es conocido por todo el mundo (estado)
  e. *La vida fue vivida con dificultad por los inmigrantes (actividad)
  f. Estas medidas siguen siendo esperadas por los ciudadanos
   (actividad)

Las pasivas con el clítico *se* también reducen el número de argumentos del verbo y promueven el objeto directo, pero tienen menos restricciones aspectuales, como vemos en los siguientes ejemplos:

(34) a. En esa época se tenían menos cosas que ahora
  b. Durante los momentos de crisis, se vive una vida muy mala

Estos ejemplos con *tener* y *vivir* contrastan con los de (33c and 33e). Las restricciones de las pasivas con *se* varían sutilmente en los distintos dialectos. Por ejemplo, a continuación comparamos tres ejemplos parecidos: uno activo con sujeto genérico *la gente*, otro con *se*, y otro con auxiliar *ser*. El consenso entre todos los hablantes consultados es que la pasiva con auxiliar *ser* es agramatical, pero además, para algunos hablantes, el primero es más aceptable que el segundo, mientras que para otros hablantes las dos son igualmente aceptables (la notación ?/✓ refleja estas diferencias entre hablantes). El aspecto del pasado (pretérito) también afecta los juicios de los hablantes: para alguno el imperfecto mejora los juicios, para otros es irrelevante.

(35)   a. ?/✓ En la década anterior a 1929, la gente vivió con entusiasmo
b. ??/✓ En la década anterior a 1929, la vida se vivió con entusiasmo
c. *En la década anterior a 1929, la vida fue vivida con entusiasmo

7.2.2.3 El aspecto en las cópulas del español

Pocas cosas molestan tanto a la gente que aprende español como los dos verbos copulativos, *ser* y *estar*:

(36)   a. Los árboles están verdes
b. Los árboles son verdes

Intuitivamente, para un hablante monolingüe, la diferencia está muy clara: los predicados que indican propiedades delimitadas aparecen con *estar*, mientras que los que indican propiedades no delimitadas aparecen con *ser*. ¿Suena familiar la idea de delimitación? Sí, porque se parece mucho a las nociones de aspecto que venimos manejando.

La distribución de *ser* y *estar* es bastante compleja y variada según los dialectos: algunos predicados como *verde* se interpretan de manera delimitada o no delimitada cuando aparecen con una u otra cópula, como vemos en los ejemplos de (36). Otros, en cambio, sólo pueden aparecer con una de las cópulas:

(37)   a. Los dinosaurios están cansados
b. *Los dinosaurios son cansados

(38)   a. Los primates son mamíferos
b. *Los primates están mamíferos

Revisaremos brevemente los aspectos generales de esa distribución. A veces, *ser* y *estar* alternan en un mismo contexto, y otras veces no. En los siguientes casos, sólo una de las cópulas es posible:

(39) Contextos sin alternancia de *ser/estar*
   a. *Ser* como verbo identificativo
   b. *Ser* como auxiliar pasivo
   c. *Ser* con predicados de FD
   d. *Estar* como verbo auxiliar progresivo

¿Qué quieren decir esas descripciones? Aquí tenemos algunos ejemplos que nos muestran esos contextos:

(40)   a. La delegada {es/*está} ella
   b. Los mensajes {fueron/*estuvieron} enviados
   c. Daniela {es/*está} presidenta
   d. {Está/*Es} lloviendo

En el primer caso, se identifica a la persona designada por el sujeto (como si apuntáramos a una persona concreta para aclarar a quién nos referimos). El segundo representa una pasiva, que ya hemos descrito en otras secciones, y que se forma con el auxiliar *ser*. El tercer caso representa una frase determinante: no importa si ser presidente es algo temporal, delimitado, no puede aparecer con *estar*. Finalmente, el último ejemplo refleja el auxiliar aspectual que indica que un evento es durativo.

En otros contextos, en cambio, las dos cópulas sí pueden alternar, pero entonces el significado varía:

(41) Contextos con alternancia de *ser/estar*
   a. *Ser/estar* con predicados adjetivos
   b. *Ser/estar* con predicados preposicionales

En estos casos, la variación se puede describir como "delimitada" para *estar* y "no delimitada" para *ser*:

(42) Este chimpancé es muy inteligente, pero hoy no lo está

Las tres grandes líneas de análisis de *ser/estar* se diferencian en dos aspectos: a) cómo caracterizar el contraste delimitado/no delimitado, y b) si la diferencia radica en la copula misma o en el significado del predicado. Algunos análisis sostienen que las cópulas están marcadas de manera distinta (por ejemplo, con el rasgo aspectual ± perfectivo), que debe concordar con un rasgo similar en el predicado. Esquemáticamente, representamos esta idea a continuación:

(43) La casa está   vacía
                [+perf] ◄──► [+perf]

Otros análisis sostienen que el peso de la distribución está en el significado del predicado, y la cópula sólo es un reflejo de ese contenido semántico. Por ejemplo, si el adjetivo *viej-* se conceptualiza como perfectivo, cuando se forma la estructura sintáctica, ese rasgo perfectivo de *viej-* se asocia con el nodo de flexión/tiempo, y produce el morfema *est-*, como vemos en los tres pasos siguientes:

(44) a. *viejo* [+ perf.]

b. Flex/T (FFlex/FT)

Flex/T   vieja$_A$ (FA)

la$_D$ (FD)   vieja$_A$
                    [Perf]

La$_D$ casa$_N$ (FN)

c. Flex/T (+ perf] → *estar*

En cambio, el adjetivo *inteligent-* se asocia con [– perf.], y al fusionarse con Flex/T, el morfema correspondiente es *s-* (*ser*). En este sentido, no es que *ser* y *estar* sean dos cópulas distintas, marcadas con un rasgo o el otro, sino que el rasgo del predicado hace que aparezca una cópula o la otra.

¿Es la perfectividad lo que mejor representa el rasgo de los predicados en este caso? No todo el mundo está de acuerdo. Algunos piensan que el aspecto de los predicados y las cópulas se parece más al aspecto léxico. Un tipo de aspecto léxico distingue entre **predicados de nivel individual** y **predicados de nivel de estadio**. Imagínese que hay un incendio en mi calle, y alguien dice *¡los bomberos están disponibles!*, pero mi primo, que es un poco extraño, contesta *¡los bomberos son altruistas!* Claramente, la primera afirmación es relevante en este contexto, mientras que la segunda, no tanto. La propiedad *altruista* es algo permanente o inherente (de nivel individual), mientras que la propiedad *disponible* es algo temporal y cambiante (de nivel de estadio). En el contexto de la emergencia, me interesa que la propiedad cambiante sea cierta, y no tanto que lo sea la propiedad permanente.

Como vemos, la diferencia entre predicados de estadio (cambiantes) y de nivel individual (permanentes) se corresponde con distintos usos de la cópula en español: *son altruistas* y *están disponibles*. En inglés, esta misma diferencia produce interpretaciones distintas:

(45) a. Firemen are available

b. Firemen are altruistic

Además, los predicados de estadio se interpretan como existenciales ("hay bomberos disponibles aquí"), mientras que los predicados de individuo se interpretan como genéricos ("los bomberos son generalmente altruistas"). Por eso es que en el contexto de la emergencia lo relevante es el predicado de estadio y no el de individuo.

Según este análisis, lo relevante para entender la distribución de *ser* y *estar* es si los predicados son de estadio o de nivel individual.

Predicados de nivel de estado: predicados que denotan propiedades temporales o contingentes.

Predicados de nivel de individuo: predicados que se interpretan como propiedades permanentes.

Finalmente, otras personas sugieren que la diferencia entre los predicados con *ser* y con *estar* se basa en un concepto semántico: la posibilidad de establecer una **clase de comparación**. Si un predicado puede establecer una clase de comparación, entonces aparece con *estar*, si no, aparece con *ser*. Por ejemplo, si digo *está alto*, estoy comparando inherentemente el estado de altura actual con otro estado asumido (la clase de comparación), mientras que si digo *es alto*, no hay comparación con otros estados.

7.2.3 Resumen del aspecto

En esta sección hemos presentado las maneras en que la estructura interna de un evento se representa gramaticalmente. Por un lado, hemos visto la representación del aspecto a nivel gramatical en los tiempos verbales (el aspecto externo), y por otro, los distintos tipos de aspecto léxico (aspecto interno) que se manifiestan en el significado de los verbos, pero también cuando los verbos se combinan con otros elementos de la cláusula, como por ejemplo los objetos directos, los adverbios, o el clítico *se*. En el caso de los verbos copulativos, hemos visto que los predicados son sensibles a una propiedad aspectual, que se ha analizado como aspecto gramatical, como un tipo de aspecto léxico, o como gradabilidad.

7.3 El significado del tiempo

Como decíamos en la introducción, el lenguaje humano codifica gramaticalmente el momento en el que ocurre un evento con relación al momento del habla. En principio, esto da lugar a tres grandes tipos de tiempo: **el pasado** (evento anterior al momento del habla), **el presente** (evento coexistente con el momento del habla), y **el futuro** (evento posterior al momento del habla), ilustrados en (46), y representados esquemáticamente en (47):

(46) a. Los periquitos estaban en el árbol
   b. El autobús pasa por esta calle
   c. El huracán no afectará a Cuba

(47)

El presente, pasado, y futuro articulan la relación entre el evento y el momento del habla; otros tiempos introducen un segundo punto de referencia que se ordena respecto al momento del habla, como vemos en (48):

(48) Cuando aterrizó el avión, ya habíamos perdido la conexión con el otro vuelo

En este caso, la primera cláusula sitúa el evento del aterrizaje del avión en un momento anterior al momento del habla, y ese momento sirve de referencia temporal para el segundo evento (la pérdida de la conexión), que es anterior, de modo que los eventos se ordenan así: perder la conexión > aterrizar > momento del habla.

Las relaciones temporales entre los tiempos verbales pueden ser muy complejas. Cuando hay un verbo en una cláusula, la interpretación temporal se **ancla** en el momento del habla, o en la referencia temporal del verbo principal. Si Pedro decide hacer una fiesta e invitarme, podría hacerlo diciendo (49):

(49) Quiero que vengas

En ese caso, lo normal es interpretar que su deseo se refiere al momento en que habla, pero que la fiesta va a ocurrir en algún momento del futuro (y por lo tanto, iría a la fiesta en el futuro), pero también podría ser que la fiesta esté pasando en el momento en que habla (y por lo tanto, iría a la fiesta en el momento del habla). Es decir, *quiero* está anclado al momento del habla, y *vengas* está anclado respecto a *quiero* (simultáneamente o posteriormente), como se representa en (50a–b)):

(50) a.

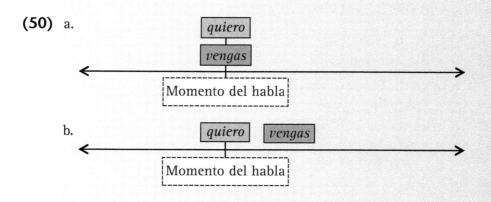

b.

Ahora, imaginemos que Pedro hizo una fiesta e iba a invitarme, pero no pudo llamarme y me dice lo siguiente:

(51) Quería que vinieras

En ese caso, *quería* está en pasado y *vinieras* está en pasado de subjuntivo. El verbo subordinado se puede interpretar de dos maneras: o bien como anclado respecto al tiempo *quería* o respecto al momento del habla, como se representa en (52), donde las flechas punteadas indican respectivamente las dos posibilidades.

(52)

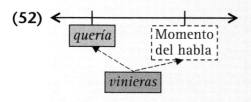

Como resultado, hay dos posibles interpretaciones: 1) venir es simultáneo o posterior a querer (anclaje respecto a *querer*), o 2) venir se interpreta respecto al momento del habla (por ejemplo, en *ayer quería que vinieras mañana*).

En este contexto, el verbo subordinado también puede aparecer en presente de subjuntivo (*vengas*), como vemos en (53a). Para la mayoría de los hablantes, la interpretación más natural es que el tiempo de *vengas* se ancla respecto al momento del habla, como vemos en (53b).

(53) a. Quería que vengas

b.
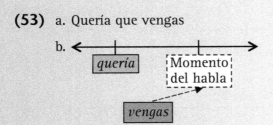

Sin embargo, (53a) tiene una segunda interpretación en la variedad de español hablada en Perú: puede interpretarse como anclada respecto al verbo subordinado (los dos eventos son simultáneos), como se ve en el ejemplo de (54a) y la representación de (54b). En este contexto, otras variedades usan la forma *pensaran*.

(54) a. No quería que piensen que me estaba aprovechando

b.
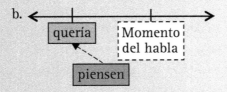

En resumen, cuando los dos eventos son simultáneos (en el pasado), las distintas variedades dialectales tienen las opciones descritas en (55):

(55) Variación en la interpretación del presente de subjuntivo (*vengas*)

	quería/quiso que vengas	
	Anclado en el momento del habla	**Anclado en el tiempo del verbo principal**
Variedad peruana	✓	✓
Otras variedades	✓	✗

La idea de que el tiempo de la subordinada se puede anclar a distintos puntos de referencia se puede ver en otros ejemplos. Por ejemplo, imaginemos que salgo de mi casa, me subo a un avión, y viajo a Australia. Al llegar, pienso, *dejé abierta la ventana de mi cuarto*. En ese contexto, el evento de dejar abierta la ventana del cuarto se interpreta de manera más natural respecto al momento de salir de mi casa, no respecto al momento en que estoy hablando, a pesar de que la salida de mi casa no está representada lingüísticamente, sino como parte del contexto.

(56) a. (Pensando en cuando salí de mi casa): dejé abierta la ventana de mi cuarto

b.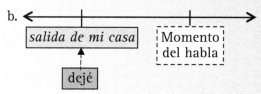

Para resumir esta sección, los tiempos verbales se interpretan respecto a un punto de referencia temporal. En los tiempos simples, este punto de referencia es el momento del habla, pero en los tiempos compuestos, y en algunos contextos especiales, el punto de referencia puede ser otro punto temporal distinto del momento del habla.

7.4 La representación estructural del tiempo y el aspecto

En el capítulo 4 propusimos que la cláusula está encabezada por una categoría funcional Flex/T, pero que en realidad el rasgo tiempo es el que determina la distribución. Resumimos la evidencia brevemente: si el verbo está en infinitivo, no marca el tiempo ni la flexión morfológicamente, y no tiene referencia temporal independiente, por lo tanto, no puede aparecer como verbo principal de una cláusula:

(57) a. *Salir el sol
b. Salió el sol

Además, decíamos que en portugués, los infinitivos conjugados tienen persona pero no tiempo, pero no pueden formar una cláusula independiente. Como conclusión, proponíamos que la categoría Flex o T encabeza la cláusula independiente, como se representa en (58):

(58)   T (FT)

      ⟋⟍

   T   V (FV)

Aun así, mantenemos la terminología Flex/T para ser consistentes.

Veamos cómo son los detalles de la estructura del tiempo y el aspecto. Supongamos que mi familia me manda un regalo, y cuando llega, les aviso diciéndoles:

(59) Los regalos llegaron ayer

En este ejemplo, el verbo indica tiempo pasado. Sin embargo, esa misma información no se puede transmitir de la siguiente manera:

(60) a. *Los regalos han llegaron ayer

       b. *Los regalos han llegan ayer

¿Qué pasa en estos casos? Aparentemente, en cada cláusula sólo puede haber una referencia de tiempo asociada con el verbo. Como en *han llegaron* y en *han llegan* las dos formas tienen rasgos temporales, esta generalización no se cumple. Veamos otro ejemplo:

(61) a. *Los invitados van llegan a la fiesta

       b. Los invitados van llegando a la fiesta

En este par de ejemplos vemos la misma generalización: cuando aparecen dos referencias temporales (*van* y *llegan*), el resultado es agramatical; sólo es posible tener una referencia temporal por cláusula (*van*). De aquí sacamos dos conclusiones importantes: primero, cuando aparecen otras formas verbales en la cláusula, no indican tiempo, sino aspecto o modo:

---

(62) Los regalos han podido seguir llegando

En este ejemplo, sólo *han* indica tiempo, mientras que *podido* señala modo y aspecto perfectivo, *seguir* y *llegando* aspecto durativo.

La segunda conclusión es que hay una única categoría funcional Flex/T que se representa en la cláusula. ¿Cómo sabemos que esta es una propiedad sintáctica y no semántica? Alguien podría pensar que la razón por la que *han llegaron* es agramatical es que *han* es presente y *llegaron* es pasado, y chocan semánticamente. Sin embargo, esa misma lógica no funciona en el ejemplo de (61a), donde *van* y *llegan* son los dos presentes.

¿Qué pasa con el aspecto? El ejemplo de (62) nos sugiere que puede haber más de un núcleo con rasgos aspectuales. Esta diferencia se puede expresar mediante rasgos asociados con distintos núcleos verbales. En la siguiente representación, *seguir* forma parte del nodo ASP:

---

(63)   a. Había seguido llegando

b.

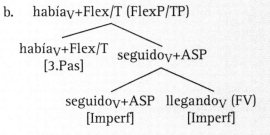

En este ejemplo, *llegando* indica aspecto imperfectivo (el evento continúa), igual que *seguido*. La diferencia entre las dos formas es que el aspecto de *llegando* se expresa en la morfología (*-ndo*), mientras que *seguido* se expresa en la raíz verbal. *Había*, por su parte, expresa tiempo pasado.

Entonces, podemos concluir que, en cada cláusula, T sólo ocurre una vez en la estructura. Sin embargo, la información sobre tiempo y aspecto también se combina con la información sobre persona y número en la morfología de verbos:

---

(64) a. est-a-ban   3.PL.PAS.IMPERF

       b. pas-a-s   2.SG.PRES

       c. afect-a-ré   1.SG.FUT

Estos ejemplos nos muestran distintas personas (1, 2, o 3), número (singular o plural), tiempo (pasado, presente, futuro), y aspecto (imperfectivo), además de la información sobre la conjugación a la que pertenece el verbo, que se expresa en la **vocal temática**. Estos cinco rasgos se combinan en uno o más morfemas: por ejemplo, *com-e-mos* incluye la **raíz** *com-*, la **vocal temática** *-e*, y morfema *-mos* (1.PL). A veces, como el tiempo presente en este ejemplo, un rasgo no tiene morfología propia. Este ejemplo nos sugiere que el contenido semántico de los rasgos es parcialmente independiente de cómo se forman los morfemas, y por lo tanto, representamos los rasgos de persona, número, aspecto, y tiempo como rasgos abstractos separados de los morfemas específicos que no afectan a la sintaxis:

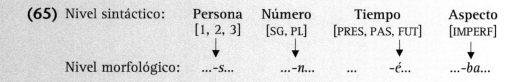

(65) Nivel sintáctico: Persona   Número   Tiempo   Aspecto

                         [1, 2, 3]   [SG, PL]   [PRES, PAS, FUT]   [IMPERF]

          Nivel morfológico: ...-s...   ...-n...   ...   -é...   ...-ba...

Estas reglas morfológicas se pueden expresar de muchas maneras, por ejemplo como una especie de instrucción o correspondencia:

---

(66) Nivel sintáctico   Nivel morfológico

        Raíz + [1P, SG, PRES]   →   VT₁: *cant-a-mos*

Esta correspondencia se podría traducir del siguiente modo: los rasgos sintácticos abstractos raíz + [1P, SG, PRES] corresponden a los morfemas *cant-a-mos* en la primera conjugación. Nótese que la vocal temática no es un rasgo sintáctico abstracto, porque esa información no es relevante para la sintaxis, sino para organizar la morfología. Los rasgos de persona y número también se han denominado **rasgos φ (phi)**.

En resumen, el tiempo y la flexión se asocian en un nodo funcional Flex/T, que tiene rasgos abstractos (rasgos de tiempo y rasgos φ); además, los rasgos aspectuales se representan de dos modos distintos: por un lado, están presentes en un nodo ASP, y por otro lado, como rasgos asignados a núcleos verbales.

7.4.1 La relación entre Flex/T y el movimiento del verbo

En los capítulos anteriores, la estructura de la cláusula representaba al sujeto en la posición de especificador de la Fv_L, la proyección más alta de la frase verbal. Según esa idea, la flexión y el tiempo son categorías funcionales abstractas, que se realizan morfológicamente como afijos del verbo. Sin embargo, un análisis muy influyente sugiere que el verbo en realidad puede aparecer en el nodo Flex/T en lenguas como el español o el francés; esquemáticamente, la propuesta es la siguiente:

(67) Flex/T (FFlex/FT)

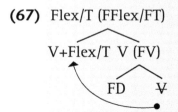

La idea de que el verbo se adjunta a la flexión en lenguas como el español se ha usado para explicar las diferencias de orden de palabras que existen con lenguas como el inglés. En inglés existe el siguiente contraste:

(68) a. An Australian drives on the left side of the road
   b. An Australian doesn't drive on the right of the road
   c. *An Australian not drives on the right of the road
   d. *An Australian doesn't drives on the right of the road

En el primer caso, el verbo muestra la morfología explícita de tiempo (presente) y tercera persona (*drives*), pero cuando la cláusula es negativa, estas marcas aparecen en un auxiliar *does*, como vemos en (68b). Este auxiliar es obligatorio (ver (68c)) y debe llevar la morfología verbal (ver (68d)).

Además, los adverbios asociados con la frase verbal preceden normalmente al verbo, como vemos en (69a), y no pueden aparecer inmediatamente después (antes de *late*, o antes de un objeto directo), como vemos en (69b).

(69) a. Planes frequently arrive late
b. *Planes arrive frequently late

Si asumimos que el adverbio *frequently* tiene una posición fija, y que el verbo se adjunta potencialmente a distintos nodos sintácticos, podemos explicar los ejemplos de (68b) y de (69a) con un único análisis: el verbo en inglés no sube hasta el núcleo Flex/T, sino que se queda en su posición más baja de V. Por esta razón, el orden preferido es Adv-V y no *V-Adv, que implicaría movimiento del verbo por encima del adverbio. Esa idea también explica por qué tenemos el auxiliar con la flexión en (68b): el verbo no puede subir hasta Flex/T porque la negación bloquea ese movimiento, y por lo tanto hay que insertar un auxiliar adicional para las marcas de flexión.

Finalmente, en el caso de (68a), donde la flexión sí aparece con el verbo, la sugerencia es que no es el verbo el que sube a Flex/T, sino el núcleo Flex/T el que "baja" a V, para formar una sola palabra. Esquemáticamente, la propuesta es la siguiente:

(70) a. [Flex/T   Flex/T   Adv[FV   V+Flex/T]]

b. [Flex/T   Flex/T   NEG   [FV   V+Flex/T]]

La situación en español, en cambio, es un poco distinta. Por una parte, no existen auxiliares como *do*, sino que los adverbios pueden seguir al verbo, como vemos en (71):

(71)   a. Los australianos no manejan por el lado derecho

b. Los aviones llegan frecuentemente tarde

Este contraste sugiere que el verbo en español sí se adjunta a Flex/T, mientras que no lo hace nunca en inglés. En esta lengua, se ha propuesto que es Flex/T lo que se adjunta a V en cláusulas afirmativas como (68a)). Como decimos, en inglés este movimiento es bloqueado por la negación, y en ese caso se inserta un auxiliar *do* en Flex/T, como veíamos en (68b). Los tres esquemas se presentan en (72) respectivamente. En cada uno de esos esquemas, el sujeto se mueve independientemente a la posición de Flex/T.

(72)   a. Español:

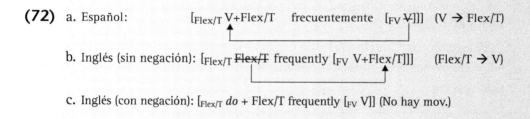

b. Inglés (sin negación): [Flex/T ~~Flex/T~~ frequently [FV V+Flex/T]]]   (Flex/T → V)

c. Inglés (con negación): [Flex/T *do* + Flex/T frequently [FV V]] (No hay mov.)

Este análisis en el que el verbo sube a la flexión se llama **movimiento de V a T.**

Si el verbo se adjunta a Flex/T en español, eso quiere decir que en el orden sujeto-verbo, el sujeto debe moverse más arriba, como vemos en (73). La razón para este último movimiento es que el sujeto explícito se interpreta como un tópico, como veremos en el capítulo 8:

(73)   Flex/T (FFlex/FT)

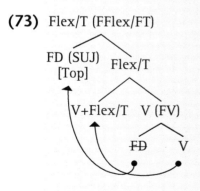

7.4.2 La negación

Si comparamos las siguientes respuestas a la pregunta *¿Quién se comió los plátanos?*, vemos una de las propiedades más interesantes de lenguas naturales: la posibilidad de negar cláusulas:

(74) a. Yo me los comí

b. Yo no me los comí

Como usamos la negación con mucha frecuencia, es fácil subestimar lo complejo y revolucionario que es este concepto, pero basta imaginar si tuviéramos que dibujar una situación que representara la segunda respuesta, probablemente tendríamos mucha dificultad, porque la negación representa ahí la ausencia de cierta realidad.

El mecanismo fundamental para expresar la negación en español es el morfema *no*. Generalmente, la negación precede al verbo, al auxiliar, y a cualquier clítico que aparezca:

(75) a. Yo no me los he comido

b. *Yo me los no he comido

Además, existen en español un grupo de expresiones llamadas **términos de polaridad negativa (TPN)**, que tienen un comportamiento singular:

(76) a. Nadie se comió los plátanos

b. No se comió los plátanos nadie

Estas palabras indican negación: cuando son postverbales (como en (76b)), la negación es obligatoria, mientras que cuando son preverbales ((76a)), la negación no es posible:

(77) a. *Nadie no se comió los plátanos

b. *Se comió los plátanos nadie

El análisis más aceptado de los TPN asume que hay una concordancia en el rasgo negativo entre un núcleo funcional y el TPN:

(78) [Neg no   [FV nadie]]
            [NEG]   [NEG]

Cuando el TPN aparece preverbalmente, se asume que es el TPN mismo el que ocupa la posición de Neg, por lo tanto *no* no se pronuncia.

Otros TPNs incluyen palabras como *ningún* y *nada*. Históricamente, algunos TPNs derivan de la negación de determinantes indefinidos como *algún*, pero en español contemporáneo también hay TPNs que no tienen ningún rastro de negación morfológica, pero que tienen que concordar con *no*:

(79) a. No te doy (ni) un centavo
          b. No me importa un rábano/un pimiento

7.5 Resumen del capítulo

En este capítulo se han presentado las propiedades del aspecto y el tiempo, categorías funcionales que codifican la estructura interna de los eventos, y la localización de los eventos respecto al momento del habla. Dos tipos de aspecto son importantes en español: el aspecto externo, que se manifiesta en la morfología verbal perfectiva (delimitada) o imperfectiva (no delimitada), y el aspecto interno, que se codifica en el significado léxico del verbo, pero que interactúa con otros aspectos de la cláusula, como los objetos directos, las frases adverbiales y preposicionales, *se*, y las pasivas. En el aspecto léxico interno se reconocen tres dimensiones: la dinamicidad, la duración, y la telicidad, lo que da lugar a cuatro tipos distintos de verbos: estados, actividades, logros, y realizaciones.

Ejercicios

1. **Tiempo y aspecto**

1.1 Clasifique los verbos de los siguientes ejemplos según su **tiempo** (presente, pasado, o futuro) y **aspecto gramatical** (perfectivos, imperfectivos), rellenando el cuadro de más abajo. Para el tiempo, indique la referencia temporal respecto al momento del habla, no el nombre del tiempo verbal en la conjugación. Por ejemplo, *cuando hacía frío en invierno, no* salíamos Tiempo pasado, aspecto imperfectivo.

   a. Cuando terminé de trabajar, ya era de noche
   b. Vivo en un quinto piso
   c. Cuando acabe la película, comeremos
   d. Cuando empiece el discurso, apago la luz

Tiempo	Ejemplo	¿Perfectivo?	¿Imperfectivo?
	Terminé		
	Era		
	Vivo		
	Comeremos		
	Apago		

1.2 (Avanzado) Basándose en la distribución del cuadro, ¿se pueden hacer generalizaciones sobre la distribución del aspecto en los distintos tiempos?

2. **Aspecto léxico**

2.1 Clasifique los verbos de los siguientes ejemplos según su **aspecto léxico**, usando los diagnósticos presentados en el capítulo (*en X tiempo ... durante ... dejar de ...* etc.).

> **Ejemplo:** Estamos contentos
> *Estuvimos contentos en varios días
> Estuvimos contentos durante las vacaciones
> *Estuvimos contentos cuidadosamente
> Según estas pruebas, *estar* es un verbo durativo

a. En el trópico, esos árboles crecieron muy rápidamente

b. Anoche estuvimos viendo un documental en YouTube

c. Todas las mañanas, los pájaros sobrevuelan sobre un árbol

d. Las flores renacen cada primavera

e. El volcán erupcionó repentinamente

f. Está lloviendo

g. Existen varios tipos de bicicletas

2.2 (Avanzado) Los siguientes pares de ejemplos tienen distintos tipos de aspecto léxico. En primer lugar, indique cuál es ese aspecto en la clasificación del aspecto léxico vista en este capítulo. En segundo lugar, indique qué frase o elemento gramatical cambia el aspecto léxico de un ejemplo al otro.

Ejemplo: Sol se durmió

El aspecto léxico es un logro y el elemento responsable es *se*.

---

a. Los aviones de esta aerolínea no vuelan hasta Singapore

b. Los pájaros vuelan sobre las nubes

c. Caminamos por toda la exposición sin problemas

d. Caminamos hasta el mercado central sin problemas

e. Piedad escribe como profesional

f. Pablo escribió su primer blog la semana pasada

2.3 (Avanzado) El verbo *morir* muestra el siguiente patrón:

a. *Las hormigas mueren durante tres horas

b. Las hormigas murieron durante tres horas

Describa que es lo que diferencia a los dos ejemplos. Proponga un análisis que explique esa diferencia.

2.4 El ejemplo siguiente incluye una pasiva con *se*:

Ejemplo: En ese valle se construyó un aeropuerto nuevo

Indique cuáles son los argumentos del verbo.

Diga cuáles son los papeles temáticos de cada FD.

Haga la estructura sintáctica para la cláusula.

2.5 (Avanzado). Observe los siguientes ejemplos:

    a. El tumor fue destruido con un láser/por un cirujano

    b. El dibujo se hizo con un láser/*por un dibujante

¿En qué se diferencian las FPs con la preposición *con* de las FPs con la preposición *por*? Piense en términos de papeles temáticos y distribución sintáctica.

3. Tiempo

3.1 Haga esquemas para indicar la interpretación temporal de los siguientes ejemplos. Sus esquemas deben tener el evento, el momento del habla, y cualquier otra información necesaria para interpretar el tiempo del verbo.

    a. En verano llovió poco

    b. Durante el viaje, llovía todas las mañanas

    c. Está lloviendo

    d. Cuando llueve, los cafés cierran las sombrillas

    e. En Bogotá llueve frecuentemente

    f. Va a llover mucho

    g. Salgo cada mañana de paseo

3.2 (Avanzado) Los siguientes eventos son difíciles de clasificar temporalmente, ¿por qué?

    a. Los esquiadores siempre tienen la piel quemada

    b. Si buscas un buen restaurante barato, en la esquina hay uno

3.3 (Avanzado) En los siguientes casos, tenemos dos eventos. Indique la relación temporal entre los dos y si esa relación está impuesta por el verbo subrayado o no.

    a. <u>Espero</u> que termines

    b. <u>Esperaba</u> que comieras

    c. <u>Dijo</u> que viene

    d. <u>Pensaba</u> que vendría

    e. Al irse, su casa <u>quedó</u> vacía

3.4 (Avanzado) Hemos sugerido que sólo es posible tener una especificación de tiempo por cláusula. Sin embargo, se observa el siguiente contraste:

   a. *Los invitados van llegan a la fiesta

   b. Los invitados viajan y llegan a la fiesta

   c. Los invitados van y llegan a la fiesta

Descriptivamente, ¿qué diferencia a estos ejemplos?

¿Cómo podríamos mantener la generalización de "un tiempo solo por cláusula", y explicar estos contraejemplos?

3.5 Haga la estructura sintáctica de los siguientes ejemplos, mostrando el movimiento del verbo:

   a. En Bogotá llueve frecuentemente

   b. En Asunción frecuentemente truena

   c. Los elefantes nunca sueñan

Lecturas adicionales

Sobre el tiempo

Bordelois (1982)
Camacho y Sánchez (2017)
Carrasco (2016)
Comrie (1976)
García Fernández (2016)
Ordóñez (1997)
Zagona (2002, 2012)

Aspecto

Arche (2006, 2016)
Bhatt y Pancheva (2005)
Camacho (2012a, 2012b)
Cipriá (2016)
Comrie (1976)
Gumiel-Molina, Pérez-Jiménez, y Moreno-Quibén (2015)

Levin (2009)
Miguel (1999)
Smith (2013)
Travis (1992, 2010)
Zagona (2012)

Negación

Bosque (1980)
Laka (1990)
Uribe-Etxebarría (1994)

8 Los sujetos

8.0 INTRODUCCIÓN

En este capítulo nos enfocamos en las propiedades de los sujetos en español. Por un lado, analizamos la posibilidad de tener sujetos nulos, qué permite que existan en español, y las diferencias interpretativas y discursivas que definen a los sujetos explícitos y nulos. Por otro lado, presentaremos las propiedades de los sujetos de verbos de infinitivo, que son un poco distintos de los sujetos de los verbos flexionados.

8.1 Los sujetos nulos o implícitos

Una de las propiedades más estudiadas de las lenguas como el español es que los sujetos explícitos no son obligatorios. Supongamos que veo a una amiga programar un experimento muy complicado, y como los dos somos bilingües, le digo:

(1) ¡Eres una genio! You are a genius!

Esas dos frases en español y en inglés muestran una diferencia importante entre las dos lenguas: en español no es necesario tener un sujeto explícito (*eres* …), pero en inglés sí (*you are* …). La intuición tradicional y contemporánea respecto a esta diferencia sugiere que los sujetos nulos son posibles en español porque la información morfológica del verbo es suficiente para identificar algunas propiedades del sujeto, mientras que, en inglés, esto no es posible. En esta sección exploramos las características de los sujetos nulos identificados por la morfología verbal, y concretamente exponemos dos condiciones importantes: el **licenciamiento gramatical** y la **identificación discursiva** del sujeto nulo. La primera idea se refiere a las condiciones gramaticales que permiten que exista un sujeto nulo, o puesto de otra manera, ¿qué tiene el español que no tiene el inglés para poder omitir los sujetos? La segunda idea define cómo es que se sabe, dentro de un discurso lingüístico, a quién se refiere el sujeto, y cómo afecta esa identificación a la posibilidad de tener un sujeto nulo.

Veamos la siguiente historia sobre un día primaveral:

(2)   a. Ayer vimos mucha gente por la calle. Estaban aprovechando el buen día para pasear
b. La gente estaba aprovechando el buen día para pasear

En esta breve historia, tenemos varias cláusulas. En (2b), una de esas cláusulas aparece con el sujeto *la gente*, mientras que en las dos primeras de (2a) (*ayer vimos mucha gente por la calle* y *estaban aprovechando el buen día para pasear*), no hay sujetos explícitos. Estos sujetos nulos se han llamado **pro** en la tradición gramatical generativa, para indicar que son como sujetos pronominales, pero sin contenido fonético, tal y como se representa esquemáticamente en (3):

(3) Ayer **pro$_i$** vimos$_i$ mucha gente por la calle. **Pro$_j$** estaban$_j$ aprovechando el buen día para pasear

En esta representación, se incluyen subíndices que representan la referencia de cada uno de los sujetos, y como vemos, esa referencia se puede recuperar porque la morfología flexiva del verbo nos indica la persona y el número. En el primer caso, "i" sería una primera persona plural (es decir, el hablante y otros), y en el segundo caso, "j" sería tercera persona plural.

Ya vimos arriba que el español tiene distinciones sistemáticas de persona y número en la morfología verbal. El inglés, en cambio, no, como vemos al comparar la morfología de las formas verbales del presente de *ver* en (4) con las correspondientes formas de *see* en inglés en (5), y esa es una de las razones por las que puede haber sujetos nulos en español, pero no en inglés.

(4) a. ve-o   1.SG

     b. ve-s   2.SG

     c. ve   3.SG

     d. ve-mos   1.PL

     e. ve-is   2.PL (en español peninsular)

     f. ve-n   2.PL (español latinoamericano)

               3.PL (en todas las variedades)

(5) a. see   1.SG/PL, 2.SG/PL, 3.PL

     b. sees   3.SG

Parece, entonces, que en español la morfología flexiva es suficientemente explícita como para identificar a la persona y el número del sujeto. Este requisito se ha llamado **licenciamiento del sujeto nulo**: la posibilidad de identificar los rasgos sintácticos abstractos de persona y número del sujeto por medio de la morfología verbal. Como veremos más adelante, la conexión entre morfología distintiva y sujetos nulos no es una condición suficiente para todas las lenguas, pero en español sí funciona.

Además de tener sujetos nulos que reciben el papel temático del verbo, en español y otras lenguas, los verbos que no les asignan papel temático a sus sujetos (*llover, nevar*, etc.) no pueden tener sujetos expresos, mientras que en inglés tienen que tenerlos:

(6) a. Llueve
b. *Él/ello llueve

(7) a. *Is raining
b. It is raining

En este caso, es imposible tener un sujeto explícito en todas las variedades del español menos en algunas de la República Dominicana, mientras que en inglés el patrón es el contrario: es imposible omitir el sujeto pronominal *it*, como vemos en (7). Este pronombre se ha llamado sujeto **expletivo** o **pleonástico**, porque no recibe interpretación semántica (o papel temático), sino que está presente por un requisito gramatical que se ha llamado el **principio de proyección extendida** (PPE).

Principio de proyección extendida (PPE): toda cláusula debe tener un sujeto.

¿Cómo se cumple con el PPE en español general, si a veces no hay sujetos explícitos? Ya hemos notado que el sujeto explícito es aparentemente opcional en estas variedades, incluso imposible en casos como (6a). Una posibilidad es que sea la morfología verbal de persona la que cumpla con este requisito del

PPE: dicho de otra manera, el rasgo flexivo de persona es el sujeto en los casos en los que no hay sujeto explícito, como en (6a), como se representa esquemáticamente en (8). En este caso, la flexión verbal cumple con el PPE, lo que se indica con el rasgo PPE asociado con los rasgos de persona (algunos detalles irrelevantes se han omitido):

---

(8) a. Vimos a mucha gente por la calle

b. vimos$_V$+Flex/T (FFlex/FT)

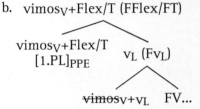

En el caso de los verbos como *llover*, el procedimiento es el mismo, como vemos a continuación:

---

(9) a. Llueve

b. llueve$_V$+Flex/T (FFlex/FT)

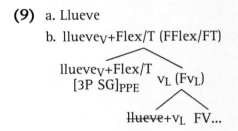

Entonces, la primera alternativa para cumplir con el PPE en español es asumir que la flexión es, de algún modo, el sujeto de la cláusula. La segunda posibilidad es que haya un sujeto nulo (lo que hemos llamado pro más arriba), una especie de variante no pronunciada de *ello* o de *nosotros*, como vemos en la representación siguiente. Estos sujetos nulos son los que se cumplen con el PPE, según esta propuesta:

(10) a. vimos$_V$+Flex/T (FFlex/FT)

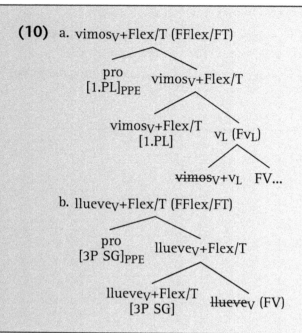

pro
[1.PL]$_{PPE}$ vimos$_V$+Flex/T

vimos$_V$+Flex/T
[1.PL]   v$_L$ (Fv$_L$)

~~vimos$_V$~~+v$_L$ FV...

b. llueve$_V$+Flex/T (FFlex/FT)

pro
[3P SG]$_{PPE}$ llueve$_V$+Flex/T

llueve$_V$+Flex/T
[3P SG]   ~~llueve$_V$~~ (FV)

Nótese que en esta estructura, *pro* aparece fusionado con Flex, una propuesta que veremos con más detalle en la sección 4.1.

Por supuesto, una tercera posibilidad sería que el PPE sólo se cumple en inglés y no en español, aunque eso plantearía la pregunta de por qué hay esta variación entre las lenguas. Además, el hecho es que (10a) se interpreta como si hubiera un sujeto de primera persona plural.

> **Expansión:** Análisis de los sujetos nulos
>
> Hay tres análisis básicos de los sujetos nulos: el primero, como decíamos, sugiere que el sujeto es siempre la flexión verbal, como sugeríamos en (8); el segundo, que existe una categoría gramatical independiente, un pronombre nulo (pro), que aparece como sujeto de un verbo cuando no hay sujeto explícito; el tercero, que los sujetos nulos son iguales que los pronombres explícitos, pero sin pronunciar el material fonético. Cada opción tiene consecuencias distintas y motivaciones teóricas distintas en las que no entramos en este momento.

Para el licenciamiento del sujeto nulo por la morfología verbal, es crucial que la morfología sea suficientemente rica como para identificar los distintos rasgos. Sin embargo, hay otras lenguas en las que una morfología igualmente explícita que la del español no permite la existencia de sujetos nulos. El caso más claro es el alemán, en donde las tres personas del verbo se distinguen morfológicamente, como vemos en el siguiente ejemplo:

(11) Paradigma de *arbeiten* 'trabajar' en alemán estándar (de Jaeggli y Safir (1989), p. 28)

Singular				Plural		
1	2	3		1	2	3
arbeit-e	*arbeit-est*	*arbeit-et*		*arbeit-en*	*arbeit-et*	*arbeit-en*

Sin embargo, el alemán no permite tener sujetos nulos, como vemos en el siguiente ejemplo, donde el pronombre *ich* 'yo' tiene que aparecer obligatoriamente:

(12) a. Sie kenne   ich   nicht
              ella conozco   yo   no
              'A ella no la conozco'

       b. *Sie kenne   nicht
              ella conozco   no   (ejemplos de Rosenkvist (2009), p. 151)

Ha habido varias propuestas para mantener la idea de que la riqueza de la morfología flexiva es relevante para los sujetos nulos, y al mismo tiempo explicar las diferencias entre lenguas como el español y el alemán. Referimos al lector interesado a las lecturas adicionales al final del capítulo. En el otro extremo de la balanza de la riqueza morfológica, hay varias lenguas en el mundo que no expresan ninguna distinción de persona y número en la morfología verbal, y sin embargo tienen sujetos nulos, como el chino o el japonés.

En estas lenguas, el licenciamiento e identificación del sujeto nulo se hace exclusivamente por medio del tópico discursivo, un mecanismo que también opera en español, como veremos enseguida.

8.1.1 Diferencias interpretativas entre los sujetos nulos y los expresos

En los ejemplos anteriores mostramos que el español puede tener sujetos nulos porque la morfología flexiva del español permite identificar la persona y el número. Entonces, ¿para qué molestarse en usar sujetos expresos? ¿No sería más fácil omitir el sujeto siempre? No exactamente, porque eso sería muy confuso. Imaginemos que un amigo me llama y lo primero que me dice es lo siguiente, y después no dice nada más:

---

(13) Estaban aprovechando el buen día para pasear

Seguramente, mi respuesta sería, ¿de quién estás hablando? Aunque el verbo me indica que el sujeto es tercera persona plural, esta información en abstracto no es suficiente para entender el mensaje. Como esta es la primera frase del discurso, no podemos saber cuál es la referencia del sujeto nulo.

Comparemos ese ejemplo con (2a), repetido en (14a), y concretamente la segunda cláusula (*estaban aprovechando el buen día para pasear*). Aquí, el sujeto nulo se puede interpretar con facilidad, porque el hablante acaba de mencionar un posible antecedente (*mucha gente*), como se representa en (14b).

---

(14) a. Ayer vimos mucha gente por la calle. Estaban aprovechando el buen día para pasear

   b. [pro$_i$ vimos mucha gente$_j$] [pro$_j$ estaban aprovechando...]

En cada momento del discurso, el hablante y el oyente comparten información relevante para lo que están conversando. Después de la primera cláusula, *mucha gente* es parte de esa información ya mencionada, lo que se llama un **tópico.**

Entonces, los sujetos nulos tienen que ser identificados por un tópico discursivo y este es el segundo requisito que mencionábamos más arriba para tener sujetos nulos.

La referencia de los sujetos nulos: los sujetos nulos se refieren a un tópico introducido en el discurso.

Volviendo a la primera cláusula de (14a), el sujeto nulo de primera persona es relativamente más sencillo de identificar, porque se refiere al hablante. Así mismo, la segunda persona se refiere al oyente.

Los sujetos nulos también suelen usarse cuando el tópico se mantiene constante entre cláusulas. Por ejemplo, el breve párrafo de (15a) introduce el tópico *mucha gente* en la primera cláusula, y el sujeto de la segunda y la tercera se refieren a ese mismo tópico, como se esquematiza en (15b) (el tópico se representa explícitamente al principio de la cláusula para facilitar la presentación):

---

(15) a. Ayer en el centro de la ciudad había mucha gente. Estaban paseando por las calles y no dejaban pasar fácilmente

b. [Ayer.... había **mucha gente**].

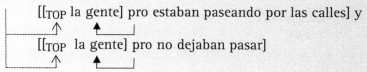

[[TOP la gente] pro estaban paseando por las calles] y

[[TOP la gente] pro no dejaban pasar]

En cambio, el sujeto explícito, y sobre todo cuando es un pronombre, se suele usar para cambiar el tópico de la cláusula anterior, o para reintroducir un tópico que se ha dejado atrás, o para introducir un tópico nuevo. En el ejemplo de (16a), la primera cláusula introduce el tópico *Juan y Marta*, pero en la segunda, *ella* se refiere sólo a una parte de ese tópico (*Marta*), y por eso se usa el pronombre explícito. En la tercera cláusula, se cambia el tópico a *Juan*, por lo que vuelve a usarse el pronombre explícito.

(16) a. Juan y Marta salían mucho a comer, y ella siempre pedía arroz chaufa. Él, en cambio, pedía cosas distintas cada vez

    b. [Juan y Marta salían . . . .]

       [[$_{TOP}$ Juan y Marta] ella siempre pedía arroz chaufa]
       [[$_{TOP}$ Juan y Marta] él, en cambio, pedía cosas distintas]

Condiciones discursivas de los pronombres nulos y explícitos: los pronombres nulos continúan el tópico existente, mientras que los pronombres explícitos de sujeto normalmente introducen un tópico nuevo o reintroducen un tópico olvidado.

En resumen, los sujetos nulos dependen del tópico discursivo y sirven para preservar el mismo tópico en distintas cláusulas; en cambio, los pronombres de sujeto explícitos modifican el tópico existente.

8.1.2 Los pronombres expresos enfáticos

A veces, un pronombre puede pronunciarse con un énfasis especial, y en esos casos el pronombre tiene una interpretación especial. Supongamos que un periodista entrevista a los participantes en las olimpiadas, y entre ellos, a la selección de fútbol, que tiene un historial más o menos aceptable, pero no estelar, en la competición. Los demás deportistas oyen el comentario un poco pretencioso de los futbolistas, y exclaman:

(17) ¡Los futbolistas siempre piensan que ELLOS son los mejores de las olimpiadas!

En ese contexto, el pronombre *ELLOS* se pronuncia con más fuerza (por eso lo representamos con mayúsculas); es un **pronombre enfático** que tiene dos significados:

(18) a. Ellos = "los futbolistas" (fija referencia

b. "Ningún otro equipo son los mejores" (contrasta con

Este significado añadido de los pronombres enfáticos se llar... ..tivo porque resalta a un grupo ("los futbolistas") y lo contrasta implícitamente con otros candidatos potenciales de la misma clase ("los otros deportistas"), negando que la propiedad se les aplique a ellos.

El pronombre explícito, como vemos, tiene un significado de foco contrastivo cuando es enfático. Naturalmente, el sujeto nulo no puede ser enfático, y por lo tanto, no puede indicar foco ni ser contrastivo.

> **Pronombres enfáticos y pronombres nulos:** los pronombres enfáticos indican foco contrastivo; los pronombres nulos no pueden indicar foco (contrastivo).

En resumen, los sujetos nulos generalmente indican continuidad de tópico, mientras que los pronombres de sujeto explícitos indican cambio de tópico, o foco contrastivo.

Expansión: Más sobre el contraste nulo/explícito

Las diferencias entre sujetos nulos y pronombres explícitos se han explicado sugiriendo que los sujetos nulos son más parecidos a un pronombre clítico como *lo/la* que a un pronombre fuerte como *él/ella*, es decir, son **pronombres débiles**. Estos pronombres se ven en muchas lenguas, y comparten algunas de las características que hemos descrito con los sujetos nulos, por ejemplo, no pueden ser focalizados.

8.1.3 Variación dialectal en los sujetos nulos

En la sección anterior hemos visto que los sujetos nulos y los pronombres explícitos se "dividen el trabajo" a la hora de continuar el tópico (con sujetos nulos) o introducir uno nuevo (con un pronombre explícito). Esta división de abajo se aplica al español general, pero no al español caribeño (de Puerto Rico, Cuba, la República Dominicana, y las costas de Colombia, Venezuela, y posiblemente Centroamérica). En estas variedades, los pronombres explícitos de sujeto son mucho más frecuentes que en otras, y además, no contrastan con los sujetos nulos y los pronombres explícitos de sujeto. Concretamente, en esta variedad el pronombre expreso también se usa con frecuencia para continuar el tópico de la cláusula anterior (lo que en la variedad más general normalmente se hace con un sujeto nulo):

(19) Había un viejo que él tenía un gallo y el gallo se perdió una vez y él lo estaba buscando y nada más encontraba plumas y cosa. Pero él escuchó algo muy lejos que, el gallo quiquiriquí. Entonces él fue a buscar el gallo, en busca el resto de las plumas, y él fue a buscarlo. Entonces él vio un oso abajo de la mata de mango y vio el gallo a la parte de atrás del oso.

(Bullock y Toribio (2009), p. 56)

Este ejemplo de un hablante dominicano de la región de El Cibao muestra que el pronombre explícito *él* se repite de cláusula a cláusula, en un contexto en el que el tópico discursivo ("un viejo") no cambia. Los hablantes de otras variedades de español probablemente usarían sujetos nulos en ese contexto.

Los pronombres explícitos de sujeto tienen referentes animados en las variedades de español general. Los sujetos de las siguientes frases se pueden referir a seres humanos, pero no, por ejemplo, al sol o la luna:

(20) a. Él salió a las siete y media
b. Ella estaba llena

En el español de Puerto Rico, la República Dominicana, y Cuba, sin embargo, esta restricción es menos tajante, y se encuentran ejemplos en los que el pronombre explícito de sujeto se refiere a entes no humanos, animados, como en (21a), e incluso inanimados, como en (21b):

(21) a. Ella (la escuela) es bien, dan mucha clases, los profesores son buenos

b. Pero yo no sé que le pasó (a la camioneta) porque ella tiene gasolina y ella estaba caminando bien

(ejemplos de Bullock y Toribio (2009), p. 57)

En el español dominicano (sobre todo en la región de El Cibao), algunos hablantes tienen un expletivo explícito con verbos como *llover*, que se parece al del inglés:

(22) a. Ello no está lloviendo aquí, pero allá sí (español dominicano)

b. Ello vienen haitianos

c. Ello hay personas que lo aprenden bien (el inglés)

(Bullock y Toribio (2009), p. 57)

Sin embargo, este expletivo tiene propiedades distintas que las de *it* en inglés: primero, no es obligatorio, los mismos hablantes pueden usarlo u omitirlo, no es muy frecuente, y tampoco está generalizado a todos los hablantes de la zona. Segundo, a veces corresponde a lo que sería *it* (como en (22a)), pero otras veces corresponde a *there* (como en (22b–c)).

Las diferencias de los distintos dialectos se resumen a continuación:

(23) Interpretaciones discursivas de los sujetos nulos y los pronombres explícitos en español

	Español general	Español caribeño
Sujeto nulo	Tópico	Tópico
Sujeto explícito	Foco	Tópico o foco
Referencia pronominal no humana	No	Sí
Expletivos	No	Dominicano solo

8.1.4 Otras propiedades asociadas con los sujetos nulos

Las lenguas como el español que tienen sujetos nulos identificados mediante la morfología verbal muestran otras propiedades; la más notable de ellas es la flexibilidad del orden de palabras, como vemos a continuación:

---

(24)   a. Unos amigos llegaron de visita ayer

b. Llegaron unos amigos de visita ayer

c. Llegaron de visita ayer unos amigos

El orden de palabras neutral en español es sujeto-verbo-objeto (SVO) cuando el verbo es transitivo, y SV cuando no lo es. Sin embargo, los órdenes alternativos son posibles en contextos discursivos bastante específicos, como ya vimos en el capítulo 5 (sec. 5.1). Esta flexibilidad relativa en el orden de palabras generalmente se asocia con la posibilidad de tener sujetos nulos.

Junto a la flexibilidad en el orden de palabras, el español tiene patrones de movimiento de frases *qu-* distintos del inglés, que no tiene sujetos nulos. Imaginemos la planificación de una fiesta de final de año, en la que alguien trata de coordinar lo que va a traer cada invitado. A la pregunta de (25a), se puede contestar con pares de personas-cosas, como vemos en (25b).

---

(25)   a. ¿Quién va a traer qué?

b. Miguel y Laura van a traer postre, Juana va a traer cerveza, y Ale va a traer guacamole

---

En (25), las frases *qu-* aparecen en la misma posición que los correspondientes argumentos no interrogativos (*Pilar va a traer postre*), por lo que no es obvio que haya habido movimiento explícito (ver el capítulo 5, sec. 5.2). Este mismo orden también es posible en inglés, como vemos en (26a), pero en español también es posible hacer esta pregunta moviendo la frase *qu-* de objeto, como vemos en (26b). Este orden no es posible en inglés, a menos que *who* sea el nombre propio de alguien, y no una frase interrogativa ((26c)):

(26) a. Who is going to bring what?

b. ¿Qué va a traer quién?

c. *What is who going to bring?

La agramaticalidad de (26c) se ha llamado **efecto de superioridad**; descriptivamente, una frase *qu-* no puede saltar por encima de otra frase *qu-*. Si vemos el esquema de movimiento de los ejemplos de (25a) y (26a–c), que se presenta en (27), observamos que en inglés una frase *qu-* (*what*) salta por encima de la otra en el ejemplo agramatical (27b) pero no en el ejemplo gramatical (27a), mientras que los dos casos son aceptables en español, como vemos en (27c–d).

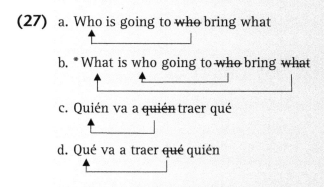

(27) a. Who is going to ~~who~~ bring what

b. * What is who going to ~~who~~ bring ~~what~~

c. Quién va a ~~quién~~ traer qué

d. Qué va a traer ~~qué~~ quién

La razón por la que no hay salto en español se ha conectado con la existencia de sujetos postverbales en esa lengua: puesto que los sujetos pueden aparecer detrás del verbo en afirmaciones en español pero no en inglés, esta parece ser la clave para explicar que (27d) sea gramatical, pero (27b) no. Esta flexibilidad de orden de palabras en español ya se mencionó como una de las propiedades de las lenguas con sujetos nulos.

8.1.5 Resumen de los sujetos nulos de verbos flexionados

En esta sección hemos visto las propiedades de los sujetos nulos con verbos flexionados. Por un lado, hemos sugerido que están sometidos a dos condiciones: el licenciamiento gramatical por medio de la morfología de persona y número del verbo, y la identificación discursiva por medio de un antecedente tópico del discurso.

Por otra parte, hemos observado que los sujetos nulos contrastan discursivamente con los pronombres explícitos de sujeto: los primeros sirven para mantener el tópico discursivo constante, los segundos aparecen cuando se cambia el tópico discursivo; y que esta variación ocurre en español general, pero no en español caribeño, donde los pronombres explícitos pueden mantener el tópico discursivo también. Además de los pronombres explícitos, hemos introducido los pronombres enfáticos, que indican foco contrastivo.

Finalmente, hemos visto otras propiedades asociadas con la existencia de sujetos nulos: la flexibilidad en el orden de palabras y la ausencia de efectos de superioridad, conectada con la posibilidad de tener sujetos postverbales en español.

8.2 Los sujetos nulos de los infinitivos

Imaginemos que esta mañana, al salir de su casa, Carmen cruzó la calle, y al llegar al otro lado, observó una escena que después le contó así a su amiga:

(28) a. Cuando crucé la calle, vi que un hombre trataba de escalar la pared del edificio
      b. Escalar un edificio debe ser algo bastante complicado

En el primer ejemplo, es el hombre que Carmen vio el que escala la pared del edificio; en el segundo, en cambio, no es una persona específica, sino cualquiera que lo intente. Lo interesante del primer ejemplo es que *escalar* no tiene un sujeto gramatical explícito. Sabemos que *un hombre* no es el sujeto gramatical porque aparece como objeto directo de *vi*, y porque si se pone a esa frase nominal al lado del infinitivo, el resultado es agramatical:

(29) *Cuando crucé la calle, vi que trataba de un hombre escalar la pared del edificio

La situación nos lleva a una paradoja: el infinitivo no puede tener un sujeto explícito, pero sí se interpreta como si lo tuviera. La primera condición se formula así: en condiciones normales, los infinitivos no pueden tener sujetos explícitos; y la segunda es el ya familiar principio de proyección extendida (PPE): toda cláusula debe tener sujeto.

Estas dos generalizaciones hacen que los sujetos de los infinitivos tengan que ser nulos (con ciertas excepciones que veremos más abajo). Estos sujetos nulos son distintos de los que vimos antes, por ejemplo, existen también en inglés. Se han llamado **PRO** para distinguirlos de los sujetos nulos de verbos flexionados, que normalmente se llaman pro (de manera un tanto confusa).

PRO: el sujeto de una cláusula con un verbo no flexionado (infinitivos, gerundios, participios).

Es decir, la estructura sintáctica parcial de (28b) sería la siguiente:

(30) Cuando crucé la calle, vi a un hombre$_i$ que trataba de [$_{\text{FFlex/FT}}$ PRO$_i$ escalar la pared del edificio]

En esta representación, los subíndices indican que PRO y *un hombre* se refieren a la misma persona. Esta relación se llama **control**, sobre la que hablaremos más abajo. ¿Por qué no pueden tener normalmente sujetos explícitos los infinitivos? Por lo general, se asume que la falta de flexión verbal (tiempo y persona) es responsable de que los infinitivos no puedan tener sujetos explícitos: si los infinitivos no tienen persona y número explícitos, no pueden concordar ni asignarle caso nominativo al sujeto, que es el mecanismo típico para licenciar a los sujetos:

(31) a. Escalar un edificio ...

b.

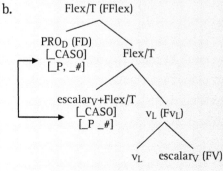

En cambio, cuando el verbo está flexionado, la persona y el número del verbo pueden concordar con el sujeto (y asignar caso nominativo abstracto):

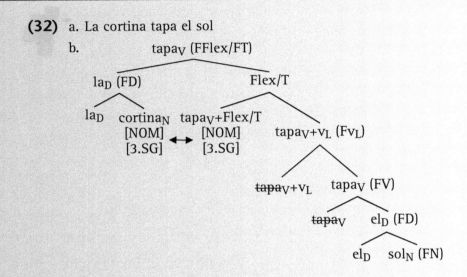

(32) a. La cortina tapa el sol

En algunos contextos, sí puede haber sujetos explícitos, especialmente con infinitivos, y normalmente eso pasa cuando el sujeto explícito puede ser licenciado gramaticalmente por medios alternativos al caso, como vemos en (33a). Este ejemplo muestra un sujeto explícito postverbal, que es aceptable en español. En posición preverbal, en cambio, el sujeto deja de ser posible en la mayoría de las variedades del español (ver más abajo):

(33) a. Al entrar el viento por la ventana, bajaba la temperatura del cuarto
b. *Al el viento entrar por la ventana, bajaba la temperatura del cuarto

Aunque no está del todo claro por qué la posición del sujeto es relevante, podemos recordar que la flexibilidad del orden sujeto-verbo o verbo-sujeto se ha relacionado con otras propiedades del español, como la falta de efectos de superioridad (ver sección 4.2 más arriba).

En el español del Caribe (Cuba, Puerto Rico, la República Dominicana, Venezuela, Panamá, la costa colombiana), el infinitivo aparece productivamente con sujetos léxicos cuando hay una preposición, como vemos en (34):

(34) a. Pregunto para yo entender el problema   (español caribeño)
b. Antes de tú salir, ya estaba lloviendo
c. Vino a visitarme sin yo invitarlo
d. Yo lo dudo que Carmen venga ... Ella vive enferma, sin los médicos encontrarle nada   (español dominicano, Toribio (2000))

Todas las preposiciones permiten esta construcción, y en la mayoría de estos casos se dan con pronombres, como vemos en (34a–c), pero también con frases determinantes léxicas como *los médicos* en (34d). Intuitivamente, la presencia de la preposición es esencial en estos ejemplos. Por ejemplo, la contrapartida de (34d) sin preposición es agramatical en todos los dialectos, como vemos en (35):

(35) *Yo lo dudo que Carmen venga ... Ella vive enferma, y los médicos no encontrarle nada

Las preposiciones también asignan caso; por lo tanto, el sujeto del infinitivo está legitimado gramaticalmente en este tipo de ejemplo. Sin embargo, la preposición no es suficiente, porque esos mismos ejemplos no son aceptables en otras variedades del español no caribeño. Además, otras propiedades del español caribeño que hemos mencionado en distintas secciones parecen ser relevantes, pero el análisis preciso de estas construcciones sigue abierto.

Si la flexión defectiva de los infinitivos no puede asignar el caso apropiado a los sujetos léxicos, una posibilidad es que el sujeto léxico "migre" a otra parte de la cláusula para conseguir legitimarse. Según esta idea, *un hombre* empieza como sujeto de *cruzar* en el ejemplo de (36a), pero al no poder recibir caso, se mueve a la posición de objeto de *vi*, donde sí recibe caso acusativo (y por lo tanto se marca con *a*), como vemos en (36b). Nótese que algunos aspectos de esa representación están simplificados.

(36) a. Cuando crucé la calle, vi a un hombre cruzar la calle

b.

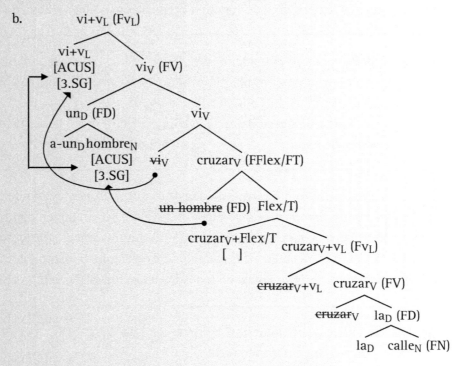

En resumen, los sujetos nulos de los infinitivos se han analizado de dos posibles maneras: como elementos nulos que obtienen su referencia de un antecedente, o como resultado del movimiento a una posición más alta para recibir caso. Los dos análisis comparten la idea de que los infinitivos son defectivos para licenciar a un sujeto léxico, y que esta propiedad se relaciona con la falta de especificación de persona/tiempo en el verbo.

En la siguiente sección vamos a elaborar un poco más la tipología de los sujetos de verbos no flexionados, lo que tradicionalmente se ha llamado **control**.

8.2.1 Control

La relación semántica entre el pronombre nulo sujeto PRO y su antecedente se llama **control,** y tiene dos casos básicos. En el primero, el control es **obligatorio:** PRO tiene que ser correferente con un argumento de otra cláusula (generalmente el sujeto o el objeto). En el segundo, el control es opcional, y PRO puede interpretarse de manera libre, o de manera arbitraria.

En el ejemplo de (37), el antecedente de PRO es necesariamente *Ana*: la que hace la promesa y la que va a devolver la computadora son la misma persona, como lo reflejan los subíndices y las líneas discontinuas. Este es un caso de **control obligatorio de sujeto**.

(37) Ana$_i$ prometió [$_{Flex/T}$ PRO$_i$ devolver la computadora]

El ejemplo de (38) muestra un caso de **control obligatorio de objeto**. En ese ejemplo, el ocupante de la oficina es la misma persona a quien Ana le permite ocupar la oficina (representada por *le*).

(38) Ana le$_i$ permitió [$_{Flex/T}$ PRO$_i$ ocupar la oficina]

En algunos análisis, la relación entre el antecedente y PRO es una relación semántica especial de control, que determina la interpretación semántica de la categoría nula, dependiendo de su antecedente. En otros análisis, la relación entre el antecedente y el sujeto se deriva por movimiento.

El control obligatorio de sujeto o de objeto depende del significado del verbo subordinante: *prometer* indica que el agente de la promesa se compromete a hacer algo, mientras que *permitir* indica que el agente del permiso tiene autoridad sobre otras personas para que hagan algo.

En los casos de control opcional, el agente del verbo no puede determinar quién debe ser el sujeto del infinitivo. Por ejemplo, en (39a), la creencia de Vidal no puede determinar quiénes conservan la selva, y no tienen que incluirlo a él. Por eso, los subíndices de *Vidal* (i) y de PRO (j) son distintos. En el caso de (39b), el sujeto de *fumar* se interpreta como "cualquiera que fume", es decir, tiene un valor genérico o de cuantificador universal, pero no se refiere a nadie en concreto.

(39) a. Vidal$_i$ cree que [$_{Flex/T}$ PRO$_j$ conservar la selva] es importante

b. [$_{Flex/T}$ PRO$_j$ fumar] puede causar cáncer

Control: el mecanismo por el cual se interpreta la referencia de un sujeto nulo PRO. Puede ser obligatorio (entre un sujeto o un objeto y PRO) u opcional.

¿Tiene alguna relevancia sintáctica esta distinción entre control obligatorio y opcional? De hecho, el control obligatorio tiene varias propiedades que no tiene el control opcional. En primer lugar, PRO tiene que tener un antecedente. Por ejemplo, en (40a), la cláusula principal (la del verbo *esperar*) es impersonal y no tiene un sujeto que pueda servir de antecedente a PRO, por lo que el resultado es agramatical. En cambio, cuando sí hay un argumento que sea un antecedente potencial (como *Andrés* en el caso de (40b)), el resultado es gramatical.

(40)   a. *Se esperaba [$_{\text{Flex/T}}$ PRO$_j$ afeitarse a sí mismo]

       b. Andrés$_i$ esperaba [$_{\text{Flex/T}}$ PRO$_i$ afeitarse a sí mismo]

La segunda propiedad indica que el antecedente tiene que c-comandar a PRO. En el siguiente ejemplo, *Andrés* no puede ser antecedente de PRO porque no lo c-comanda, como vemos en (41b) (donde se omiten algunos detalles irrelevantes para la discusión):

(41)   a. [La hija$_i$ de Andrés$_j$] esperaba [$_{\text{Flex/T}}$ PRO$_{i/j}$ afeitarse]

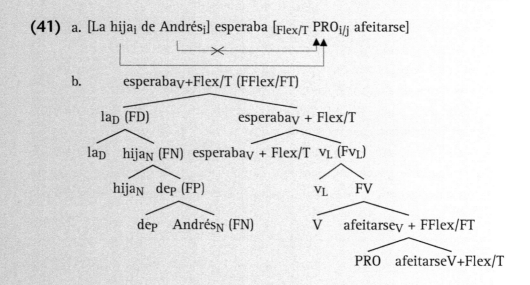

       b.   esperaba$_V$+Flex/T (FFlex/FT)

Esta estructura nos muestra que la FN *Andrés* está muy abajo para c-comandar a PRO, mientras que la FD más grande (*la hija ...*) sí c-comanda, porque el primer nodo que domina a esa FD también domina a PRO.

La tercera propiedad importante para el control obligatorio es que el antecedente tiene que ser local, es decir, tiene que estar en la cláusula inmediatamente superior. En el ejemplo de (42a), el antecedente potencial (*Pilar*) no está en la cláusula inmediatamente superior a la que contiene PRO, sino en una más alejada (FlexT$_1$). Como la cláusula inmediatamente superior (FlexT$_2$) no tiene ningún antecedente potencial, porque es impersonal, el resultado es que PRO se queda sin antecedente. En (42b), en cambio, la cláusula intermedia (FlexT$_2$) sí tiene un sujeto nulo referencial que sirve de antecedente para PRO. La diferencia crucial entre los dos ejemplos es la presencia o ausencia de *se*, que impersonaliza la cláusula intermedia.

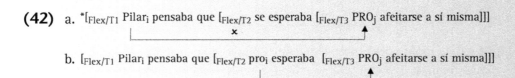

(42) a. *[$_{Flex/T1}$ Pilar$_i$ pensaba que [$_{Flex/T2}$ se esperaba [$_{Flex/T3}$ PRO$_j$ afeitarse a sí misma]]]

b. [$_{Flex/T1}$ Pilar$_i$ pensaba que [$_{Flex/T2}$ pro$_i$ esperaba [$_{Flex/T3}$ PRO$_j$ afeitarse a sí misma]]]

La cuarta propiedad se refiere a la interpretación de construcciones con elipsis. Cuando hay una elipsis, generalmente en cláusulas coordinadas, falta una parte de una de las cláusulas, que se interpreta en paralelo respecto a la otra cláusula (el antecedente). Por ejemplo, en (43) la segunda cláusula (*y Daniel también*) se interpreta en paralelo a la primera (*también [espera que va a ganar]*). Sin embargo, la porción elidida se puede procesar de dos maneras: con la **interpretación no estricta** de (43a), en la que el sujeto de la parte elidida se interpreta como Daniel, o con la **interpretación estricta** de (43b), en la que el sujeto se interpreta como Marta.

(43) Marta$_i$ espera que [$_{Flex/T}$ va a ganar] y Daniel$_j$ también

a. ... y Daniel también espera que Daniel va a ganar (interpretación no estricta)

b. ... y Daniel también espera que Marta va a ganar (interpretación estricta)

En el caso de PRO controlado obligatoriamente, sólo la interpretación no estricta es posible, como se ve en (44):

(44) Marta$_i$ espera [$_{Flex/T}$ PRO$_i$ ganar] y Daniel$_j$ también (= Daniel gana)

Por el contrario, el control no obligatorio no tiene ninguna de estas propiedades. Por una parte, al no haber antecedente obligatorio, no puede haber condiciones respecto a ese antecedente. Por otra parte, en contextos de elipsis, la interpretación es estricta, en la medida que se puede hablar de esa distinción:

(45) Para Marta, [conservar el medio ambiente] es importante y para Daniel también

En este ejemplo, *conservar el medio ambiente* se interpreta como una afirmación genérica, y por lo tanto los que conservan el medio ambiente son los mismos para Marta que para Daniel. En ese sentido la interpretación es estricta.

(46) Comparación entre PRO de control obligatorio y PRO de control no obligatorio

Propiedad	PRO control obligatorio	PRO sin control obligatorio
Antecedente obligatorio	Sí	No
C-comando del antecedente	Sí	No
Localidad del antecedente	Sí	No
Interpretación no estricta en elipsis	Sí	No

Los diagnósticos que hemos presentado indican que la relación entre el antecedente y PRO es fundamentalmente distinta de la de PRO no controlado, y concretamente, que la primera es una relación sintáctica.

Para resumir esta sección, los sujetos de los infinitivos (PRO) pueden ser controlados obligatoriamente por un sujeto o un objeto, o no controlados. PRO controlado requiere un antecedente local con c-comando, y sólo se puede interpretar de manera no estricta en contextos de elipsis. PRO obligatoriamente controlado se ha analizado como una relación especial entre un antecedente y una categoría pronominal, o bien como el resultado del movimiento de un argumento de una posición donde no puede ser licenciado gramaticalmente a otra donde sí puede.

8.3 Verbos de ascenso

En esta sección vamos a explorar la sintaxis de los llamados **verbos de ascenso**, una clase de verbos que tienen propiedades argumentales especiales que se reflejan en el movimiento del verbo.

En el ejemplo de (47), la cláusula *buscar las ramas altas* está subordinada al verbo *parecer*. *Buscar* tiene dos argumentos (el agente que busca, *los pájaros*, y el tema, *las ramas altas*); sin embargo, el agente *los pájaros* aparece como sujeto de *parecer*. Este último verbo, en cambio, no le asigna papel temático a *los pájaros*. Puesto de otra manera, en ese ejemplo interpretamos que "los pájaros buscan", no que "los pájaros parecen". El verbo *parecer* es especial en ese sentido: no le asigna una interpretación semántica a su sujeto, y es lo que se llama un **verbo de ascenso**. La representación esquemática se presenta en (48):

---

(47) Los pájaros parecen buscar las ramas altas

---

(48) Los pájaros parecen buscar las ramas altas

θ = agente θ = tema

La discrepancia entre la estructura temática y la estructura sintáctica se puede resolver asumiendo un análisis de movimiento, según el cual, el sujeto inicialmente se fusiona con el verbo *buscar*, y después se mueve a la estructura más alta (otro caso de movimiento A).

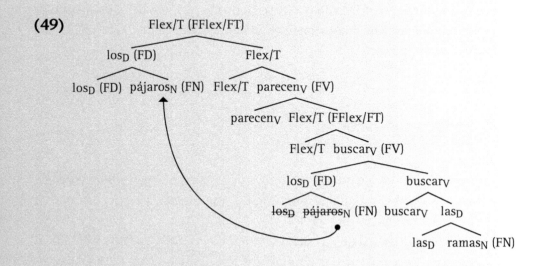

(49)

Junto a la versión que vemos en (47), en español existen dos alternativas, que vemos en (50); la segunda no es aceptada por todo el mundo, pero se oye con frecuencia en español coloquial (y también en brasileño):

(50) a. Los pájaros parece que buscan las ramas altas

b. Los pájaros parecen que buscan las ramas altas (español coloquial)

Aunque las dos son aparentemente parecidas a la de (47), en realidad tienen varias propiedades que las distinguen. En primer lugar, las cláusulas subordinadas de las dos oraciones de (50) tienen *que*, lo que sugiere que son categorías distintas de la de (47). Por otra parte, el verbo aparece en forma finita (*buscan*), no en infinitivo.

Finalmente, los dos ejemplos de (50) se diferencian entre sí: en el primero, el agente *los pájaros* es plural, y el verbo *parece* es singular, y en el segundo, los dos concuerdan en plural. Esto sugiere que en realidad *los pájaros* solo es el sujeto de *parecen* en el segundo caso, no en el primero. En (50a), *los pájaros* es un **tópico dislocado**, no desplazado por movimiento, sino fusionado externamente en esa posición, y conectado con sujetos nulos, como vemos esquemáticamente en (51). En este árbol aparece **pro** en la cláusula subordinada. Esta categoría, que se presenta con más detalle en la sección 8.1 de este capítulo, representa a los sujetos nulos del español. Tiene un subíndice "D" para indicar que se refiere al mismo referente que *los pájaros*, que también aparece con ese subíndice. Lo más importante de esta estructura es que no hay movimiento desde una posición a otra.

(51)

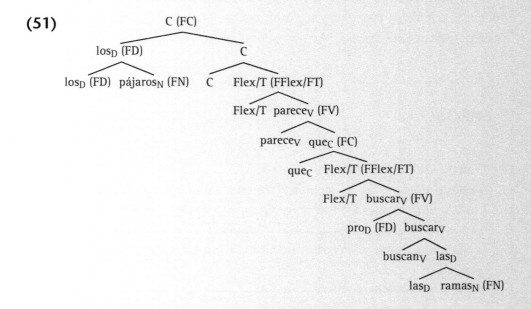

El movimiento del sujeto en (47) se relaciona con el hecho de que el verbo *buscar* está en infinitivo, y normalmente los infinitivos no tienen sujetos léxicos en español. Por esa razón, en (50a), que tiene el verbo conjugado, puede tener su propio sujeto nulo, y *los pájaros* no se asocia con esa parte de la cláusula, sino que se fusiona directamente con la cláusula principal como un tópico dislocado. En el caso de (50b), en cambio, sí es el sujeto de *parecen*, aunque no hay evidencia clara de que se haya movido desde la cláusula inferior.

En resumen, los verbos de ascenso como *parecer* no asignan papel temático a sus sujetos, y producen el movimiento del sujeto subordinado a la cláusula principal cuando el verbo subordinado es infinitivo.

8.4 Resumen del capítulo

En este capítulo hemos revisado las propiedades de los sujetos en español. Por un lado, hemos visto que los sujetos nulos o implícitos tienen que ser licenciados por una categoría gramatical y también identificados en el discurso. El uso de estos sujetos varía mucho entre los dialectos, y también varía respecto a los pronombres explícitos de sujeto. Por otro lado, hemos revisado las propiedades de los sujetos nulos con verbos en infinitivo, y las diferencias entre sujetos nulos obligatoriamente controlados y no controlados. Finalmente, hemos revisado los sujetos nulos de los verbos de ascenso, que no asignan un papel temático al sujeto.

Ejercicios

1. **Sujetos nulos y explícitos**

1.1 Indique dónde están los sujetos nulos en los siguientes ejemplos, y qué rasgos morfológicos identifican el sujeto nulo en los ejemplos.

> Ejemplo: Pedro se levantó y pocos momentos después salió a la calle, 3P.SG

a. Clara saludó a Flavia. Después, entró en el bar
b. Después de que Alma volvió, terminamos el trabajo
c. Primero, el gato saltó sobre la mesita, después se cayó
d. ¿Quién crees que va a contratar a Ramón?

1.2 En los ejemplos de 1.1, ¿cuáles son los posibles antecedentes del sujeto nulo? En cada ejemplo puede haber más de uno.

> Ejemplo: Pedro se levantó y pocos momentos después salió a la calle.
> Antecedente: "Pedro"

1.3 Indique si los sujetos de los verbos subrayados son pro (sujetos de verbos flexionados) o PRO (sujetos de verbos en infinitivo), e indique, en cada caso, a quién se refieren.

> **Ejemplo:** Salir es bueno
> PRO, se refiere a cualquier persona que salga (es genérico).

a. Quiero pan
b. Miguel espera salir en la televisión
c. Después de acabar el libro, Julia se durmió
d. Vimos a Elisa en el parque
e. Quiero que vengan muchas personas a la fiesta y que traigan a sus amigos
f. Espero que venga a mi fiesta
g. Disfrutar es sano

2. Control

2.1 Indique si los siguientes ejemplos son de control obligatorio o control opcional, y explique por qué.

> **Ejemplo:** Arreglar el problema del medio ambiente reduciría los huracanes
> PRO (sujeto de *arreglar*) es de control opcional, porque no tiene que tener antecedente obligatoriamente.

a. Espero vivir contento
b. Antes de anochecer, podríamos salir a pasear
c. Comentar los trabajos individualmente lleva mucho tiempo
d. Soñar es ser feliz

2.2 Haga la estructura para los siguientes ejemplos, asumiendo el análisis de movimiento para control.
a. Pablo prometió venir a la fiesta
b. Le exigimos a Karen organizar el partido

3. Ascenso

3.1 Observe las siguientes oraciones, y para cada una de ellas:

- indique qué verbo le asigna papel temático a los elefantes
- indique si los elefantes concuerda con algún verbo
- indique si el ejemplo es un caso de ascenso o de dislocación de los elefantes.

a. Los elefantes parecen recordar mucho

b. Los elefantes parece que recuerdan mucho

c. Los elefantes parecen que recuerdan mucho

3.2 Haga las estructuras correspondientes del ejercicio anterior y justifique por qué son distintas (si lo son).

3.3 (Avanzado) El control y el ascenso tienen propiedades comunes y otras distintas. Comparando los ejemplos de abajo, sugiera algunos de los parecidos y diferencias en términos de asignación de papeles temáticos, concordancia, etcétera.

a. Las niñas prometen resolver el problema

b. Las niñas parecen resolver el problema

Lecturas adicionales

Sujetos nulos

Camacho (2013, 2016, forthcoming)
Suñer (1986)

Infinitivos y control

Hornstein (2000, 2003)
Ortega-Santos (2003)

Piera Gil (1987)

9 La periferia oracional y el orden de palabras

Objetivos del capítulo

- Describir los rasgos que se definen en la periferia oracional
- Explicar las propiedades de las construcciones asociadas con la periferia oracional
- Describir las propiedades de la dislocación a la izquierda con clítico
- Discutir las propiedades del sujeto preverbal

9.0 INTRODUCCIÓN

Nuestro viaje por la estructura de la cláusula llega a la parte más alta. Empezamos con las operaciones básicas de formación de constituyentes, la formación de la frase verbal, y la frase v_L donde se fusionan y reciben papel temático los sujetos; a continuación, introdujimos las categorías aspectuales (de aspecto interno y externo), y finalmente el tiempo, que tiene un papel esencial en la distribución de la cláusula y los sujetos nulos. A partir de aquí, veremos lo que se llama la **periferia** de la cláusula, las proyecciones funcionales asociadas con la margen izquierda de la cláusula, y que conectan a la cláusula con aspectos discursivos más amplios. De aquí, revisaremos las transformaciones en el orden de palabras que se asocian con aspectos discursivos, algunos de los cuáles ya se han mencionado brevemente en capítulos anteriores.

9.1 La periferia de la cláusula y el discurso

Imaginemos que el presidente de la agencia nacional de investigación de un país hace el siguiente anuncio por televisión:

(1) a. Esta mañana, poco antes de las 9, mientras los ciudadanos del país desayunaban, nuestros científicos anunciaron el descubrimiento de una nueva vacuna contra la malaria

b. La vacuna, diseñada en nuestros laboratorios, la empezarán a aplicar en las regiones de la selva

En este breve anuncio, tenemos dos eventos principales: nuestros científicos anunciaron el descubrimiento de una nueva vacuna contra la malaria, y la vacuna, la empezarán a aplicar en las regiones de la selva. Sin embargo, también tenemos otra información relevante, pero no central, sobre la hora, el desayuno, etcétera. En la primera oración, la información adicional aparece al principio, antes de la cláusula principal, y en la segunda, la vacuna también aparece al principio:

(2) a. {Esta mañana, poco antes de las 9, mientras los ciudadanos del país desayunaban} ... {nuestros científicos anunciaron el descubrimiento de una nueva vacuna contra la malaria}

b. {La vacuna, diseñada en nuestros laboratorios} ... {la empezarán a aplicar en las regiones de la selva}

Vemos, entonces, que una cláusula se puede dividir en dos grandes partes: la proposición principal, y la información periférica que aparece a la izquierda de esa proposición:

---

(3) [Periferia izquierda ··· [Cláusula ···]]

La periferia izquierda es una zona muy activa, porque conecta la cláusula con el contexto discursivo más general. En unos casos, los elementos de la periferia representan información nueva, en otros, información ya conocida en el discurso. Por ejemplo, *la vacuna* en (1b) se refiere a un tópico ya introducido en el discurso previo en (1a).

Además, en la periferia izquierda también se señala el tipo de cláusula (interrogativa, imperativa, etc.):

---

(4) a. ¿Qué piensa Aldo?
b. Me pregunto [si Doris está bien]
c. Creo [que Carlos lo sabe]

---

(5) Mia-ki atsa wainko kai?   (shipibo-konibo)
Tú-INT yuca chacra ir-PART
'Tú vas a ir a la chacra?'

(ejemplo de Valenzuela (2003), p. 376)

¿Cómo sabemos que (4a) es una pregunta? En primer lugar, porque la frase *qu-* aparece al principio, y en segundo, porque la pregunta tiene una entonación especial cuando se pronuncia. La misma lógica se aplica a (4b): sabemos que *si Doris está bien* es una pregunta porque *si* marca el carácter interrogativo de la subordinada. Finalmente, en (4c), *que Carlos lo sabe* es una subordinada declarativa porque empieza por *que*. El ejemplo (5) muestra algo parecido en shipibo-konibo: el morfema interrogativo *-ki* indica que la cláusula es una pregunta.

En todos estos ejemplos, un morfema indica el tipo de cláusula: *si* y -*ki* indican cláusula interrogativa, *que*, cláusula declarativa. En el ejemplo de (4a), *qué* también indica que la cláusula es una pregunta, pero además se puede mover de una posición inicial a otra posición a la periferia.

A continuación, presentamos una clasificación más detallada de los contenidos que se expresan sistemáticamente en la periferia izquierda de la cláusula:

(6) a. **Tipo de cláusula/fuerza** (interrogativa, declarativa, imperativa, etc.)

   b. **(In)finitud** (cláusula con flexión o sin flexión)

   c. **Foco y tópico** (contenidos relacionados con el estatus de la información en el discurso)

   d. **Evidencialidad** (origen de la información: primera mano, segunda mano)

Ya hemos visto ejemplos del tipo de cláusula, y en el capítulo anterior hablamos sobre la finitud de la cláusula, así como de la conexión entre tópico y sujetos nulos. La evidencialidad es una categoría muy productiva en muchas lenguas del mundo que indica la relación del hablante con la fuente de información: si es directa, de segunda mano, inferida, etcétera. Veamos algunos ejemplos del shipibo-konibo:

(7) a. Jawen jema-ra   ani   iki   (shipibo-konibo)

   POS   pueblo.ABS-EVID   grande   COP

   'Su pueblo es grande (yo he estado ahí)'

   b. Jawen jema-ronki   ani   iki

   POS   pueblo.ABS-EVID.OIDO   grande   COP

   'Su pueblo es grande (me lo han dicho)'

(ejemplos de Valenzuela (2003), p. 534)

Estos dos ejemplos transmiten la misma información proposicional, "su pueblo es grande"; pero en el primer caso, el morfema -*ra* nos indica que la información del hablante es de primera mano, mientras que en el segundo caso, la información es de oídas, y por eso se marca con -*ronki*.

En español no hay marcas de evidencialidad que aparezcan sistemáticamente en todas las cláusulas, como en shipibo-konibo, pero en algunas variedades, sí hay estrategias gramaticales para indicar la fuente de la información:

(8) Dizque van a construir un metro en Bogotá

Dizque (o también *quique, quisque*) es de uso muy frecuente en el español oral de México, Colombia, Venezuela, y la República Dominicana (entre otros), e indica que la fuente de información es **reportativa**, y además, expresa algunas dudas sobre la veracidad de esa fuente. Generalmente aparece en la periferia izquierda, pero también modificando a frases nominales:

(9) Vieron dizque un cocodrilo en las calles de Nueva York

9.1.1 (In)finitud

La periferia izquierda de la cláusula indica sistemáticamente si el verbo de la cláusula está flexionado o no, lo que también se llama **finitud (Fin)**:

(10) a. Danilo esperaba [que la torta de chocolate fuera agradable]
  b. Danilo esperaba [ser agradable]

En el primer ejemplo, la cláusula subordinada tiene el verbo finito (flexionado); en el segundo, en cambio, el verbo es no-finito. El complementante *que* sólo es compatible con el verbo flexionado, y en ese caso es obligatorio. Es decir, *que* claramente indica [+ FIN]:

(11) a. *Diego esperaba [que$_{[+FIN]}$ ser agradable]
  b. *Diego esperaba [la torta de chocolate fuera agradable]

(12) *Que* → [+ FIN]

El español a veces marca el rasgo [– FIN] con un complementante explícito, aunque estos otros complementantes casi siempre tienen otros significados adicionales:

(13) a. [Al$_{[-\text{FIN}]}$ salir Carolina], empezó a llover
     b. [De$_{[-\text{FIN}]}$ saber que venías], habría comprado
        comida   (español peninsular)
     c. Dicen [de$_{[-\text{FIN}]}$ ir a la playa mañana]   (español peninsular)

En los tres casos, el complementante indica [– FIN], y por lo tanto es incompatible con verbos flexionados:

(14) a. *[Al salió Carolina], empezó a llover
     b. *[De sabía/supiera que ibas a venir], habría comprado comida
     c. *Dicen [de$_{[-\text{FIN}]}$ vamos/vayamos a la playa mañana]

Además de ese valor, estos complementantes tienen otros significados: el primero, temporal; el segundo, condicional; y el tercero, expresión de un deseo.

FIN: el rasgo sintáctico que indica si la cláusula es finita o no finita.

Complementantes [+ FIN]: *que*

Complementantes [– FIN]: *de, al*

Es interesante notar que los complementantes [– FIN] coinciden todos con preposiciones, y esto nos indica una conexión importante entre las dos categorías. Sin embargo, los complementantes de los ejemplos de arriba no parecen ser verdaderas preposiciones, porque las verdaderas preposiciones son compatibles con [+ FIN] y [– FIN]:

(15) a. [Con terminar el trabajo], me conformo
     b. [Con que terminemos el trabajo], me conformo

9.1.2 Fuerza

En los ejemplos anteriores, los complementantes indican si la cláusula es [± FIN], y además, indican el **tipo de cláusula**: si es **interrogativa, declarativa, condicional**, etcétera:

---

(16) a. ¿Me puede dar un café, por favor? (cláusula interrogativa)
  b. Quiero un café, por favor (cláusula declarativa)

A veces, el término **fuerza (FUER)** se usa para designar el tipo de cláusula. Desde el punto de vista sintáctico, la fuerza o el tipo de cláusula se refleja con distintos mecanismos. Por ejemplo, algunas preguntas lo hacen moviendo el pronombre interrogativo al principio de la cláusula (**preguntas** *qu-*):

---

(17) ¿Qué quieres comer?

En cambio, las **preguntas de sí/no** son distintas. En estos casos, la posible respuesta es *sí* o *no*, y se marcan en español con una entonación ascendente que termina en una pequeña bajada (un mecanismo **prosódico**), como vemos en (18):

---

(18) ¿Tiene ⌇ mangos?

Ya vimos en el ejemplo (5) que el shipibo-konibo indica las preguntas de sí/no con un morfema *-ki* en segunda posición de la cláusula. Este morfema también se usa para cláusulas interrogativas con una frase *qu-*, como vemos en (19a): *tso* 'quién' es la frase interrogativa y aparece antes del morfema interrogativo *-ki*. Esto sugiere que el morfema interrogativo *-ki* indica la fuerza o tipo de cláusula interrogativo en shipibo-konibo.

---

(19) Tso-ki   atsa   wainko   kai   (shipibo-konibo)
  quién-INT   yuca   chacra   ir-ASP
  'Quién va a ir a la chacra de yuca?'

En resumen, hay por lo menos tres tipos de mecanismos formales para indicar preguntas: la entonación, el movimiento de un pronombre *qu-* a la periferia oracional, y los morfemas interrogativos en la periferia oracional. Lo mismo ocurre con los otros tipos de cláusula.

> El **tipo de cláusula** o **fuerza** (declarativa, interrogativa, imperativa, etc.) se marca por medio de mecanismos sintácticos o entonacionales.

No hay acuerdo claro sobre cuántos tipos de cláusula existen, ni tampoco sobre cuáles son las propiedades sintácticas que definen a cada tipo. Una manera de representar la fuerza oracional consiste en proponer un rasgo abstracto en la periferia izquierda. Por ejemplo, para las preguntas, la representación sintáctica sería la siguiente:

(20) $[_{FC}\ C_{[+\ INT]}\ [_{FFlex/FT}\ Flex/T + V\ ...]]$

El rasgo [+ INT] puede realizarse de distintas maneras según la construcción y la lengua, como un morfema, como entonación, o como movimiento de un constituyente, entre otras:

(21)   a. [+INT] → –ki   (shipibo-konibo)

b. [+INT] → 〰   (español)

c. [+INT] → qu-   (español) ...

Esto quiere decir que cuando una cláusula tiene el rasgo [+ INT], según la lengua y el contexto, este rasgo se produce como un morfema *-ki*, un tipo de entonación o el movimiento sintáctico del pronombre *qu-*. Al mismo tiempo, ese rasgo sintáctico se interpreta semánticamente como una pregunta.

9.1.3 Tópico y foco

En la sección 1 del capítulo 5, mencionamos que los intercambios lingüísticos ocurren en un contexto discursivo en el que se comparte información y se incorpora información nueva dinámicamente. Por ejemplo, si llego de viaje un día y al día siguiente hablo con un amigo, la siguiente narración sería discursivamente apropiada:

---

(22)   a. Ayer llegamos de nuestro viaje

b. Primero visitamos el D.F., después Puebla

c. En el D.F. nos quedamos cinco días, pero no es suficiente

En la primera cláusula de esta narración, toda la información es nueva, el hablante y el oyente no la han compartido previamente. Esto es lo que se llama **foco**: información no compartida previamente por el hablante y el oyente, y por lo tanto toda la primera cláusula es foco.

En cambio, cuando se dice la segunda cláusula, ya el hablante y el oyente comparten lo que se ha dicho en la primera, por lo que esta información pasa a ser conocida y compartida por los dos. Es decir, al procesar la segunda oración, el oyente y el hablante asumen que se habla sobre el viaje, y el hablante añade nueva información: *primero visitamos el D.F., después Puebla*. En este contexto, "nuestro viaje" es **el tópico**: información ya compartida sobre la que se va a elaborar la información nueva:

---

(23) [$_{TOP}$ nuestro viaje ...] [$_{FOC}$ primero visitamos el D.F., después Puebla]

Finalmente, en la tercera cláusula, se retoma explícitamente parte de la información ya mencionada (*en el D.F. ...*), que es, por lo tanto, el tópico, y se ofrece información nueva (foco), *nos quedamos cinco días, pero no es suficiente.*

Foco: la información nueva no compartida por los hablantes.

Tópico: la información ya compartida por los hablantes.

Expansión: Otros conceptos relacionados con la estructura informativa

El flujo de la información en una conversación es bastante complejo de formalizar, por lo que no es sorprendente que existan muchos otros conceptos relacionados con este tema. Por un lado, hay distintas definiciones de tópico, por ejemplo "aquello de lo que trata la cláusula". Si digo, *en cuanto a mis amigos, los estimo mucho*, la frase *en cuanto a mis amigos* presenta el tema del que se va a hablar, y sería el tópico según esta definición. Generalmente, los tópicos definidos como tema de conversación suelen ser información ya conocida, pero no siempre.

Por otro lado, hay distintos términos parecidos a los de tópico y foco, como **tema** y **rema**, y finalmente, hay distinciones más sutiles que incorporan más conceptos. En la sección de lecturas adicionales se presentan algunas referencias en las que se puede explorar este tema.

Los conceptos de tópico y foco se señalan gramaticalmente de distintas maneras según la lengua. A veces hay un morfema que indica cuál es el foco o el tópico, como vemos en el siguiente ejemplo del quechua:

(24)   Kuntur-qa taya-n-shi (quechua de Ulcumayo)
Condor-TOP sentar-3SG.REPORT
'(Dicen que) el cóndor se sentó'

(ejemplo citado en Sánchez (2003), p. 20)

El morfema *-qa* indica que *kuntur* 'cóndor' es el tópico de la cláusula (*-shi* indica que la información es de segunda mano). En otros casos, el constituyente focalizado o topicalizado aparece en la periferia izquierda. En el contexto de nuestro viaje a México descrito en (22), podríamos continuar la narración así:

(25) Puebla, la visitamos en dos días

En este ejemplo, *Puebla* está dislocado a la izquierda, y se interpreta necesariamente como tópico (información compartida). Hay otras maneras de indicar que un constituyente es tópico, por ejemplo, poniéndolo al final de la cláusula, después de una pausa entonacional:

(26) Tienen una comida excelente, los pueblanos

En este caso, *los pueblanos* se interpreta como tópico también y aparece dislocado a la derecha.

El foco, en cambio, no tiene una posición tan claramente definida (aunque precisaremos esto más abajo), sino que se expresa de manera más sistemática por medio del acento. Un caso especial de foco es el **foco contrastivo**, que elimina las posibles alternativas presentadas previamente en el discurso y ofrece una alternativa novedosa:

(27) a. Les regaló varios libros a los niños, tu mamá
       b. No, les regaló varios JUGUETES a los niños, mi mamá

En este intercambio, el segundo hablante rechaza que sean libros lo regalado, y ofrece una alternativa novedosa, *juguetes*, que se acentúa (y por eso se representa con mayúsculas en el ejemplo).

Una de las maneras de expresar foco contrastivo de manera sistemática es por medio del verbo copulativo *ser*:

(28) a. Fue la mesa lo que se rompió
       b. Fue el gato el que rompió la mesa

Hay distintos tipos de perífrasis con *ser* que focalizan, pero en general para todas, el verbo *ser* aparece con el constituyente focalizado (*la mesa* y *el gato* respectivamente en los ejemplos de arriba), seguidos de un complementante relativo (*lo que*, *el que*) y el resto de la cláusula, que se interpreta como tópico. La estructura sintáctica de estas construcciones es bastante compleja, y por lo tanto no vamos a explorarlas en detalle. El lector interesado puede consultar las referencias al final del capítulo.

9.2   La expresión del tópico en la periferia izquierda: sujetos preverbales explícitos y dislocaciones a la izquierda con clítico

El día antes del viaje a México descrito más arriba, comentamos:

(29) Mañana por la mañana salimos de viaje. Los pasajeros van en taxi al aeropuerto, y las maletas, las lleva un servicio especial

Los pasajeros es el sujeto de *van en taxi al aeropuerto*, y *las maletas* es el objeto directo de *llevar*, y los dos aparecen al principio de la cláusula. Cuando se habla de **dislocación** de un constituyente, nos referimos al hecho de que ese constituyente aparece en una posición marginal (generalmente al principio o al final de la cláusula). La frase dislocada se interpreta como tópico y que está conectada con su posición básica por un clítico asociado con el verbo:

(30) [$_{DICL}$ Las maletas] [las$_{CL}$ lleva un servicio especial]

En el caso de *las maletas*, vemos claramente que el constituyente está dislocado. La pregunta que se nos plantea es si también el sujeto *los pasajeros* está dislocado, es decir, si los sujetos y las **dislocaciones a la izquierda con clítico** (DICL) tienen propiedades parecidas. En esta sección, vamos a ver con más detalle las conexiones entre tópicos, sujetos preverbales explícitos, y DICL.

9.2.1 Dislocación a la izquierda con clítico

Las DICL tienen variantes sin dislocación en las que la frase correspondiente tiene propiedades distintas. Veamos un ejemplo de estos pares mínimos:

---

(31) a. Pintaron el edificio el año pasado

b. El edificio, lo pintaron el año pasado

El edificio es tópico en el segundo ejemplo, pero no en el primero. Además, cuando el objeto no está dislocado, el clítico de objeto directo (*lo*) generalmente no aparece en español (con algunas excepciones; ver capítulo 6, sec. 6.4.3). Además de la dislocación y de la presencia del clítico, las DICL tienen varias propiedades, que se resumen a continuación:

a. Cualquier tipo de frase puede ser dislocada como DICL.

b. La frase dislocada se asocia con un clítico.

c. Se puede tener más de una frase como DICL.

d. Las DICL pueden aparecer en cláusulas subordinadas.

e. Las DICL son sensibles a las islas sintácticas.

f. Hay concordancia entre el clítico y la frase dislocada.

g. Las DICL son tópicos.

Para ver la primera propiedad, imaginemos el siguiente contexto: varios amigos suben la montaña de Machu Picchu, y una de ellas tiene dificultades para respirar, por lo que se produce el siguiente diálogo:

---

(32) a. Pareces cansada

b. Cansada$_{Adj}$ no lo estoy

c. [$_{FC}$ Que tienes mucha resistencia física] ya lo sabemos

---

En el segundo ejemplo, *cansada*, un adjetivo, está dislocado, y la cláusula completa aparece como DICL. Ya hemos visto que también se pueden dislocar objetos directos, y también objetos indirectos. En todos estos casos, la DICL se asocia con un clítico. En algunos casos, no hay aparentemente un clítico:

(33) Pan, no pude comprar ayer

Sin embargo, esta construcción comparte las otras propiedades, por lo que podemos proponer que hay un clítico que no tiene expresión explícita en español (pero sí en italiano o en catalán):

(34) Pan, no Ø pude comprar ayer

En cuanto a la tercera (la posibilidad de tener múltiples DICL), la vemos en (35), donde *[el premio]* y *[a mi hija]* son dos DICL. Ese mismo ejemplo nos muestra que la DICL puede aparecer en una cláusula subordinada (*el premio, a mi hija se lo van a dar en el teatro nacional*).

(35) Estoy segura que [el premio], [a mi hija] se lo van a dar en el teatro nacional

La quinta propiedad se refiere a la distancia sintáctica entre la frase dislocada y el clítico, como presentamos en el capítulo 5. Las DICL están restringidas por islas, por ejemplo en las islas de cláusulas de relativo, como se ve en (36a):

(36) a. ??A Miguel, conozco a una persona [que le regaló un cuadro]
b. Conozco a una persona que le regaló un cuadro a Miguel

En este ejemplo, el constituyente *a Miguel* se ha movido desde dentro de la cláusula relativa (*que le regaló un cuadro*), y el resultado es agramatical. Cuando el constituyente no se mueve, no hay problema, como vemos en (36b). Otra manera de describir la agramaticalidad de (36a) sería diciendo que la frase dislocada (*a Miguel*) y el clítico (*le*) están separados por una barrera insuperable, como se indica esquemáticamente en (37):

(**37**) A Miguel, conozco a una persona ⌈que le regaló un cuadro⌉

Para ilustrar la propiedad f), veamos los ejemplos de (37):

(**38**) a. *La carta, lo escribí ayer
          b. *Leche, no la toman los adultos
          c. *Al bebé no lo regalaron demasiada ropa

En el primer caso, la frase dislocada (*la carta*) es femenina, pero el clítico (*lo*) es masculino, y por lo tanto no concuerdan. En el segundo caso, la falta de concordancia afecta a la especificidad: *leche* se interpreta como un nombre genérico (no específico, porque no hablamos de una leche que tenemos delante). El clítico *la*, en cambio, se interpreta generalmente como específico, y por eso no concuerdan en especificidad. Finalmente, (38c) muestra que la frase dislocada debe concordar en **caso**. *Lo* es típicamente un clítico acusativo, mientras que *al bebé* es un objeto indirecto en dativo, por lo que se produce una discordancia de caso (algunos de estos ejemplos son gramaticales en distintas variedades del español).

Finalmente, la propiedad g) se puede ver en los contextos que hemos ido introduciendo para cada uno de los ejemplos de arriba: en cada caso, hay una mención anterior en el discurso del referente de la frase dislocada, y la DICL es apropiada en el contexto en el que se retoma la frase como **tópico** (o información compartida por el hablante y el oyente).

En resumen, en esta sección hemos presentado las propiedades de la dislocación a la izquierda con clítico (DICL) y la hemos analizado como un caso de movimiento a la periferia de la cláusula.

9.2.2 El carácter dislocado de los sujetos preverbales

¿Cuántas propiedades comparten los sujetos preverbales con las DICL? Los sujetos preverbales en español tienden a ser tópicos, igual que las DICL. Por ejemplo, en el contexto de unas elecciones, presentado en (39), las dos oraciones de (39a) y (39b) son aceptables en español. La primera tiene DICL y la segunda sujetos:

(39) Ayer, los votantes demócratas y republicanos fueron a las urnas

    a. [$_{DICL}$ A los demócratas], les molestaba el narcisismo de la candidata republicana y a [$_{DICL}$ los republicanos], el populismo del demócrata

    b. [$_{SUJ}$ Los demócratas], naturalmente, votaron por su candidato, y [$_{SUJ}$ los republicanos], por la suya

La primera cláusula introduce *los votantes demócratas* y *los votantes republicanos* en el discurso; en (39a), los DICL retoman esos tópicos, y en (39b) lo hacen los sujetos.

Una diferencia aparente entre los sujetos preverbales y las DICL es que los primeros no tienen un clítico explícito, porque en español no hay clíticos para el sujeto. Sin embargo, ya hemos visto DICL con clítico nulo. Además, es posible que la flexión verbal de persona (*-ron* en (39b)) cumpla la misma función que *les* en (39a), aunque morfológicamente un clítico sea distinto de un afijo verbal:

(40) a. A los demócratas, les molesta...

    b. Los demócratas votaron por...

Se ha sugerido que la flexión contiene las propiedades referenciales de los sujetos. Imaginemos que hay un grupo de estudiantes de distintas lenguas, entre los que me encuentro yo, y algunos decidimos estudiar para el examen del día siguiente en la biblioteca. En ese contexto, puedo decir:

(41) Los estudiantes de español hemos decidido ir a estudiar a la biblioteca

Lo interesante de este ejemplo es que el sujeto explícito *los estudiantes de español* es tercera persona, pero la flexión verbal está en primera persona (*hemos*), y la interpretación de la cláusula incluye al hablante, es decir, que la referencia está determinada por la morfología verbal del auxiliar, y no por la tercera persona de *los estudiantes*. En ese sentido, la flexión es la que lleva el peso de la referencia, y la frase determinante *los estudiantes de español* es periférica. Esta situación es bastante consistente con la idea de que el sujeto explícito está dislocado.

La misma discordancia observada en (41) se puede reproducir con una DICL:

(42) A los estudiantes de español nos han ofrecido estudiar en la biblioteca

Los datos de (41) y (42) sugieren que el clítico y la flexión contienen la verdadera referencia del objeto y el sujeto respectivamente, como sugiere el siguiente esquema:

(43) a. Los estudiantes... he**mos** decidido

b. A los estudiantes... **nos** han ofrecido

REFERENCIA

Los sujetos preverbales también parecen restringidos por las islas sintácticas:

(44) a. *Pedro, conozco a un escalador al [que visitó en su último viaje]
b. ?Pedro, conozco a un escalador al [que él visitó en su último viaje]

En el primer ejemplo, es muy difícil interpretar que *Pedro* es el sujeto de *visitó en su último viaje*, porque esta es una isla de cláusula relativa. En cambio, si el sujeto es un pronombre explícito, como en el segundo ejemplo, el resultado es más aceptable.

En general, además, los sujetos tienen que concordar con la flexión verbal (con la excepción observada en (41)):

(45) a. *Nosotras vienen a comer
          b. *Clara pedimos espaguetis

En el primer ejemplo, el sujeto es primera persona plural, y la flexión verbal es tercera persona plural; y en el segundo ejemplo, el sujeto es tercera persona singular, pero la flexión es primera persona plural.

En resumen, los sujetos preverbales y las DICL comparten varias propiedades, lo que lleva a la hipótesis siguiente:

Hipótesis de los sujetos preverbales como dislocaciones a la izquierda:

a. Los sujetos preverbales ocupan una posición periférica
b. Los sujetos preverbales sirven para retomar un tópico del discurso
c. La morfología verbal actúa como enlace entre el sujeto dislocado y la cláusula

Las DICL y los sujetos preverbales comparten otra propiedad: cuando son pronominales, tienen que tener un referente animado (en la mayoría de las variedades del español, con excepción del Caribe):

(46) a. Él subía por la colina   ("el hombre", pero no "el sol")
          b. (A) él, lo trajimos ayer   ("el niño", pero no "el sofá")

En estos dos ejemplos, el pronombre no puede referirse a una entidad inanimada (puede ser "el hombre", pero no "el sol" o "el sofá", por ejemplo). Aunque los pronombres fuertes tienden a tener referencia animada, no es así siempre, como vemos en este ejemplo:

(47) Aunque no había otros muebles sino la mesa, les pedí que no se subieran sobre ella

Sin embargo, incluso si los sujetos están dislocados, no son exactamente idénticos a las DICL. Primero, los sujetos preverbales no siempre son el tópico de la cláusula:

(48) Una serpiente puede meterse por cualquier parte

Esta frase puede pronunciarse sin contexto previo, sin mención previa de "serpientes"; por lo tanto, el sujeto no es el tópico de la cláusula.

Además, las DICL tienen restricciones que no tienen los sujetos preverbales. Por ejemplo, las DICL no son posibles con cuantificadores negativos como *nada*; en cambio, los sujetos preverbales sí:

(49) a. *A nadie, lo vi cuando fui a la tienda
         b. Nadie calmó su dolor

Por otro lado, los clíticos explícitos de las DICL requieren frases definidas, como vemos en (50), mientras que las frases sin determinante normalmente aparecen con clítico nulo, como vemos en (51). Generalmente, las frases con determinante definido se interpretan como definidas, mientras que las que no lo tienen se interpretan como indefinidas.

(50) a. Las manzanas, las compramos en el mercado de los sábados
         b. *Las manzanas, compramos en el mercado de los sábados

(51) a. Manzanas, compramos en el mercado de los sábados
         b. *Manzanas, las compramos en el mercado de los sábados

Finalmente, las frases con determinante indefinido tienen la misma distribución que las frases definidas, como vemos en (52): tienen que tener clítico, y se interpretan como parte de un grupo más grande (interpretación partitiva).

(52) a. Unas manzanas, las compramos en el mercado de los sábados
b. *Unas manzanas, compramos en el mercado de los sábados

(53) Relación entre la frase dislocada y el clítico

	Clítico le/lo/la	Clítico nulo
FD definida	✓	✗
FD sin determinante	✗	✓
FD indefinida	✓	✗

Para los sujetos preverbales, la situación es un poco distinta: es posible tener frases definidas (o indefinidas), como vemos en (54a), pero las frases sin determinante generalmente no son aceptables en español monolingüe (aunque sí lo son para hablantes bilingües o de herencia).

(54) a. Las manzanas saben bien
b. Unas manzanas saben bien
c. *Manzanas saben bien

En esto, los sujetos contrastan con los objetos, que sí pueden no tener determinante explícito, como vimos en (51a):

(55)

	FD definida	FD indefinida	FD sin determinante	Concordancia con CL/Flex
Sujeto preverbal	✓	✓	*	Persona, número, y caso
DICL	✓	✓	✓	Persona, número, caso, y definitud

En resumen, los sujetos preverbales y las DICL tienen propiedades comunes, lo que sugiere que son elementos periféricos relacionados con una marca en la cláusula (la flexión nominal y el clítico respectivamente), pero no tienen una distribución idéntica. En parte, estas diferencias se pueden explicar porque los rasgos que concuerdan en cada caso son parcialmente distintos.

9.2.3 La posición de los sujetos preverbales y las DICL

En la sección anterior, presentamos argumentos a favor de la idea de que los sujetos preverbales y las DICL comparten propiedades en común. También sugerimos que estas propiedades se relacionan con el rasgo de TOP que tienen las DICL y algunos sujetos preverbales. Sin embargo, también observamos que los dos tipos de frases no tienen exactamente la misma distribución. ¿Cómo representar los aspectos paralelos y divergentes de estas distribuciones? Ofrecemos aquí dos grandes líneas de análisis: la primera sugiere que los sujetos preverbales y las DICL son idénticas, ocupan una posición periférica de la cláusula; la segunda, que se parecen porque tienen un rasgo común ([+ TOP]), pero no necesariamente ocupan la misma posición.

Consideremos el siguiente ejemplo, en el que aparece una DICL y un sujeto:

(56) [DICL A los demócratas], [SUJ los republicanos] los desprecian

La primera estrategia de análisis propone la siguiente estructura:

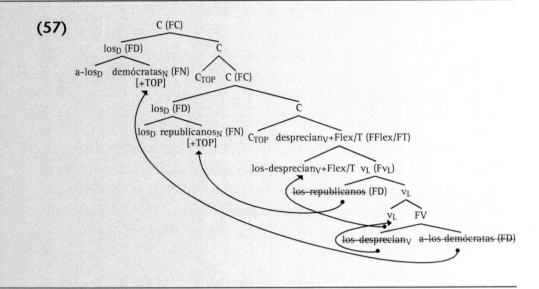

En esta estructura, tanto la DICL como el sujeto se fusionan con una categoría funcional C_TOP sin contenido fonológico (nula) en la periferia izquierda de la cláusula. Esta fusión determina que se interprete como tópico.

Según este análisis, las diferencias entre la DICL y los sujetos preverbales provienen de las diferencias en rasgos de concordancia entre el sujeto y la flexión y entre el objeto y el clítico.

El segundo análisis tendría la siguiente estructura:

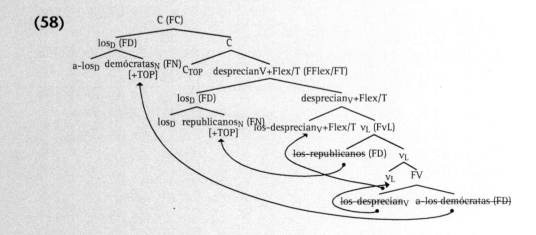

En esta estructura, el sujeto preverbal también está marcado con [+ TOP], pero ocupa una posición distinta (el especificador de Flex/T) de la DICL. Esta propuesta trata a los sujetos preverbales y a las DICL de manera distinta en la medida en que se fusionan con categorías distintas (Flex/T y C, respectivamente), pero los dos son periféricos, en la medida en que aparecen marcados como tópicos y al principio de la cláusula.

En este sentido, es importante notar que el sujeto también puede aparecer delante de una DICL, como vemos en el siguiente ejemplo:

(59) a. [$_{DICL}$ Las elecciones] [$_{DICL}$ a los demócratas] [$_{SUJ}$ los republicanos] siempre se las ganan

b. [$_{DICL}$ A los demócratas] [$_{DICL}$ las elecciones] [$_{SUJ}$ los republicanos] siempre se las ganan

c. [$_{SUJ}$ Los republicanos,] [$_{DICL}$ a los demócratas,] [$_{DICL}$ las elecciones] siempre se las ganan

El primer análisis predice esta distribución con claridad; el segundo, en cambio, no. Sin embargo, incluso si el sujeto se fusiona con Flex/T, como en el segundo análisis, todavía sería posible que en ciertos casos apareciera en C. En este sentido, la asimetría entre sujeto y DICL es que el sujeto es más flexible: puede aparecer en Flex/T, pero también en C, mientras que la DICL sólo puede aparecer en C.

9.2.4 Resumen de la expresión del tópico en la periferia izquierda

En esta sección hemos revisado los paralelismos entre las DICL y los sujetos preverbales, entre otros, su interpretación como tópicos (obligatoria para las DICL, opcional para los sujetos), su relación con un elemento reasuntivo (el clítico o la flexión), sus propiedades sintácticas (sensibilidad a las islas, etc.), y también las diferencias que las separan (la imposibilidad de tener frases sin determinante como sujetos preverbales, pero no como DICL). Hemos sugerido dos posibles análisis: los dos elementos están en la periferia, fusionados con una categoría nula C$_{TOP}$, o el sujeto preverbal aparece en Flex (opcionalmente también en C$_{TOP}$), mientras que la DICL siempre aparece en C$_{TOP}$.

9.3 El movimiento en las cláusulas interrogativas

Como ya hemos visto, las preguntas se dividen en dos grandes tipos: las que buscan una respuesta *sí/no* (**interrogativas totales o de *sí/no***; ver (18) arriba), y las que buscan información sobre parte de la cláusula (**interrogativas *qu-* o interrogativas parciales**, ver (60)).

(60) ¿Qué compró tu hermana?

Esta manera de preguntar alterna con otra, que se llama **pregunta *qu-* in situ** (o sea, sin movimiento), porque la frase *qu-* está en la misma posición donde aparecería en una declarativa:

(61)   a. ¿Tu hermana compró qué?
           b. Tu hermana compró un mango

En la mayoría de los dialectos del español, las preguntas de (60) y (61a) no son equivalentes. La entonación las distingue claramente: en la primera, la entonación baja a lo largo de la cláusula y sube un poco al final, mientras que, en la segunda, la entonación de *qué* es plana. Además, las interrogativas in situ frecuentemente son **preguntas eco**, en las que la hablante repite la información que acaba de oír porque está sorprendida, o porque no ha oído bien.

Por ejemplo, imaginemos el siguiente contexto para (61a): uno de los interlocutores empieza a decir *mi hermana compró* ..., y cuando llega al verbo, un ruido impide oír la última palabra. En ese contexto, el otro hablante trata de confirmar la información confusa con (61a). No busca exactamente que se le responda qué compró la hermana, sino que se le confirme lo que se acaba de decir.

Sin embargo, en los dialectos caribeños, las preguntas *qu-* in situ no son eco, sino que buscan información igual que la de (60). Entonces, tenemos la siguiente situación:

(62)

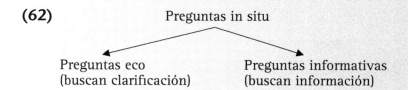

Preguntas in situ

Preguntas eco
(buscan clarificación)

Preguntas informativas
(buscan información)

¿Cómo analizamos las preguntas *qu-* en general? Asumimos que todas tienen una estructura básica común, en la que el verbo se fusiona con su argumento:

(63)

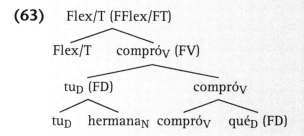

Flex/T (FFlex/FT)

Flex/T   compró_V (FV)

tu_D (FD)   compró_V

tu_D   hermana_N compró_V   qué_D (FD)

Esta estructura inicial es muy parecida a la de una cláusula declarativa:

(64)

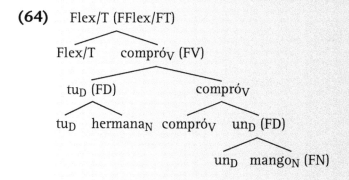

Flex/T (FFlex/FT)

Flex/T   compró_V (FV)

tu_D (FD)   compró_V

tu_D   hermana_N compró_V   un_D (FD)

un_D   mango_N (FN)

La única diferencia es que el objeto directo es la frase determinante *un mango* en el primer caso y *qué* en el segundo. *Qué* se representa como una FD porque podemos decir *¿qué cosa?*, o *¿qué libro?*, y *qué* ocupa la misma posición de *la* en *la cosa* o *el* en *el libro*. Eso nos sugiere que *qué* es un determinante (D) y la frase es una frase determinante (FD), como vemos en (65).

(65) $qué_D$ (FD)

$qué_D$ $cosa_N$ (FN)

Las preguntas *qu-* con movimiento, como la de (60), tienen dos movimientos independientes. Por un lado, *qué* se mueve como una frase desde su posición de objeto al principio de la cláusula, y por otra parte, hay un movimiento adicional del verbo (ver más abajo). Veamos primero el movimiento *qu-*. Es importante notar que en esta estructura sólo se representa el movimiento de la frase *qu-* para simplificar la exposición:

(66) Movimiento de la frase *qu-*

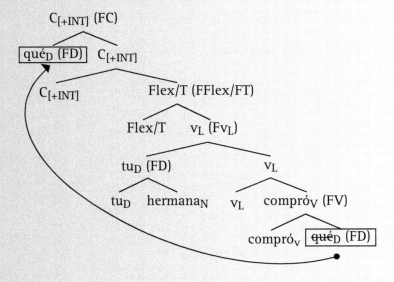

Este movimiento de fusión interna produce dos copias distintas de la frase *qu-*: una en la posición más baja y otra en la posición más alta. La última parte de la operación consiste en borrar una de las copias, generalmente la más baja. El movimiento de frase puede saltarse ramas del árbol; en este caso concreto, *qué* pasa por encima de *tu hermana*, que es una FD. Es decir, el movimiento *qu-* no es obligatoriamente local.

Además, hay un segundo movimiento, lo que hemos llamado **movimiento de núcleo**. Concretamente, el verbo se fusiona primero con v_L, después con Flex/T, formando V + Flex/T, y finalmente con C, como vemos en (67). En esta estructura sólo se presenta el movimiento del verbo; hemos omitido el movimiento de la frase *qu-* para simplificar la presentación, y además, el movimiento independiente del sujeto no tiene flechas (para no complicar el esquema innecesariamente; más adelante presentamos la derivación completa).

(67) Movimiento de núcleo del verbo a C en preguntas *qu-*

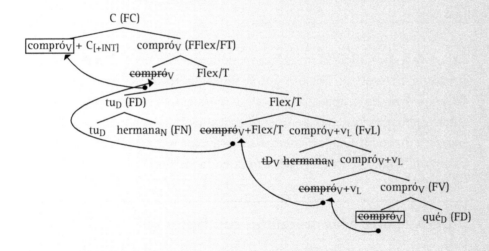

El resultado de los dos movimientos (el movimiento de frase *qu-* y el movimiento de núcleo del verbo, además del movimiento del sujeto) se presenta (un poco simplificado) en (68). En esa estructura, después de las fusiones de la frase *qu-* y el verbo, las copias más bajas se borran, y el resultado final es *¿qué compró tu hermana?*

(68) Derivación de una pregunta *qu-*

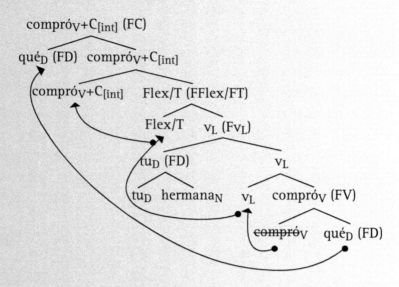

Esta estructura refleja la mecánica de la derivación del orden de palabras en la pregunta, pero no explica por qué se mueve la frase *qu-*. ¿Por qué se mueve la frase *qu-*? Se ha propuesto que este movimiento ocurre porque el pronombre interrogativo es un tipo de **operador**, es decir, un elemento variable que se parece a un cuantificador (como *algunos*), y los requisitos de operador motivan el movimiento. Esta idea se desarrolla en la sección 4.

Derivación de las preguntas con frases *qu-*

a. Movimiento de núcleo (fusión interna) del verbo con C
b. Movimiento de frase (fusión interna) de la frase *qu-* con C
c. Borrado de las copias del verbo y la frase *qu-*

Como conclusión de esta sección, el movimiento *qu-* y la inversión del verbo y el sujeto son dos maneras sintácticas de indicar que la cláusula es una pregunta. Otros mecanismos sintácticos posibles para indicar el tipo de cláusula son los morfemas o la entonación prosódica.

9.3.1 Preguntas *qu-* adverbiales

En secciones anteriores veíamos cómo se analiza una pregunta *qu-* en la que el pronombre interrogativo se refiere a un objeto directo (*¿qué compró tu amiga?*), pero hay otros tipos de preguntas que tienen propiedades un poco distintas, por ejemplo, las preguntas sobre frases adverbiales o sobre sujetos. En esta sección revisamos el primer tipo, y veremos que el movimiento del verbo es aparentemente opcional. Veamos un ejemplo:

(69) a. ¿Cuándo compró tu amiga los mangos?
      b. Tu amiga compró los mangos ayer

Como vemos en la respuesta a (69a), en (69b), la palabra *qu-* (*cuándo*) es adverbial. Además, la pregunta tiene las mismas propiedades que las que ya hemos visto más arriba: movimiento de la frase *qu-* e inversión del sujeto-verbo. La estructura de (69a) se presenta a continuación (en este árbol, la posición original de *cuándo* está fusionada a v_L):

(70)

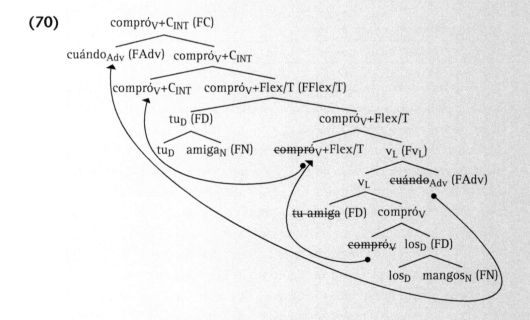

Para muchos hablantes, la inversión verbo-sujeto es opcional con las preguntas de adjuntos, sobre todo cuando la frase interrogativa es grande y compleja, como vemos en (71). En el primer ejemplo, hay inversión verbo-sujeto, como hemos visto hasta ahora; en el segundo caso, en cambio, no la hay, y tenemos *¿en qué momento la muchacha compró ese vestido?*

(71)   a. ¿En qué momento compró la muchacha ese vestido?
   b. ¿En qué momento la muchacha compró ese vestido?

Entonces, las preguntas *qu-* de objeto directo y las de frases adverbiales se diferencian en que las de objeto directo tienen inversión obligatoria verbo-sujeto (excepto en el español caribeño; ver sec. 9.3.3), mientras que con las adverbiales la inversión es opcional, como vemos en (72).

(72)   Paralelos y diferencias entre preguntas sobre el O.D. y preguntas sobre adverbios "pesados"

	Movimiento qu-	Inversión V-S
Preguntas sobre el O.D.	✓	✓
Preguntas sobre adverbios "pesados"	✓	opcional

¿Cómo representar la opcionalidad de la inversión verbo-sujeto estructuralmente? Los instrumentos que hemos ido desarrollando hasta ahora nos permiten hacerlo fácilmente. Para (71a), con inversión explícita, el análisis sería idéntico al de otras preguntas *qu-* con movimiento, con la única diferencia de que la frase *qu-* es *cuándo* en un caso y *en qué momento* en el otro. Por lo tanto, la frase *qu-* se fusiona inicialmente con v_L, posteriormente con C. El verbo se fusiona con v_L, Flex, y C, y se borran todas las copias excepto la más alta.

Para (71b), la propuesta más natural sugiere el mismo análisis: movimiento de frase *qu-* y también del verbo, pero se borran todas las copias del verbo menos la más baja (dando el efecto de que no hay inversión), como vemos en (73). Según esta propuesta, los dos ejemplos de (71) tienen una estructura totalmente paralela, y la única diferencia sería cuál de las copias se borran: si se borran las más bajas, el resultado es (71a); si se borran las más altas, el resultado es (71b).

(73) Movimiento de frase *qu-* preposicional con borrado de la copia alta del verbo → apariencia de falta de inversión verbo-sujeto

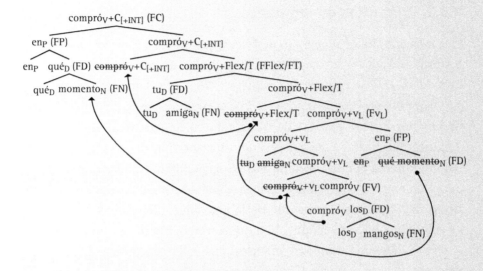

El análisis de copia y borrado se presenta esquemáticamente en (74). Este análisis hace una predicción muy clara: no hay diferencias estructurales o sintácticas entre los ejemplos de (71a) y (71b); sólo hay diferencia en cuál de las dos copias se pronuncian.

(74) Análisis de copia y borrado para movimiento opcional del verbo en preguntas *qu-* adverbiales

Estructura	Movimiento qu-	Movimiento V	Borrado de copia	
			Alta	Baja
¿En qué momento compró la muchacha ese vestido? (qu-V-S)	✓	✓		✓
¿En qué momento la muchacha compró ese vestido? (qu-S-V)	✓	✓	✓	

En resumen, la inversión o falta de inversión verbo-sujeto refleja el borrado de distintas copias del verbo.

9.3.2 Preguntas *qu-* de sujeto

Pasemos ahora a otro ejemplo de interrogativas *qu-*. En el contexto de nuestra historia, si llego a mi casa y veo una bolsa de mangos en la mesa, puedo preguntar *¿quién compró los mangos?* (75a) y alguien me puede responder, *tu amiga compró los mangos* (75b). Esta pregunta es un poco diferente de las de objeto de (61a) y de las de frases adverbiales de (69a). En esos dos casos, veíamos que la frase *qu-* aparece en una posición distinta de la que empieza (comparándola con las declarativas correspondientes), mientras que en el caso de *quién* en (75a) no se puede saber si se ha movido o no, porque la posición típica del sujeto es el principio de la cláusula. Además, en la pregunta sobre el sujeto no hay inversión obligatoria verbo-sujeto (no tenemos que decir, *¿compró quién los mangos?*), mientras que en la pregunta de objeto sí (excepto en los dialectos caribeños, como veremos). Las diferencias entre los distintos tipos de pregunta se presentan en (76).

---

(75) a. ¿Quién compró los mangos?

b. Tu amiga compró los mangos

---

(76) Paralelismos y diferencias entre los distintos tipos de preguntas *qu-*

	Movimiento qu-	Inversión V-S
Preguntas sobre el sujeto	?	Opcional (no preferida)
Preguntas sobre el O.D.	✓	✓
Preguntas sobre adverbios "pesados"	✓	opcional

Estas diferencias nos plantean dos preguntas relacionadas: primero, ¿ocupa la misma posición *quién* en (75a) que *tu amiga* en (75b)? Segundo, ¿es fundamentalmente distinta la estructura de una pregunta *qu-* de sujeto que la de una pregunta *qu-* de objeto (o adverbial)? Una manera de contestar a la primera pregunta consiste en probar distintos contextos sintácticos que nos sugieran qué posición tiene la frase *qu-* en (75a). En (77) el adverbio *posiblemente* puede aparecer tanto entre el sujeto y el verbo como entre la frase *qu-* y el verbo, y no se ven diferencias claras entre los dos ejemplos.

(77)   a. Tu amiga posiblemente compró los mangos
b. ¿Quién posiblemente compró los mangos?

En (78) vemos que tanto *quién* como *tu amiga* preceden a una DICL (*los mangos*):

(78)   a. Los mangos, ¿quién los compró?
b. Los mangos, tu amiga los compró

Sin embargo, en el orden contrario (frase *qu-* o sujeto – DICL), parece haber alguna diferencia:

(79)   a. *¿Quién, los mangos, los compró?
b. Tu amiga, los mangos, los compró

Estos datos apoyan la idea de que el sujeto tiene dos posibles posiciones (la reflejada en (78b), parecida a la de *quién*), y otra, más alta (la reflejada en (79b), que *quién* no puede ocupar). Basándonos en estas dos pruebas, sugerimos que la frase *qu-* de sujeto ocupa la misma posición que los sujetos (la de (78)), fusionada con Flex:

(80) Análisis con movimiento de las preguntas *qu-* de sujeto

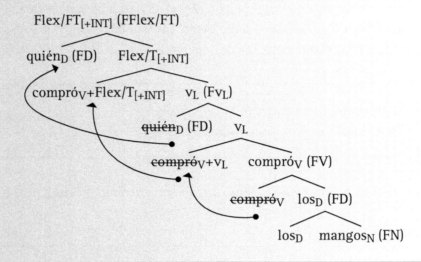

9.3.3 Variación dialectal en las interrogativas del español del Caribe

Ya sabemos que no todos los hablantes hablan igual, y cuando uno conoce a alguien de otro país, es una de las primeras cosas que nota: que pronuncian las palabras de manera distinta, o usan palabras distintas. También hay variación en la sintaxis, como vamos a ver en un ejemplo en esta sección. Los hablantes de español del Caribe hacen preguntas de manera diferente a otros hablantes de español; concretamente, en las preguntas con movimiento *qu-* no tienen inversión del sujeto y del verbo, sobre todo si el sujeto es un pronombre personal, como *tú* en (81a). Como vemos en ese ejemplo, el pronombre *qu-* se mueve al principio de la cláusula (y en eso es igual a otros dialectos del español), pero el verbo no; por lo tanto, el orden es *qué-sujeto-verbo*. Cuando el sujeto es una frase determinante completa con un nombre, la preferencia es por la inversión verbo-sujeto, como vemos en (81b) y (81c). En ese caso, el orden preferido es idéntico al de los demás dialectos del español. Vemos un resumen de las propiedades de las preguntas *qu-* en el español caribeño en (82).

(81) a. ¿Qué tú compraste? (español del Caribe)
  b. ¿Qué compró tu hermana? (todas las variedades)
  c. ¿Qué tu hermana compró? (español del Caribe, menos frecuente, menos preferida)

(82) Paralelismos y diferencias entre las preguntas en el español caribeño y otras variedades

	Preguntas qu-	Movimiento qu-	Inversión V-S
Español caribeño	Sujeto pronominal	✓	
	Sujeto léxico	✓	✓ (preferido)
Otras variedades de español	Sujeto pronominal	✓	✓
	Sujeto léxico	✓	✓

Para analizar la diferencia entre la variedad caribeña y las otras variedades, vamos a usar las mismas herramientas que ya usamos en las secciones anteriores: la posibilidad de borrar distintas copias de un elemento. Como vemos en (83), la frase *qu-* y el verbo se mueven a Flex, pero la copia más baja de *qu-* y la copia más alta de *compraste* se borran.

(83) Preguntas con borrado de la copia alta del V (español caribeño)

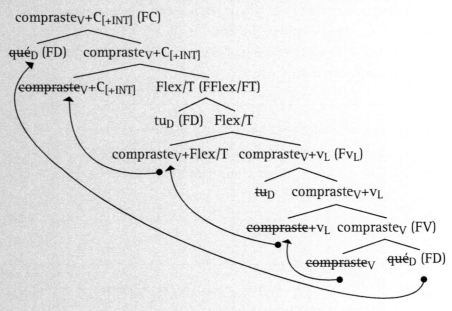

En cuanto a las preguntas *qu-* con sujetos léxicos (81c), la derivación sería idéntica a la de (83), excepto que las dos copias más bajas son las que se borran, y el resultado es la inversión de verbo-sujeto, como vemos en (84):

(84) Pregunta con borrado de copias bajas (español caribeño y otras variedades)

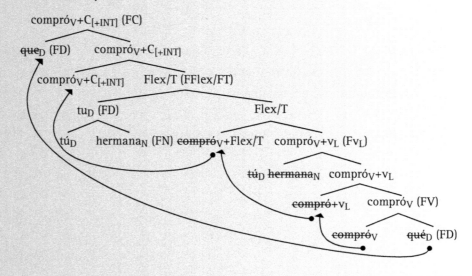

Este análisis nos explica cómo se deriva el orden de palabras sin inversión verbo-sujeto del español caribeño, pero no nos explica por qué hay una diferencia entre los sujetos pronominales (que no invierten el orden con el verbo) y los sujetos léxicos (que sí lo hacen).

9.3.4 Resumen de preguntas con y sin movimiento explícito

Recapitulemos: hemos visto casos claros en los que hay movimiento de un pronombre *qu-* que se mueve explícitamente (las frases *qu-* con movimiento), casos en los que no se mueve explícitamente (interrogativas in situ), casos en los que el verbo se mueve explícitamente (inversión verbo-sujeto), y otros en que no (falta de inversión); resumimos las distintas opciones en (85).

(85) Distribución de preguntas *qu-* en español

Tipo de pregunta		Movimiento qu-	Inversión V-S
Qu- obj.	¿Qué compraste tú?	✓	✓
	¿Tú compraste qué?	No	No
	¿Qué tú compraste? (caribeño)	✓	No
Qu- suj.	¿Quién compró los mangos?	?	No
Qu- adverbio/FP	¿Cuándo compró tu amiga los mangos?	✓	✓
	¿Tu amiga compró los mangos cuándo?	No	No
	¿En qué momento compró la muchacha el vestido?	✓	✓
	¿En qué momento la muchacha compró el vestido?	✓	✓
	¿La muchacha compró el vestido en qué momento?	No	No

También hemos sugerido que todos estos casos se pueden unificar con un único análisis sintáctico: para los casos en los que el movimiento es explícito (los "✓" de las dos últimas columnas de (85)), hay movimiento de frase y movimiento del verbo; para los casos en que aparentemente no hay movimiento explícito (los "no" de las dos últimas columnas de (85)), también tenemos movimiento de la frase y del verbo. La única diferencia es si se borra la copia de abajo o la copia de arriba, respectivamente. Presentamos esquemáticamente la diferencia en (86).

(86) Análisis uniforme: movimiento en todos los casos con variación en la copia borrada

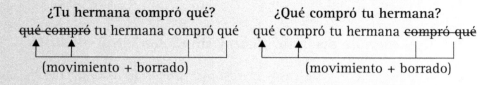

En cada caso, es posible una segunda alternativa, que asume dos análisis distintos para las preguntas con movimiento explícito y las preguntas sin movimiento. Este segundo análisis sugiere que las preguntas con desplazamiento explícito reflejan un movimiento sintáctico, mientras que en las preguntas sin desplazamiento explícito, no hay movimiento, como se presenta esquemáticamente en (87).

(87) Análisis mixto (movimiento para unos casos, falta de movimiento en otros)

¿Tu hermana compró qué?
tu hermana compró qué

(sin movimiento)

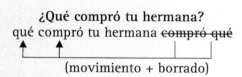

Los dos tipos de análisis hacen predicciones distintas: el primero, que todas las preguntas deben tener una distribución sintáctica parecida porque estructuralmente son iguales, mientras que el segundo predice que la distribución de las preguntas con movimiento explícito debe ser distinta de la de preguntas sin movimiento, porque son estructuralmente diferentes. Además, el primer análisis se basa en una interpretación semántica uniforme y un licenciamiento sintáctico común para todas las preguntas, mientras que el segundo tiene que proponer distintos mecanismos según el tipo de pregunta: uno para las de movimiento, otro para las que no lo tiene. Aunque no vamos a resolver estas predicciones aquí, es importante notar que sí son distintas, y que, en principio, se deben buscar argumentos empíricos a favor de uno o de otro análisis.

9.3.5　Las preguntas de sí/no (interrogativas totales)

En las secciones anteriores hemos analizado las preguntas *qu-*, que buscan información sobre una parte de la cláusula. En cambio, las **preguntas de *sí/no*** o **interrogativas totales** como la que aparece en (88a), normalmente tienen como respuesta "sí" o "no", como vemos en (88b).

(88)　a. ¿La bióloga descubrió un nuevo gen? (pregunta de sí/no)

　　　b. Sí/no lo descubrió

　Sintácticamente, estas preguntas son distintas de las preguntas *qu-* porque no hay ningún elemento de la cláusula que se mueva a la posición inicial; el ejemplo de (88a) sólo se distingue de una afirmación porque la pregunta tiene una entonación distinta de la de una afirmación: la **curva entonacional** ascendente en la parte final, como vemos en (89). En cambio, la curva entonacional de la declarativa correspondiente termina en un tono descendente y plano en la última sílaba tónica, como vemos en (90).

(89)　

　　　la bióloga descubrió un nuevo gen

(90)　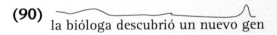

　　　la bióloga descubrió un nuevo gen

　Las preguntas de sí/no pueden invertir el orden del sujeto y el verbo opcionalmente, como vemos en (91). Este movimiento es el mismo que describíamos para las frases *qu-* más arriba. La curva entonacional cuando hay inversión es muy similar a la de (89), con subida del tono hacia el final de la pregunta.

(91) ¿Descubrió la bióloga un nuevo gen?

Como conclusión, podemos decir que el mecanismo esencial para señalar la pregunta de *sí/no* es una entonación ascendente, y opcionalmente, la inversión verbo-sujeto, que hemos analizado más arriba como movimiento del verbo a Flex/T y a C. Vemos la representación de (91) en (92), donde asumimos que la pregunta es una FFlex/FT con el correspondiente rasgo [+ interrogativo]. Este rasgo se traduce en una entonación ascendente cuando se produce la cláusula interrogativa.

(92)

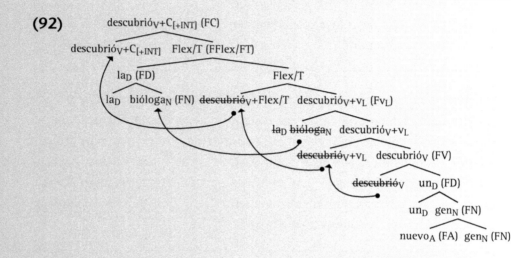

En el caso de (88), el análisis extiende el que propusimos más arriba: movimiento del verbo con borrado de la copia más alta, como vemos en (93).

(93)

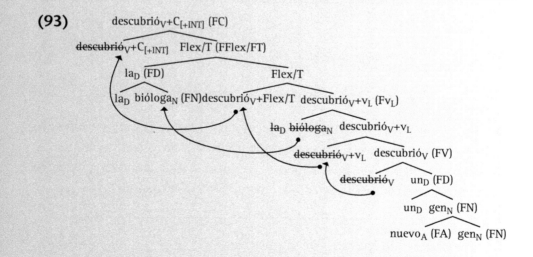

9.3.6 Resumen del movimiento en las cláusulas interrogativas

En resumen, hemos analizado las preguntas *qu-* como casos de movimiento de la frase *qu-*, y del verbo al principio de la cláusula a la proyección FFlex/FT, que está marcada con el rasgo [+ interrogativo]. Este movimiento consiste de la fusión interna a esa proyección y el borrado de una de las copias: si se borra la más baja, el movimiento es explícito, y si se borra la más alta, el movimiento no deja huella visible. Hemos sugerido también que en otras lenguas es posible que el movimiento interrogativo llegue a la proyección FC, pero ese análisis no hace las predicciones correctas para el español.

9.4 Movimiento de cuantificadores

En la sección 9.3 de este capítulo, argumentamos que las frases *qu-* son operadores lógicos parecidos a los cuantificadores. Los **cuantificadores** generalmente son determinantes como *muchos*, *todos*, *algunos*, *varios*, que dan información sobre la cantidad del nombre con el que se asocian:

(94) a. Algunos animales subieron la colina
  b. Todas las tortugas son muy lentas

En estos ejemplos, *algunos* indica que el grupo de animales relevante, una parte relativamente pequeña, subió la colina, y *todas* sugiere que todos los miembros del grupo de tortugas son muy lentos.

Sintácticamente, se ha propuesto que los cuantificadores y los operadores deben aparecer estructuralmente altos, para c-comandar parte de la estructura (su ámbito):

(95) Representación del ámbito de un operador o cuantificador

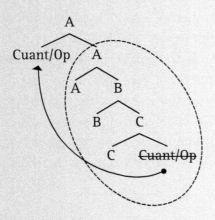

Desde el punto de vista semántico, las estructuras cuantificadas tienen las siguientes partes: el **cuantificador**, la **restricción** del cuantificador, y el **ámbito nuclear** sobre el que tiene **alcance** el cuantificador. Por ejemplo, el ejemplo (94a) se puede dividir, como vemos en (96):

(96) a. Algunos animales subieron la colina

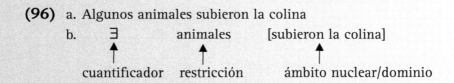

El cuantificador y su restricción tienen que ser estructuralmente más prominentes que el ámbito, lo que se refleja en la estructura de (95). Concretamente, nuestro ejemplo de los animales trepadores ((94a)/(96)) sería (97), donde *algunos animales* c-comanda el resto de la cláusula (una frase X c-comanda a otra Y si el primer nodo que domina a X también domina a Y).

(97)

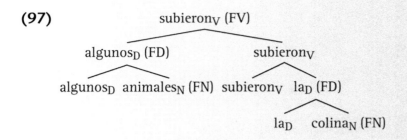

Cuando la frase cuantificada aparece en posición de objeto, como en el ejemplo de (98), el cuantificador no c-comanda a su dominio, como vemos en la estructura de (99). En este caso, *algunas colinas* solamente c-comanda a *subió*, no a toda la cláusula.

(98) El animal subió algunas colinas

(99)

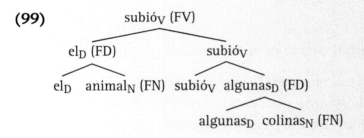

Para estos casos, se ha propuesto que el cuantificador se mueve a una posición desde la que c-comanda a toda la cláusula, usando el mecanismo familiar de fusión interna y borrado de la copia más alta, como vemos en (100), donde también se representa la subida independiente del sujeto y del verbo.

(100)

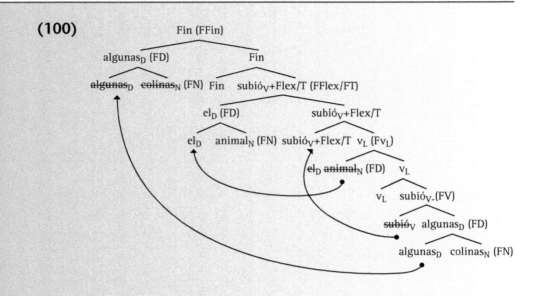

Este movimiento se llama **ascenso de cuantificador**, y también explica por qué los pronombres *qu-* deben moverse a la periferia izquierda: para poder ser interpretados cuantificacionalmente.

9.4.1 La ambigüedad de los cuantificadores

Cuando hay dos cuantificadores en la misma cláusula, son posibles distintas interpretaciones. Imaginemos que estamos en un concurso de científicos famosos de la historia, en el que hay muchos seguidores. Al final del concurso, hay aplausos generales:

(101)   Todos los fans aplaudieron a un científico famoso

Este ejemplo tiene dos frases cuantificadas (*todos los fans* y *un científico famoso*), y es compatible con dos situaciones distintas, que se describen a continuación:

(102) a. Un científico famoso es tan popular que todos los fans lo aplaudieron

       b. Ningún fan se quedó sin aplaudir a un científico famoso, aunque unos aplaudieron a Neil deGrasse Tyson, otros a Stephen Hawking, otros a Marie Curie, etc.

En la primera, (102a), cada uno de los fans aplaude al mismo científico famoso, seguramente porque es muy popular y conocido para ellos. De esta manera, Ana, Juan, Ernesto, y Bety aplaudieron a Neil deGrasse Tyson, y nadie aplaudió a otro científico. En esta interpretación, se dice que *un* tiene ámbito sobre *todos*, tal y como se representa en (103a). En la segunda interpretación de (102b), lo que importa es que ningún fan se quedara sin aplaudir, aunque aplaudiera a distintos científicos, como vemos en (103b), y en este caso, *todos* tiene ámbito sobre *algunos*.

(103) a. Interpretación *un > todos* (∃ > ∀)

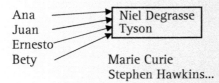

      b. Interpretación *todos > un* (∀ > ∃)

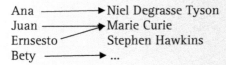

Las dos interpretaciones pueden representarse usando el concepto de ascenso del cuantificador: si el cuantificador existencial (∃) está más arriba en la estructura que el universal (∀), la interpretación es la de (102a)/(103a), mientras que si el cuantificador universal (∀) está más arriba que el existencial (∃), la interpretación es la de (102b)/(103b).

Supongamos, entonces, que el cuantificador existencial tiene alcance sobre el universal; en ese caso, la FD *un científico* se movería por encima de *todos los fans*, como vemos en (104):

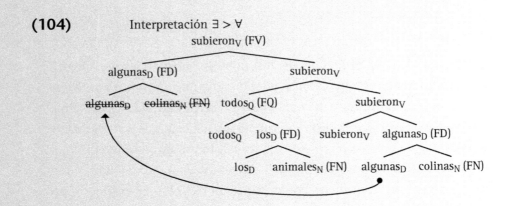

En cambio, si el cuantificador universal tiene alcance sobre el existencial, la frase *todos los animales* se mueve a la posición estructural más alta, y en este caso también, las copias más altas son las que se borran, como vemos en (105).

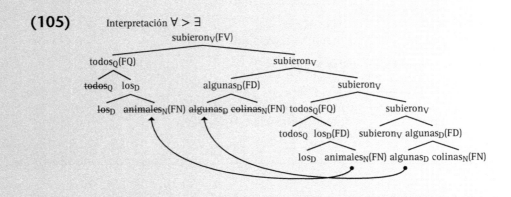

Una diferencia importante entre este y otros casos de movimiento es que la copia que se pronuncia siempre es la más baja. Dicho con otras palabras, el orden lineal siempre es *todos los animales subieron algunas colinas* independientemente del alcance del cuantificador (a menos, claro, que haya una dislocación: *algunas colinas, subieron todos los animales*, pero esta es una transformación independiente).

El ascenso de cuantificadores es un tipo de movimiento no-A a la periferia izquierda, que permite formalizar la interpretación semántica usando diferencias estructurales para codificar la noción de alcance del cuantificador. Esta operación puede dar lugar a ambigüedad semántica si hay otro cuantificador en la cláusula, y en ese caso, la ambigüedad es el resultado de distintas relaciones jerárquicas entre los cuantificadores al moverse a una u otra posición en la estructura.

9.5 El orden de palabras en las cláusulas

Para terminar este capítulo, exploremos los distintos órdenes de palabras que el español permite en la cláusula. Ya hemos sugerido que la posición inicial del sujeto es generalmente de tópico, y el orden de palabras neutro en español es sujeto-verbo-objeto (SVO), pero también es posible tener órdenes alternativos, como veremos.

Para empezar, recordemos cómo definimos lo que significa el orden neutro. Imaginemos que hay un ruido en mi casa y le pregunto a alguien *¿qué pasó?*, la respuesta más neutral tendría el orden SVO:

(106)   Un amigo golpeó la pared (sin darse cuenta) (SVO)

La pregunta *¿qué pasó?* produce un contexto en el que no se asume ninguna información previa compartida por el hablante y el oyente, de manera que todo el contenido de (106) es novedoso; es lo que hemos llamado **foco**, en este caso, **foco amplio** porque incluye a todos los elementos de la cláusula. Por lo tanto, en el contexto de foco amplio, el orden preferido es SVO.

Si parte de la información es conocida, el orden puede ser distinto, y eso lo podemos ver con preguntas distintas. Por ejemplo, si la pregunta fuera *¿qué/ quién golpeó la pared?*, *golpear* y *la pared* forman parte de la información compartida, y por lo tanto no van a ser novedosos en la respuesta. En ese caso, la respuesta podría ser (107), donde *la pared* es una DICL, que ya hemos explorado, y el orden es OVS:

(107)   La pared la golpeó un amigo (sin darse cuenta) (OVS)

Finalmente, si pregunto por el objeto, *¿qué golpeó tu amigo?*, la información compartida sería *golpeó* y *tu amigo*, y la información nueva en la respuesta va a ser la identidad del objeto directo, como vemos:

(108)   (Mi amigo) golpeó la pared (sin darse cuenta) ((S)VO)

En este caso, el orden es aparentemente también SVO, aunque el sujeto es opcional.

La generalización relevante es que la información nueva (el **foco**) suele alinearse con el lado derecho de la cláusula. En (106), el foco es toda la cláusula; en (107), en cambio, el foco es *un amigo*, y en (108), finalmente, el foco es *la pared*:

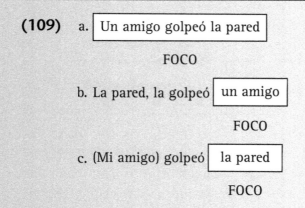

(109)   a. | Un amigo golpeó la pared |

　　　　　　　　　　FOCO

b. La pared, la golpeó | un amigo |

　　　　　　　　　　　　FOCO

c. (Mi amigo) golpeó | la pared |

　　　　　　　　　　　FOCO

¿Cómo funciona este mecanismo de preguntas y respuestas? La idea es que la pregunta establece qué información comparten el hablante y el oyente. Concretamente, las frases *qu-* reflejan información no compartida por los participantes, mientras que el resto sí es compartido. De este modo, *¿qué compraste?* indica que el hablante y el oyente comparten ya "compraste algo", pero el hablante no sabe todavía qué cosa específica fue comprada.

Esta breve introducción nos muestra claramente que el orden de palabras es sensible a las condiciones discursivas, que hemos restringido por medio de las preguntas correspondientes.

Otro factor importante en la sintaxis del orden de palabras es la **prosodia** de la cláusula, es decir, los aspectos relacionados con el acento y la entonación. En el ejemplo (109b), la DICL está separada entonacionalmente del resto de la cláusula, y esto se refleja en la coma ortográfica. En el siguiente ejemplo, en cambio, la separación entonacional está al final (de nuevo, reflejada en la escritura por la coma):

---

(110) Golpeó la pared, mi amigo

En este caso, el sujeto dislocado a la derecha está separado entonacionalmente del resto de la cláusula, y este ejemplo es consistente con una pregunta como *¿qué hizo tu amigo?* Esa pregunta establece un contexto discursivo en el que el sujeto es conocido, y *golpeó la pared* es el foco. Este caso es consistente con la idea de que el foco aparece al final de la cláusula, porque la dislocación de *mi amigo* lo hace parte de otra unidad sintáctica.

La prosodia es relevante en otro sentido importante. No sólo es el foco el último constituyente de la cláusula, sino que además, el foco recibe lo que se llama el **acento nuclear**, es decir, la parte más prominente de toda la cláusula. En (109a), el acento nuclear se le asigna a *la pared*, que es parte del constituyente focalizado; en (109b), lo recibe *un amigo*; y en (109c), *la pared* de nuevo:

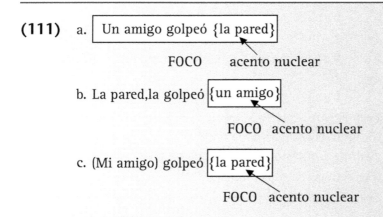

(111)   a. | Un amigo golpeó {la pared} |

          FOCO   acento nuclear

     b. La pared, la golpeó {un amigo}

              FOCO acento nuclear

     c. (Mi amigo) golpeó {la pared}

              FOCO acento nuclear

En resumen, el orden de palabras a nivel oracional depende íntimamente del contexto discursivo, y de qué tipo de información es compartida y cuál es novedosa. La información novedosa (el foco) debe alinearse con el límite derecho de la cláusula, donde se asigna el acento nuclear a nivel de toda la cláusula. Para profundizar en la relación entre foco, orden de palabras, y acento nuclear, recomendamos ver las lecturas adicionales al final del capítulo.

9.6 Resumen del capítulo

En este capítulo hemos presentado las propiedades de la periferia oracional. Por un lado, hemos visto que en esta área de la cláusula hay morfemas que señalan si la cláusula es finita o no finita (Fin), el tipo de cláusula (Fuer, interrogativa, declarativa, etc.), y también los elementos discursivos tópico (información compartida por los participantes) y foco (información no compartida). Además, hemos visto con detalle la sintaxis de las dislocaciones a la izquierda con clítico, un tipo de tópico muy cercano a la expresión de los sujetos preverbales en español. Finalmente, hemos analizado los distintos tipos de preguntas *qu-*, la variación dialectal, y la relación entre el tipo de información y el orden de palabras.

Ejercicios

1. Fuerza/finitud
1.1 En las cláusulas entre corchetes [ ] de los siguientes ejemplos, indique la fuerza de la cláusula y qué mecanismo gramatical la indica; e indique la finitud del verbo.

> Ejemplo: [De saber la respuesta], te la daría
> Fuerza de la cláusula: condicional, codificada en el
> complementante *de*, que también marca [-FIN]

a. Quiero [que imagines tus vacaciones]

b. No sé [si esperas llegar pronto]

c. [Al terminar la película] todos salieron llorando

d. El hecho de [que llueva] es positivo

e. [Si la gente sale a la calle], va a haber mucho tráfico

f. [Andando a mi casa] vi una ardilla

g. [Invitar a quién] va a ayudar con la promoción del evento

2. Tópico

2.1 En los siguientes diálogos, identifique cuál es el tópico de la cláusula subrayada.

Ejemplo: La hermana mayor estudió ciencias. La menor, estudió física
"Hermana" y "estudió" son tópicos de la segunda cláusula.

a. Ayer fuimos a un cine. La película era de acción

b. Seleccionaron a varios amigos míos para la obra de teatro. A Luisa la eligieron para el papel principal

c. La llegada del invierno trajo la nieve

d. En cuanto a Carlos, su hermano está muy contento

3. Sujetos y DICL

3.1 En las siguientes oraciones, identifique el sujeto, y justifique por qué es el sujeto.

Ejemplo: Los ornitorrincos nadan en los embalses
Sujeto: *los ornitorrincos*, concuerda con *nadan*

a. Aparecieron tres comediantes en la calle

b. El presentador le presentó a Jorge a las concursantes

c. Cerraron la puerta

d. Ganamos la apuesta nosotros

e. La puerta que Tomás abrió

3.2 (Avanzado) Haga la estructura sintáctica de los tres primeros ejemplos del ejercicio anterior.

3.3 (Avanzado) Los verbos sicológicos tienen tres patrones:

    a. Los murciélagos le temen a la luz

    b. La luz asusta a los murciélagos

    c. A los murciélagos les encanta la fruta

    1. Describa las diferencias entre los tres tipos de verbos.

    2. Indique cuáles son los sujetos en cada caso.

    3. ¿Cómo se deriva el orden de c.?

3.4 (Avanzado) Explique las diferencias entre los siguientes ejemplos:

    a. Los estudiantes tenemos poco tiempo para los exámenes

    b. Los estudiantes tienen poco tiempo para los exámenes

3.5 (Avanzado) En contraste con los ejemplos del ejercicio anterior, los siguientes ejemplos son agramaticales:

    a. *El estudiante tengo poco tiempo para los exámenes

    b. *El estudiante tienes poco tiempo para los exámenes

Describa la diferencia relevante entre los ejemplos de a. y b. de este ejercicio, y el de a. del anterior. ¿Por qué ocurre esta diferencia?

3.6 Haga la estructura sintáctica de las siguientes oraciones:

    a. Las calabazas, las sacamos a la terraza

    b. A los viajeros los trataron muy bien

    c. Pan, no compramos en el supermercado

    d. A los animales, el bosque, se lo eliminaron hace años

    e. Los futbolistas, al árbitro, lo tratan mal

3.7 (Avanzado) ¿Por qué son agramaticales los siguientes ejemplos? Sea lo más explícito posible, explicando qué principio gramatical incumplen.

    a. *A Elena no creo el hecho de que invitaran

    b. *Jesús, me sorprende la mentira de que recibió sobornos

4. Preguntas

4.1 Proponga la estructura para los siguientes ejemplos:

    a. ¿A quién saludaron tus amigos?

    b. ¿Cómo respondieron los estudiantes a las preguntas?

c. ¿Sabe tu amigo la clave?

d. ¿Sebastián compró qué?

e. ¿Quién llegó?

4.2 (Avanzado) Proponga la estructura para los siguientes ejemplos. Indique si alguno de ellos presenta una dificultad especial:

a. ¿Qué crees que contestó Catalina?

b. ¿Quién crees que saludó a Roberto?

c. ¿Qué regalo trajo quién?

5. Ascenso de cuantificadores

5.1 Haga la estructura de los siguientes ejemplos, reflejando la subida de cuantificador:

a. Vimos algunos ciclistas en la calle

b. Varios peatones cruzaron la avenida

c. Le pedí el email a todos los candidatos

5.2 Identifique los cuantificadores y parafrasee las distintas interpretaciones posibles relacionadas con el ámbito de los cuantificadores de los ejemplos de más abajo.

Ejemplo: Toda ley tiene una excepción

a. Cada una de las leyes tiene una excepción distinta (*Cada* tiene ámbito sobre *una*)

b. Hay una excepción que se le aplica a todas las leyes (*una* tiene ámbito sobre *cada*)

---

a. Algunos encargados acompañaron a todos los invitados

b. Todas las ramas fueron ocupadas por algún pájaro

c. Unos amigos visitaron a cada elector

5.3 (Avanzado) Elija un ejemplo del ejercicio anterior y proponga la estructura para cada una de sus interpretaciones.

6. Orden de palabras

6.1 Observe los siguientes ejemplos. Indique cuál es la estructura de foco y tópico, y luego haga la estructura sintáctica de los ejemplos, indicando los movimientos necesarios para obtener el orden correcto.

  a. Llegó Laura

  b. Juana compró unos tomates

  c. Visitó a su hermana Griselda

  d. Trajo David la comida

Lecturas adicionales

Ascenso de cuantificadores

González Rodríguez (2012)

Dislocación a la izquierda con clítico (DICL)

Cinque (1990)
López (2009, 2016)

Orden de palabras

Olarrea (1996, 2012)
Ordóñez (2000)
Zubizarreta (1998)

Preguntas

Barbosa (2001)
Echepare y Uribe-Etxebarria (2012)
Francom (2012)
Ordóñez y Olarrea (2001, 2006)
Suñer (1994)
Suñer y Lizardi (1995)
Uribe-Etxebarria (2002)

Sujetos preverbales

Olarrea (1996)
Ordóñez y Treviño (1999)
Suñer (2003)

10 Las propiedades de los grupos nominales

Objetivos del capítulo

- Analizar la estructura de los grupos nominales
- Describir la distribución de los grupos nominales sin determinante
- Explicar la distribución de las frases determinante sin nombre
- Presentar las distintas posiciones de los adjetivos, y sus distintos significados
- Analizar las cláusulas de relativo

10.0 INTRODUCCIÓN

En los capítulos anteriores, hemos explorado la sintaxis de la cláusula y la relación entre el verbo, las categorías funcionales asociadas con el verbo, y los argumentos (sujetos, objetos directos, objetos indirectos). En este capítulo cambiamos de perspectiva para investigar la estructura interna de los constituyentes nominales como *los árboles verdes*. ¿En qué consiste un grupo nominal? En el capítulo 4 (sec. 4.1) establecimos que la categoría máxima de estos constituyentes es la frase determinante:

(1) a. [$_{FD}$ La$_D$ casa$_N$ azul$_A$ de$_P$ piedra$_N$]
   b. [$_{FD}$ El$_D$ supuesto$_A$ insulto$_N$ de$_P$ la$_D$ directora$_N$]

En estos ejemplos, la categoría que define la identidad y la distribución de todo el grupo es el determinante (*la* y *el* respectivamente). En ese capítulo veíamos, por ejemplo, que el determinante es esencial para describir la distribución de los sujetos en español monolingüe. Concretamente, los sujetos preverbales como los de (3) tienen que tener un determinante explícito:

(2) a. Llegaron personas
   b. Llegaron unas personas

(3) a. *Personas llegaron
   b. Unas personas llegaron

Además, como vemos también en los ejemplos de (1), el grupo nominal contiene otros elementos: normalmente incluye un nombre y posiblemente también adjetivos y frases preposicionales. Algunos adjetivos pueden ser prenominales (*supuesto*) y otros pueden ser postnominales (*azul*); en cada caso la interpretación semántica es distinta, como vamos a ver más adelante. A continuación, veremos la distribución de los determinantes y los nombres, los adjetivos y los mecanismos de concordancia de género y número dentro de la frase determinante.

10.1 Los determinantes y los nombres

En esta sección nos enfocamos en las características y tipos de determinantes que hay en español, y los casos especiales en los que el determinante o el nombre está aparentemente ausente.

10.1.1 Los determinantes

Desde el punto de vista distribucional, es relativamente fácil identificar a un determinante: en un grupo nominal formado por dos palabras, el determinante es la primera, que precede al nombre:

(4) a. La$_D$ ventana$_N$

b. Esa$_D$ calle$_N$

c. Mi$_D$ zapato$_N$

d. Varios$_D$ sabores$_N$

e. Algunas$_D$ noticias$_N$

f. Unas$_D$ amigas$_N$

Según este criterio, *el/la*, *esa*, *mi*, *varios*, *algunas*, y *unas* en estos ejemplos son determinantes (la lista no está completa).

¿Qué significado tiene un determinante? Esa pregunta es más difícil de contestar, porque no hay un solo significado que incluya a todos los determinantes. Asumamos que un nombre como *calle* define un conjunto de entidades: el conjunto de objetos que tienen las siguientes propiedades:

(5) Propiedades que definen a una "calle": Estructura lineal que existe en las zonas urbanas, ancha, asfaltada, con andenes a los lados, para la circulación de vehículos y peatones

Estas propiedades distinguen a los objetos que podemos designar como *calle* de los objetos que no podemos designar como *calle* (como *camino*, *rotonda*, *autopista*, *regla*, etc.). Esa separación de objetos entre los que cumplen con las propiedades y los que no, es una manera de formalizar el significado de un nombre. El determinante, en cambio, sitúa a los miembros de ese conjunto en un discurso específico, y lo hace de dos maneras: primero, ofrece información sobre la cantidad de miembros del conjunto. Por ejemplo:

(6) a. Varias calles se han inundado

b. Unas calles están en muy buen estado, otras no

c. Toda calle necesita iluminación

En el primer ejemplo, *varias* indica que el número de objetos del conjunto "calles" es relativamente grande. En el segundo, *unas* y *otras* indican la existencia de un subgrupo de "calles" (sin decir nada sobre la cantidad), y en el último ejemplo, *toda* señala a la totalidad de miembros del conjunto.

La segunda contribución del determinante es relacionar al referente con otros elementos del discurso:

(7) Primero nos dijeron que fuéramos por una calle durante varios kilómetros, y después, esa calle se convertía en una carretera

En este ejemplo, *una* introduce el objeto por primera vez en el discurso, mientras que *esa* se refiere a él como si lo señalara físicamente.

Uno de los significados más importantes que se codifican en el determinante es la **definitud**, que ya exploramos al presentar las restricciones del doblado de argumentos con clíticos (capítulo 6, sec. 6.4.3). El español distingue entre determinantes definidos (*el/la*) y determinantes indefinidos (*un/una*). Los determinantes definidos son como los focos de un teatro que resaltan a una sola bailarina y dejan a las demás en la oscuridad:

(8) a. El sol está muy fuerte

b. Ese día hacía un sol muy fuerte

En estos dos ejemplos vemos cómo el tipo de determinante cambia la manera como interpretamos el referente del nombre. En el primer caso, *el* se enfoca en un solo "sol". En el segundo ejemplo, en cambio, *un* no asume que exista un solo "sol", sino más bien al contrario, compara distintas instancias de "sol".

Como el determinante definido se enfoca en un solo miembro relevante del conjunto designado por el nombre, es muy frecuente usarlo para referirse a una mención anterior de ese referente. Comparemos los siguientes ejemplos:

(9) a. Había una niña asomada a la ventana. La niña miraba sonriendo a sus amigas

b. Había una niña asomada a la ventana. Una niña miraba sonriendo a sus amigas

En el primer caso, la primera cláusula introduce a *una niña*. En la segunda, *la niña* se enfoca en ese referente introducido. Este mecanismo de enfocarse en un elemento introducido en el discurso no es posible con *una*: si vemos el segundo ejemplo, la segunda instancia de *una niña* no puede referirse al mismo referente introducido en la cláusula inicial.

10.1.1.1 Los determinantes posesivos

Los determinantes posesivos indican una relación entre el nombre y otro referente:

(10) a. Mario nos invitó a [su casa]
b. [Mi hermana] es mayor que yo
c. A veces nos sorprenden [nuestras respuestas]

En el primer ejemplo, *su* indica una relación entre el referente del nombre *casa* y un poseedor, presumiblemente *Mario*. En el segundo caso, *mi* relaciona a *hermana* con el hablante, y en el tercero, *nuestras* relaciona a *respuestas* con el hablante y otras personas. Como vemos en estos ejemplos, el posesivo concuerda con el nombre en número siempre, y en género en la primera y segunda persona del plural (*nuestra* y *vuestra* en español peninsular).

El nombre de "posesivos" sugiere una relación de posesión entre el referente del nombre y otra entidad, pero frecuentemente esta relación no es de posesión estricta, aunque no es fácil definirla precisamente: si digo que *mi dolor de cabeza es intenso*, la relación entre el dolor y yo no es exactamente la misma que si digo *mi mano izquierda*. En los dos casos, sin embargo, la relación se puede parafrasear con *tener: tengo dolor de cabeza, tengo una mano izquierda*.

Los hablantes tienen una relación especial con las partes de su cuerpo: al fin y al cabo, nuestra cabeza, nuestros brazos, nuestras piernas, etcétera son partes únicas e importantes en nuestra existencia. Por eso, con frecuencia, la gramática marca las relaciones gramaticales que implican a esas partes de manera especial. En español, por ejemplo, el determinante definido refleja también una relación de posesión, en lo que se llama **posesión inalienable:**

(11) a. Le duele [la cabeza] (su cabeza)

b. Se cortó [el dedo] (su dedo)

c. Levantó [la mano] (su mano)

d. Invitaron [al hermano] (su hermano)

En todos estos ejemplos, el nombre que aparece entre corchetes se puede interpretar como posesión de alguien (generalmente el sujeto u otro argumento de la cláusula). Los objetos que entran en esta relación a veces se extienden a parientes, a veces amigos, objetos únicos e importantes de la vida diaria, etcétera.

La posesión inalienable refleja una relación con una parte que se percibe como inseparable, como decimos, de modo que a veces, un determinante definido puede interpretarse o como posesión inalienable, o como no posesivo. Por ejemplo, (11c) y (11d) pueden referirse a "su mano", "su hermano" (posesión inalienable), pero también a "una mano" o "un hermano", que no es posesión de nadie (*levantaron una mano enorme de juguete, invitaron al hermano de la orden religiosa*).

La expresión y extensión de las relaciones de posesión inalienable varían bastante de dialecto a dialecto, de manera que en algunas variedades (por ejemplo, la peruana), hay una tendencia a reemplazar el determinante definido *el/la* por un posesivo explícito (*su*). Esta tendencia es muy frecuente entre hablantes de herencia de español en contacto con el inglés:

(12) a. Le duele su cabeza

b. Se cortó su dedo

c. Levantó su mano

Si comparamos los siguientes ejemplos, vemos que sólo en el segundo se interpreta el determinante como posesivo inalienable. Al final del capítulo presentamos referencias sobre el análisis de los posesivos inalienables, y el reto está en representar la posesión inalienable cuando el determinante es definido. Para explorar este aspecto de la sintaxis de los grupos nominales, remitimos a las lecturas adicionales del final del capítulo.

(13) a. Se subió al árbol
  b. Se subió las mangas de la camisa

Los determinantes posesivos que hemos visto hasta ahora son determinantes: *su casa*. Junto a ellos, hay formas posesivas que no son determinantes, sino adjetivos postnominales, y a veces frases preposicionales:

(14) a. Su casa
  b. La casa suya
  c. La casa de él/de ella

(15) a. Mi hermana
  b. La hermana mía

(16) a. Nuestra llegada
  b. La llegada nuestra
  c. La llegada de nosotros

Su/mi se diferencian de *suya/mía* no sólo en la categoría (determinante-posesivo), sino en la forma: el adjetivo concuerda abiertamente con el nombre, y añade la terminación *-(y)a* o *-(y)o*. En cambio, *nuestro/a* y *vuestro/a* tienen la misma forma en las dos posiciones, como vemos en (16).

En (15) también observamos que la primera persona singular (y la segunda también) no tienen la frase preposicional correspondiente (*la hermana de mí*).

Nuevamente, la distribución de las tres variantes (determinante, adjetivo, y FP posesivos) varía mucho entre dialectos. En general, la variante más generalizada en todos los dialectos es la que tiene el determinante posesivo (*su casa*). Además, las otras dos variantes (la del adjetivo pospuesto y la variante con frase preposicional) tienen condiciones discursivas distintas: el nombre (*casa, hermana, llegada*) debe haber sido mencionado previamente en el discurso, mientras que el determinante posesivo no requiere mención previa.

¿Qué pasa cuando tratamos de combinar dos de las variantes simultáneamente? En ese caso hay variación dialectal sistemática respecto al doblado de la frase preposicional con un determinante. Para hablantes de ciertas variedades, no es posible doblar ni la frase preposicional ni el adjetivo posesivo:

(17) a. *Su hermana de él
       b. *Su hermana suya

Para hablantes de otras variedades, el doblado de la variante con una frase preposicional es posible, pero no la del posesivo:

(18) a. Su hermana de él
       b. *Su hermana suya

En general, esta variación coincide con el uso de determinantes como posesión inalienable: los dialectos para los que el determinante definido es productivo (los de (11)), tienen el patrón de (17), mientras que los dialectos que reemplazan el determinante definido por un posesivo tienden a mostrar el patrón de (18).

En resumen, la posesión nominal tiene distintas formas en español: un determinante posesivo, un adjetivo postnominal, una FP, y el determinante definido en relaciones de posesión inalienable.

10.1.2 Los nombres sin determinante

A veces, los nombres aparecen sin determinante. Entre ellos, están los nombres propios:

---

(19) a. Marisol contestó al teléfono

b. Visitamos Bogotá durante las navidades

¿Quiere decir que los nombres propios tienen una estructura distinta de los nombres comunes? En principio, esa es una posibilidad, pero en algunas variedades, incluso los nombres propios llevan determinante definido en el lenguaje oral:

---

(20) a. Avísale a la Marisol que nos vamos

b. Al Fernando le encanta la sidra

Estas variedades sugieren la posibilidad de que la estructura de los nombres propios siempre incluya un determinante, sólo que a veces no se expresa. Entonces, es posible que los nombres propios en realidad no sean distintos de los comunes: todos tienen la misma estructura, pero los nombres propios incorporan el significado y las funciones del determinante de manera distinta de los nombres comunes. Dicho de otra manera, los nombres propios son también frases determinantes. Hay dos maneras de formalizar esta idea: la primera, es que los nombres propios a veces tienen un determinante nulo (en los ejemplos de (19), representados en (21a)), y a veces lo tienen explícito (en los de (20), representados en (21b)):

---

(21) a. $\emptyset_D$ (FD)

$\emptyset_D$ Marisol$_N$ (FN)

b.   la$_D$ (FD)

la$_D$ Marisol$_N$ (FN)

En estas estructuras, la FD tiene siempre un determinante, que puede ser explícito o nulo según la variedad de que se trate. Es importante notar que en los ejemplos de (19), la interpretación corresponde a la de un determinante definido: *Marisol* y *Bogotá* se interpretan como entidades definidas y con un solo referente específico en el contexto discursivo. Es decir, cuando hablo de *Marisol* o *Bogotá*, me enfoco en un único referente (como cuando digo *el niño*). En ese sentido, el determinante nulo de (21a) es una variante del determinante definido *el/la*.

La segunda opción es una variante de este análisis, y propone que cuando el nombre propio no tiene determinante, es porque el nombre ha subido y se ha adjuntado a la posición de D:

(22) $Marisol_N + \emptyset_D$ (FD)

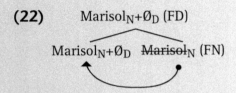

$Marisol_N + \emptyset_D$ ~~$Marisol_N$~~ (FN)

En esta estructura, el nombre *Marisol* se ha incorporado al determinante nulo, y la copia más baja se borra. Cuando el determinante es explícito (como en las variedades correspondientes a (20)), esta incorporación no es necesaria, porque ya existe el determinante expreso.

La hipótesis de que los nombres propios siempre tienen determinante es consistente con los siguientes datos. Imaginemos que tengo dos amigas que siempre andan juntas y que se llaman igual:

(23) El otro día vi a las Claudias salir del cine

En este contexto, la luz se enfoca sobre dos referentes y entonces el nombre propio empieza a tener propiedades típicas de nombre común: aparece un plural y el determinante ya no es opcional:

(24) *Claudias salieron del cine

En resumen, los nombres propios son FDs que tienen las propiedades típicas de las FDs con determinantes definidos.

Otros casos en los que el determinante está aparentemente ausente son los nombres comunes sin determinante:

(25)   a. Compramos pan
      b. Llegó gente
      c. Subieron personas al metro

¿En qué contextos sintácticos aparecen estos nombres? Por un lado, si son sujetos, tienen que ser postverbales (no así para algunos hablantes bilingües de herencia, que sí producen este tipo de ejemplos):

(26)   a. *Gente llegó al metro
      b. *Gatos subieron por el tejado

(27)   a. Llegó gente al metro
      b. Subieron gatos por el tejado

Por otro lado, el nombre sin determinante sólo puede ser de **masa** o **continuos** (como *pan* y *gente* en los ejemplos de (25)), y no **contable** (como *persona*), cuando están en singular. En plural, en cambio, sí pueden aparecer nombres contables:

(28)   a. *Llegó persona al metro
      b. *Vimos a amigo en la reunión

(29)   a. Llegaron personas al metro
      b. Vimos a amigos en la reunión

(30) a. Llegó una persona al metro

b. Vimos a un amigo en la reunión

En los dos primeros ejemplos, *persona* y *amigo* son nombres contables (se pueden contar, y pueden aparecer con cuantificadores numerales: *dos amigos*) que aparecen en singular con resultados agramaticales, mientras que en (29) sí pueden aparecer en plural. Como vemos en (30), si el singular aparece con un determinante explícito, no hay ningún problema.

La tercera propiedad de los nombres comunes sin determinante es que se interpretan **existencialmente**. Por ejemplo, en (31a–b), el hablante no se refiere a proyectos concretos o a un pedazo de carne específico, , sino que afirma la existencia de proyectos y de carne:

(31) a. Después de la crisis, empezaron proyectos nuevos

b. Preparamos carne para comer

En resumen, los nombres comunes sin determinante tienen las siguientes propiedades, comparados con los nombres con determinante:

(32)

	Nominales sin determinante	Nominales con determinante	
		Det. definido	*Algún/un*
Sujetos			
Preverbales	✗	✓	✓
Postverbales	✓	✓	✓
Objetos	✓	✓	✓
N contable singular	✓	✓	✓
N no contable plural	✓	✓	✓
Interpretación			
Existencial	✓	✓	✓
Referencial	✗	✓	

¿Tienen estructura distinta los nombres comunes sin determinante de los que tienen determinante? Algunos análisis de los nombres comunes sin determinante asumen un determinante nulo, como en el caso de los nombres propios:

(33) Ø$_D$ (FD)

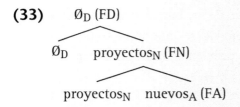

proyectos$_N$ nuevos$_A$ (FA)

Este determinante nulo es más bien parecido a un cuantificador existencial como *un* o *algún*, mientras que el de los nombres propios es más parecido a *el/la*. Sin embargo, el determinante nulo de los nombres comunes no es una versión nula de *un* o *algún*, porque estos determinantes explícitos no tienen las mismas restricciones que hemos observado arriba: pueden aparecer como sujetos preverbales (ver (34a)); pueden aparecer en singular o en plural si son contables (ver (34b–c)); y en el caso de *un*, pueden interpretarse específicamente.

(34)   a. Una/Alguna gente llegó al metro
           b. Unos/Algunos gatos subieron por el tejado
           c. Llegó una/alguna persona al metro

En resumen, los nombres comunes sin determinantes son nombres de masa en singular, o contables en plural, que no pueden aparecer como sujetos preverbales, y que se interpretan genéricamente, no referencialmente. Aunque es posible analizarlos como FDs con determinante nulo, en este caso el determinante no es sólo una variante nula de un determinante explícito. Para ver más detalles sobre estas propuestas, se pueden consultar las lecturas adicionales.

El tercer contexto en el que los nombres aparecen sistemáticamente sin determinante son las estructuras predicativas, como las que se ilustran en estos ejemplos:

(35)   a. María es presidenta de la asociación

b. Yo ya considero a Pilar ingeniera, a pesar de que le falta un examen

El nombre *presidenta* en el primer ejemplo aparece como predicado del verbo copulativo *ser*, e *ingeniera* como predicado de la cláusula reducida (sin verbo) *Pilar ingeniera.* En estos casos, el nombre no se interpreta como una entidad referencial, sino más bien como una propiedad atribuida a alguien, en el primer caso a *María*, en el segundo a *Pilar*, y en ese sentido estos nombres son predicados.

El segundo ejemplo ilustra las llamadas **cláusulas reducidas,** que son estructuras proposicionales ("Pilar es ingeniera") a las que les falta el verbo, y por lo tanto la flexión verbal.

Los usos predicativos de los nombres y los usos no referenciales de los nombres comunes sin determinante tienen en común una característica semántica: ninguno de los dos designa entidades referenciales, como lo hacen los demás nombres. En el primer caso, son predicados, en el segundo son entidades genéricas. Esto sugiere que el carácter referencial de un nombre se asocia con el determinante, y por lo tanto que en estos dos últimos casos, no es que tengamos un determinante nulo, sino que en realidad no hay determinante, sino una frase nominal.

10.1.3   Los determinantes sin nombre

En la sección anterior, hemos presentado varios casos en los que los grupos nominales aparecen sin determinante. ¿Es posible tener el caso contrario, un determinante sin nombre? En esta sección vamos a ver tres casos en los que el nombre está ausente de la estructura nominal.

A veces, cuando se coordinan dos constituyentes, partes de uno se eliminan (esto se llama **elipsis**). En español, casi siempre se elimina una parte del segundo:

(36)   a. Las clases de quechua y las Ø de fonética son divertidas

b. *Las Ø de quechua y las clases de fonética son divertidas

En estos ejemplos, *clases* aparece en el primer coordinando, pero no en el segundo. Para que se pueda borrar el segundo nombre, tiene que quedar un **remanente**, formado por un determinante y algo más:

(37) *Unas/las puertas grandes y las/unas

En este ejemplo vemos que no es suficiente tener un determinante como remanente, sino que tiene que haber un adjetivo, una cláusula de relativo o una frase preposicional:

(38) a. Las puertas grandes y las Ø pequeñas$_A$
      b. La entrada principal y la Ø que está en la parte de atrás$_{Rel}$
      c. Unos postres de crema y otros Ø de chocolate$_{FP}$

Como vemos en estos ejemplos, se puede tener un determinante + adjetivo (*pequeñas* en (38a)), cláusula de relativo (*que está en la parte de atrás* en (38b)), o frase preposicional (*de chocolate* en (38c)), como remanente de la elipsis.

La pregunta importante en este caso es, ¿cuál es la estructura del segundo coordinando? Concretamente, ¿cómo se representa la elisión (el símbolo "Ø") de estos ejemplos? La propuesta más natural es que Ø = N, y la referencia concreta de Ø$_N$ se establece por el antecedente inmediato (*puerta*, en este caso).

(39)

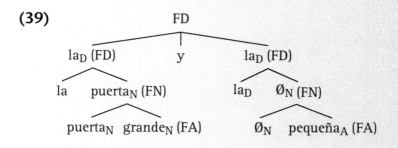

Esta propuesta nos puede explicar el siguiente dato curioso del español: el determinante de una elipsis no puede ser *un* o *algún*, sino *uno*, *alguno*:

(40)   a. Unos vidrios grandes y alguno Ø pequeño se rompieron en la tormenta

b. *Unos vidrios grandes y algún Ø pequeño se rompieron en la tormenta

(41)   a. Los hermanos mayores y uno Ø menor salieron a jugar

b. *Los hermanos mayores y un Ø menor salieron a jugar

Es importante notar que los ejemplos de (40b) y (41b) serían gramaticales si no se interpretaran como elisión de *vidrio* y *hermano* respectivamente. *Pequeño* puede también ser un nombre con el significado de *niño pequeño*, y en ese contexto sería gramatical, pero ya no es elisión de *vidrio*. Lo mismo ocurre en el segundo ejemplo, donde *un menor* puede significar *una menor de edad*, pero no *hermano menor*.

La restricción de (40) y (41) es sorprendente, porque *uno/alguno* no puede aparecer cuando el nombre es explícito: **alguno vidrio*, **uno niño* (*algún vidrio*, *un niño*). ¿Qué tiene que ver esto con el análisis de (39)? Una posibilidad es que la *-o* de *uno/alguno* represente la categoría abstracta N en esa estructura de (39), como vemos a continuación:

(42)

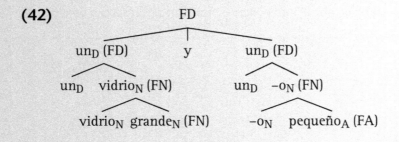

Eso nos explicaría por qué sólo aparece con elisiones: cuando hay elisiones no hay una raíz nominal, mientras que en los casos sin elisión (*un vidrio grande*), esa marca *-o* se adjunta al nombre, y por lo tanto no al determinante.

Quedaría por explicar por qué sólo aparece esta *-o* con *un/algún* y no con otros determinantes, y posiblemente esta explicación tenga que ver con la estructura morfológica de los nombres y los determinantes, para lo cual remitimos a las lecturas adicionales al final de capítulo.

Es importante notar que, aunque la elisión de N es muy productiva en estructuras coordinadas, también es posible en otros contextos. Imaginemos que dos personas entran en una tienda de ropa, y miran distintos tipos de pantalones; en ese contexto, una de ellas podría decir, mirando a un pantalón:

(43) Unos Ø azules te quedarían muy bien

En ese caso no hay coordinación de dos frases, simplemente una FD con un N nulo que se recupera según el contexto que comparten los dos hablantes. Lo que comparten estos casos con los anteriores es que el N nulo se identifica según el contexto (sintáctico o discursivo).

En resumen, en español es muy productiva la posibilidad de elidir un N que se recupera contextualmente. Estas estructuras tienen que tener un remanente obligatorio, y el N nulo se identifica según el contexto sintáctico o discursivo.

Pasemos a otra situación. Imaginemos que entro al consultorio de un médico, y sale una persona que el recepcionista me presenta, diciendo:

(44) a. Esta señora es la doctora
         b. Esta señora es ella

Sin embargo, la recepcionista no podría hacer la presentación de la siguiente manera:

(45) *Esta señora es ella doctora

La pregunta es por qué no es posible tener un pronombre modificado por un nombre. La generalización aparente es que el determinante definido puede (y generalmente tiene que) tener como complemento un nombre (en el primer caso, *doctora*), mientras que el pronombre correspondiente no sólo no tiene que, sino que no puede tener ningún complemento. Vamos a ver a continuación que los pronombres y los determinantes se parecen bastante. Para empezar, en español tenemos un parecido formal entre los pronombres de tercera persona y los determinantes definidos:

---

(46) Paralelismos entre determinantes definidos y pronombres de tercera persona

	Determinante		Pronombre					
			Nominativo		Acusativo		Dativo
	Masc.	Fem.	Masc.	Fem.	Masc.	Fem.	Masc./Fem.
Singular	el	la	él	ella	lo	la	le
Plural	los	las	ellos	ellas	los	las	les

Por un lado, hay varias formas idénticas: *la casa* y *la vi*, o *los perros* y *los ayudé*. Por otro lado, las otras formas son muy parecidas, por ejemplo, *ellas* contiene la secuencia *las*. Desde el punto de vista semántico, el significado de los determinantes definidos y los pronombres también es similar: los dos designan entidades definidas, normalmente específicas y únicas en el discurso. La diferencia principal es que la animacidad tiene un papel importante en los pronombres, pero no en los determinantes.

Para formalizar esta semejanza entre pronombres de tercera persona y determinantes, se ha propuesto una estructura común: los dos son determinantes, pero unos tienen un complemento N obligatorio (*la casa*) y los otros (los pronombres) no pueden tener complemento nominal, son determinantes "puros":

---

(47) a. Estructura del determinante

$$el_D \text{ (FD)}$$

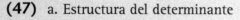

$$el_D \qquad bebé_N \text{ (FN)}$$

b. Estructura del pronombre de tercera persona

$$él_D \text{ (FD)}$$

Posiblemente, la estructura de (47b) se pueda extender a los pronombres de primera y segunda persona. En este caso, el paralelismo formal sería con los determinantes posesivos:

(48) Paralelismos entre determinantes posesivos y pronombres de primera y segunda persona

	Determinante		Pronombre			
			Nominativo		Acusativo/Dativo	
	1ª p.	2ª p.	1ª p.	2ª p.	1ª p	2ª p.
Singular	mi	tu	yo	tú/vos	me	te
Plural	nuestra	su/vuestra	nosotros	ustedes/ vosotros	nos	les/los/os

En esta tabla, la segunda persona plural se representa con las formas de las distintas variedades. Como vemos, hay formas parecidas, pero sólo la segunda persona singular (*tu*) es idéntica en el determinante y el pronombre nominativo.

En resumen, los determinantes sin nombre incluyen por lo menos dos tipos distintos de estructuras: por un lado, las que no tienen nombre explícito, pero en las que se recupera el nombre contextualmente a partir de un antecedente en el discurso. Estas tienen que tener un remanente obligatorio. Por otro lado, los pronombres, que no pueden tener complementos, y por lo tanto son sólo determinantes.

10.2 La interpretación y la estructura de los adjetivos

Estamos acostumbrados a pensar en los adjetivos como palabras que califican a los nombres, por ejemplo, si alguien dice:

(49) Apareció una serpiente azul

El hablante le asigna una propiedad a la serpiente: tenía un color azul. Una manera de formalizar este tipo de significado es la siguiente: *serpiente azul* representa a la intersección de serpientes con cosas azules.

(50)

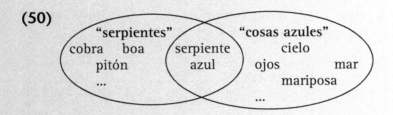

Este primer significado de los adjetivos se llama **extensional** o **restrictivo**, porque el adjetivo modula o restringe la extensión del conjunto representado por el nombre. Generalmente, los adjetivos extensionales aparecen en posición postnominal, como en el ejemplo anterior.

En posición prenominal, los adjetivos no son extensionales:

(51) a. Esta gran puerta ha visto pasar a gente muy famosa

b. La puerta grande se usa para ocasiones especiales

En este caso, *gran* no restringe el conjunto de puertas, sino que indica una propiedad de esa puerta específica, por lo que este significado es **intensional** o **no restrictivo**. En cambio, *grande* en posición postnominal sí sirve para restringir el conjunto de puertas.

La posición prenominal, entonces, se interpreta típicamente como intensional o no restrictiva, mientras que la posición postnominal es típicamente extensional o restrictiva. Sin embargo, también es posible tener interpretaciones intensionales postnominalmente, de manera que esa posición es ambigua:

(52) a. La intensa nevada colapsó las carreteras

b. La nevada intensa duró varias horas

En el primer ejemplo, la interpretación es claramente intensional: el adjetivo no distingue entre nevadas de un tipo y nevadas de otro tipo, sólo califica la nevada. En el segundo ejemplo, en cambio, *la nevada intensa* puede ser también extensional: *la nevada intensa y la más leve que siguió provocaron problemas*. El significado asociado con la posición prenominal se llaman **intensional** o **no restrictivos**, mientras que la posición postnominal está asociada normalmente con interpretaciones **extensionales** o **restrictivas**:

(53) a. ADJ + N
          intensional/no restrictivo
      b. N + ADJ
          extensional/(pero también posiblemente restrictivo intensional)

Hay adjetivos que son estrictamente extensionales, como los que indican color o nacionalidad, y sólo aparecen postnominalmente:

(54) a. Una moto amarilla cruzó muy rápido el semáforo
      b. ??Una amarilla moto cruzó muy rápido el semáforo

(55) a. Vimos una bandera hondureña
      b. ??Vimos una hondureña bandera

El uso prenominal en estos casos sólo es posible en la medida en que el contexto fuerza la interpretación intensional, por ejemplo en poesía, o en casos como el siguiente:

(56) La madrileñísima costumbre de aparcar mal bloquea los pasos para peatones

En este caso, se le añade un contenido evaluativo al adjetivo *madrileñísima*, casi como si fuera una propiedad única de los madrileños. En ese sentido, el adjetivo pierde su capacidad restrictiva: si todos los miembros del conjunto tienen la propiedad, ya no hay posibilidad de restringir subconjuntos de referentes a los que se les aplica.

En resumen, en la posición prenominal, los adjetivos se interpretan típicamente como intensionales; en la posición postnominal, hay ambigüedad. Además, el significado léxico de los adjetivos puede ser intensional, extensional, o ambiguo, y dependiendo de eso, es compatible con una u otra posición.

10.3 El número, el género, y los clasificadores

Como ya vimos en el capítulo 5 (sec. 5.4), varios elementos de la frase determinante concuerdan en género y número, como vemos en los siguientes ejemplos:

(57) a. La magnífica amiga de Pedro lo ayudó
b. Los gatos salvajes se adaptan al entorno

En el primer ejemplo, el determinante, el adjetivo, y el nombre concuerdan en género femenino y número singular. En el segundo ejemplo, la concordancia es en masculino y plural. La concordancia es un mecanismo por el cual dos o más elementos co-varían sistemáticamente cuando cambia un rasgo. Como vemos en los ejemplos de (58), al cambiar el género y el número del nombre, cambian también el género y el número del determinante y de los adjetivos:

(58) a. Los magníficos amigos de Pedro lo ayudaron
b. La gata salvaje se adapta al entorno

La concordancia es obligatoria, como vemos a continuación:

(59) a. *La magnífica amigo de Pedro lo ayudó
       b. *El gata salvaje se adapta al entorno

Hay dialectos del español en los que la concordancia entre los distintos elementos del grupo nominal no es sistemática; por ejemplo, en la variedad afro-boliviana se encuentran ejemplos como los siguientes:

(60) a. Mis buen amigo mayó (ejemplo de Delicado-Cantero y Sessarego (2011))
       b. Algunos enfermedá (ejemplo de Lipski (2008), p. 90)

En el primer ejemplo, el determinante posesivo plural aparece con adjetivos y el nombre en singular. En el segundo ejemplo, el determinante *algunos* (masculino, plural) aparece con un nombre femenino singular (*enfermedá*).

10.3.1 La representación sintáctica del número, del género, y de otros clasificadores

El género y el número son categorías sintácticas abstractas, que aparecen como terminaciones morfológicas distintas: la mayoría de los nombres con morfema *-a* son femeninos, y los que tienen morfema *-o* son masculinos, pero hay otros morfemas nominales femeninos y masculinos: *-ción* es una terminación típicamente femenina (*la acción, la indicación, la conjunción*); *-aje* es típicamente masculina (*el tatuaje, el aterrizaje, el montaje, el paisaje*). En cuanto al número, el morfema típico es *-s*.

El género es un tipo de **clasificador**: un mecanismo gramatical que divide a los nombres (o adjetivos, o determinantes) de una lengua en grupos, según criterios cognitivamente relevantes. En el caso del género, el criterio es masculino o femenino, por extensión del género biológico de los nombres animados.

En otras lenguas, los clasificadores incluyen distintos criterios, potencialmente muchos más grupos. En maya acateco, por ejemplo, los clasificadores distinguen entre "humano", "animal", e "inanimado". En el siguiente ejemplo vemos clasificadores para referentes humanos:

(61) 'ey kan yuu kaa-wan   eb'   naj   txonwom   (maya acateco)
hay DIR por   dos-CL.HUM PL.HUM NCL.MAS comerciante
'Había dos comerciantes'   (ejemplo de Zavala (2000))

El cuantificador *kaa* 'dos' aparece con un morfema que sólo se usa con referentes humanos, igual que el morfema opcional de plural *eb'*, y el clasificador *naj*.

Sintácticamente, algunos elementos de la frase determinante concuerdan, en español en género y número, en maya acateco, en **clase**. Sin embargo, otros elementos de la frase determinante no concuerdan, por ejemplo las preposiciones y los adverbios no tienen rasgos de género y número en español:

(62) a. [La frecuentemente actualizada lista de usuarios] es muy útil
       b. [Los frecuentemente actualizados tableros electrónicos] son enormes

En el primer ejemplo, el nombre *lista* determina el género y el número del determinante *la*, y el adjetivo *actualizada*. En el segundo, *tableros* también determina el género y el número del determinante y el adjetivo. En cambio, el adverbio *frecuentemente* y la preposición *de* no varían en género y número.

La concordancia es **local**. En el ejemplo de arriba, *lista* no impone los rasgos de género y número de *usuarios*:

(63) [FD la frecuentemente actualizada lista [FP de usuarios]]

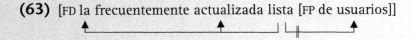

Si consideramos con más detalle la representación del género, vemos que este es arbitrario en los nombres: *caja* es femenino, pero *cajón* es masculino, y podría ser al revés. Eso quiere decir que el género es información codificada en la entrada léxica de un nombre. En cambio, en los adjetivos y los determinantes, el género depende del nombre, y en este sentido es predecible: si el nombre es masculino, el determinante también lo es. Esta asimetría se puede representar sintácticamente de la siguiente manera:

(64)

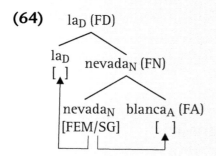

En este caso, el nombre *nevada* copia los rasgos de género y número al determinante y al adjetivo. ¿Qué tan lejos puede llegar esta copia? Esta es una pregunta más difícil de responder de lo que uno creería. Veamos algunos contextos:

(65) a. Consideramos [a la candidata buena para el puesto]
        b. *Consideramos [a la candidata bueno para el puesto]

En el contexto de la cláusula reducida seleccionada por *consideramos*, el sujeto de esa cláusula determina obligatoriamente el género del predicado cuando ese predicado es un adjetivo, como vemos en el contraste entre (65a) y (65b). En cambio, cuando el predicado es una frase determinante, el género lo determina el nombre de esa frase:

(66) Consideramos a la candidata un buen ejemplo

Es decir, el límite de la concordancia de una frase determinante parece ser ... otra frase determinante. Cada frase determinante parece establecer su propio dominio local para la concordancia, como representamos esquemáticamente a continuación:

(67) [FD D ... N ...] // [FD D ... N ...]

En resumen, la concordancia es un mecanismo que copia el valor de un rasgo de un constituyente a otro, y en este caso el género y el número, y esta copia está delimitada por la presencia de una frase determinante.

10.4 Otros complementos nominales

Dentro de la frase nominal hay otros complementos además de los adjetivos, las frases preposicionales, y las cláusulas de relativo, que veremos en la siguiente sección:

(68) a. Encontré este libro en [una calle de Buenos Aires]
   b. Este es [un aparato para limpiar las ventanas]
   c. [El autor de este mensaje] no sabía escribir bien
   d. [Ese edificio de cristal] refleja el sol muy fuertemente

En estos ejemplos vemos distintas preposiciones, que pueden tener la forma P + FD (*de Buenos Aires*, *de este mensaje*), o también P + cláusula (*para limpiar las ventanas*). En el último ejemplo vemos un complemento sin determinante, que como veíamos en la sección 10.1.2, suele interpretarse genéricamente. En este caso, la presencia del determinante supone que la frase se interprete referencialmente, como vemos en el ejemplo (69c), en el que se presupone que existen distintos tipos de madera y el contexto lingüístico me permite seleccionar a un subtipo:

(69) a. Construyeron una casa de madera
   b. *Construyeron una casa de una madera
   c. Construyeron una casa de una madera muy especial

Lo mismo pasa en estos otros ejemplos, donde se ve el contraste entre el uso genérico de *piedra* y el uso referencial:

(70)   a. Visitamos la casa de piedra (la casa hecha de piedra)
      b. Visitamos la casa de la piedra (la casa que tiene una piedra que sobresale)

Otras preposiciones también aceptan nombres sin determinante:

(71)   a. En ese restaurante venden pollo con papas fritas
      b. Nos mostraron un horno para ladrillo/ladrillos

10.5 Las cláusulas de relativo

Las cláusulas de relativo son un tipo de complemento nominal especial, como los que aparecen entre corchetes en los siguientes ejemplos:

(72)   a. El ingeniero [a quien la empresa contrató]
      b. La pelota [que el delantero disparó]
      c. Las camareras [con las que trabajo]

Como vemos en estos tres ejemplos, la estructura relativa consiste de un nombre, que se llama **antecedente** (*ingeniero*, *pelota*, y *camareras* respectivamente), que tiene como complemento una cláusula completa introducida por un **relativo** (*quien*, *que*, y *las que* en estos ejemplos) con o sin preposición (*a* y *con* en estos ejemplos). El antecedente corresponde a un argumento o adjunto que está ausente en la cláusula de relativo: en (72a), *el ingeniero* se interpreta como objeto directo de *contrató*; en (72b), *la pelota* corresponde al objeto directo de *disparó*; y en (72c), *las camareras* se interpreta como un adjunto de *trabajo*.

En cada caso, las frases relativizadas dejan una **huella** dentro de la cláusula relativa:

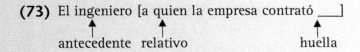

(73) El ingeniero [a quien la empresa contrató ___]

         antecedente relativo   huella

Cuando aparece una preposición con el relativo, está determinada por el tipo de huella: en el primer caso de arriba, *quien* está marcado con MDO (*a*) porque *contrató* lo determina así; en el segundo caso, *que* no tiene preposición, porque la huella es el objeto directo inanimado de *disparó*; y en el tercero, la preposición (*con las que*) también está determinada por el tipo de huella. Esto quiere decir que la presencia o ausencia de preposición o MDO depende del verbo de la cláusula relativa:

(74)   a. La empresa contrató al ingeniero → el ingeniero a quien ...

           b. El delantero disparó la pelota → la pelota que ...

           c. Trabajo con las camareras → las camareras con las que ...

Intuitivamente, por lo tanto, en la relativa hay una relación entre el relativo y la huella del argumento o adjunto de la cláusula de relativo. Además, el relativo es correferente con el antecedente:

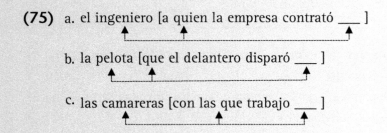

(75)   a. el ingeniero [a quien la empresa contrató ___]

           b. la pelota [que el delantero disparó ___]

           c. las camareras [con las que trabajo ___]

En los ejemplos de arriba, hay tres tipos de relativo: *quien*, *que*, y *el/la que*. La distribución de los tres relativos es bastante compleja: en general, *quien* y *el/la que* tienen una distribución casi idéntica; la única diferencia es que *quien* tiene un antecedente animado.

1) Solo *que* puede ser antecedente de un sujeto:

(76) a. *La escultora quien hizo esa escultura vive en Valparaíso   (relativa de sujeto)

    b. *La escultora la que hizo esa escultura vive en Valparaíso

    c. La escultora que hizo esa escultura vive en Valparaíso

2) Cuando la cláusula relativa empieza con una preposición, siempre es posible tener *el/la que* o *quien* (ver (77a–b) y (78a–b)). *Que*, en cambio, depende de la preposición: es agramatical con preposiciones como *para* (ver (77c)), pero aceptable con preposiciones como *de* ((78c)):

(77) a. El pintor para quien trabajé era bueno

    b. El pintor para el que trabajé era bueno

    c. *El pintor para que trabajé era bueno

(78) a. La candidata de quien te hablé presentó ayer

    b. La candidata de la que te hablé presentó ayer

    c. La candidata de que te hablé presentó ayer

3) Finalmente, *el/la que* y *quien* se diferencian en que *quien* sólo es posible con antecedentes humanos (y posiblemente ciertos animales), mientras que *el/la que* no tiene esa restricción:

(79) a. La mesa sobre la que nos apoyamos es de plástico

    b. *La mesa sobre quien nos apoyamos es de plástico

En resumen, existe una relación entre la huella, el relativo, y el antecedente, que determina qué relativos son aceptables según el tipo de argumento o adjunto que representa la huella:

(80) Distribución de los relativos

	el/la que	quien	que
Sujeto relativizado	✗	✗	✓
Frase preposicional relativizada			
de, en, etc.	✓	✓	✓
a, para, según, contra, etc.	✓	✓	✗

Todos los ejemplos anteriores corresponden a **relativas especificativas** (o **restrictivas**), que se interpretan de manera parecida a los adjetivos restrictivos: del conjunto de referentes del nombre, restringen a un subconjunto: en (72a), la relativa selecciona del conjunto de ingenieros relevante al que la empresa contrató.

Las **relativas no restrictivas**, en cambio, añaden una propiedad incidental, casi parentética, al referente, y generalmente aparecen separadas por una pausa (y por comas en la ortografía):

(81) El ingeniero, a quien la empresa contrató, era brillante

Remitimos al lector interesado a las lecturas adicionales para explorar las relativas explicativas.

10.5.1 Análisis sintáctico de las cláusulas de relativo

Como sugeríamos más arriba, las relativas codifican una relación entre el antecedente, el relativo, y la huella. La relación entre el relativo y la huella se ha analizado de manera paralela a las preguntas *qu-*, para las que propusimos el movimiento de la frase *qu-* a la periferia de la cláusula (ver el capítulo 8, sec. 8.3). El paralelo se basa, en parte, en que uno de los relativos (*quien*) es idéntico al interrogativo. El análisis propone que el relativo se desplaza desde la posición argumental hacia la periferia izquierda (junto con la preposición, si está presente):

(82)

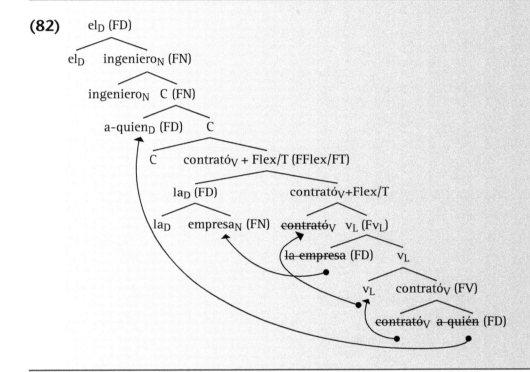

Como vemos en la estructura de (82), en la que hemos simplificado los aspectos irrelevantes para esta discusión, el verbo y el sujeto se mueven a Flex/T, pero además, la FD con el relativo *quién* (marcada con MDO *a*) también se mueve a la periferia izquierda.

Veíamos más arriba que los relativos *quien, el/la que,* y *que* tienen distinta distribución. Lo que tienen en común es una estructura nominal (una FD), con un rasgo *qu-* que la hace operador. Lo que las diferencia es la estructura interna de cada una. *Quien* es el determinante de una FD marcada con un rasgo [+ HUM], como vemos en (83a). En esta estructura, el determinante no tiene complemento, como los pronombres, y el complementante también es nulo:

(83)

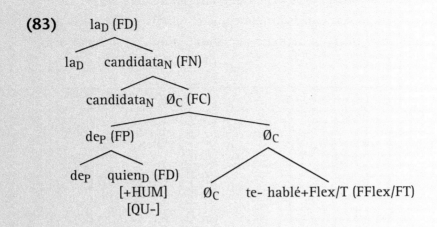

El/la que en realidad forma parte de dos constituyentes: *el* es una FD con un rasgo [qu-], y *que* es un complementante (el mismo que vemos en *pienso que* ...):

(84)

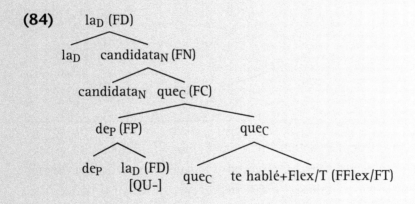

Finalmente, el relativo *que* tiene la estructura que vemos a continuación: es también un complementante con un operador nominal nulo que representa al argumento relativizado:

(85)

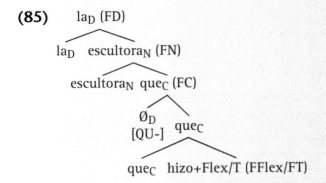

En resumen, las cláusulas de relativo son estructuras que modifican a un antecedente, y que desplazan un relativizador desde su posición argumental a la periferia izquierda. Los tres tipos de relativizadores tienen estructuras internas parcialmente distintas. Para explorar la estructura de las relativas en español con más detalle, recomendamos las lecturas sugeridas al final de capítulo.

10.6 Resumen del capítulo

En este capítulo hemos visto la estructura interna de las frases determinantes: por una parte, hemos explorado la distribución de los distintos tipos de determinante y cuándo aparecen nulos; por otra parte, hemos visto las posibilidades de tener FDs sin determinante (los nombres comunes sin determinante, los nombres propios y los pronombres). Además, hemos explorado la posición de los adjetivos respecto al nombre, y su interpretación semántica como intensionales y extensionales. Finalmente, hemos presentado las características de las cláusulas de relativo.

Ejercicios

1. Determinantes y nombres

1.1 Para determinar si algo es determinante, propusimos una prueba simple: en un grupo nominal de sólo dos palabras, la primera es un determinante (*la casa*). ¿Qué otros elementos son determinantes según esa prueba?

1.2 Haga la estructura de las siguientes secuencias:

    a. Unas ventanas

    b. Pedrito

    c. Mi Antonio

    d. Estos tres amigos

1.3 (Avanzado) Para determinar si algo es determinante, propusimos una prueba simple: en un grupo nominal de sólo dos palabras, la primera es un determinante (*la casa*). Considere las siguientes secuencias:

    a. Otras casas

    b. Las otras casas

    c. Todos los árboles

    d. Todo árbol

    e. Varios amigos

    f. Varios de los amigos

1. Según la prueba, ¿son determinantes *otras, todo(s), y varios*?

2. Asuma que todos son determinantes, ¿qué dificultades se presentan para este análisis?

3. Ahora asuma lo contrario (que no son determinantes). ¿Qué dificultades se presentan para este análisis?

1.4 ¿Cuál es la estructura de los siguientes ejemplos?

    a. Las blancas

    b. Los buenos

Justifique por qué ha elegido esa estructura. ¿Existe alguna estructura alternativa?

1.5 (Avanzado) Considere los siguientes ejemplos, sobre todo el contraste entre b) y c):

   a. Unas casas blancas y unas azules

   b. *Unas casas blancas y unas

   c. Unas casas blancas y otras

Trate de explicar la diferencia entre a) y b). ¿Qué diferencia hay entre *unas* y *otras* que pueda explicar la diferencia entre b) y c)? (Piense en otros contextos de la distribución de *unas* y *otras*.)

2. **Adjetivos**

2.1 Explique la diferencia entre los siguientes pares de ejemplos:

   a. Las hermosas vistas

   b. Las vistas hermosas

   c. La enorme serpiente

   d. La serpiente enorme

   e. El supuesto candidato

   f. *El candidato supuesto

3. **Número, género, y clasificadores**

3.1 Indique los morfemas de género y número en las siguientes secuencias:

   a. Las maravillosas escuelas

   b. El programa televisivo

   c. Estos presidentes visitantes

   d. Algunas variantes lingüísticas

3.2 Los hablantes de español varían en los siguientes casos:

   a. el presidente/la presidente

   b. el presidente/la presidenta

   c. el juez/la juez

   d. el juez/la jueza

1. ¿En qué condiciones se produce esta variación?

2. ¿Se le ocurren otros ejemplos?

3. ¿Cómo podemos explicar esta variación según las hipótesis desarrolladas en el capítulo?

3.3 (Avanzado) Considere las siguientes dos hipótesis sobre la representación del género gramatical:

1. El género gramatical en español está representado en los morfemas -a, -o, -ción, -or, etcétera. No hay rasgos de género abstractos
2. El género gramatical está representado por rasgos abstractos que se realizan como morfemas distintos

Ahora observe los siguientes ejemplos en los que el adjetivo *grande* no cambia morfológicamente:
   a. La manzana grande
   b. El árbol grande

1. Aplique cada una de las hipótesis a estos ejemplos, y explique cómo se diferencian en esos ejemplos.
2. En este contexto, si extendemos las hipótesis del género al número, ¿hay alguna diferencia?

3.4 (Avanzado) En maya acateco, como hemos visto, hay un morfema de plural para referentes humanos *eb'*:

   a. 'ey   kan yuu kaa-wan   eb'   naj   txonwom   (maya acateco)
      hay DIR por dos-CL.HUM PL.HUM NCL.MAS comerciante
      'Había dos comerciantes'

Este morfema *eb'* también se puede usar como pro-forma, pero en ese caso, no tiene restricciones de clase (puede referirse a humanos y no humanos):

   b. maxtoo   eb'   b'eel
      salió/salieron PRON más.tarde
      'Más tarde salieron'

   c. ja' no' chee   kuman   b'ey tx'omb'al ja' eb'   xkameloj
      FOC CL caballo compramos en mercado FOC PRON   murió
      'Los caballos que compramos en el mercado fueron los que murieron'
      (Zavala (2000))

1. ¿Es una casualidad que *eb'* se use en estos dos contextos?
2. ¿Cómo podríamos analizar *eb'* para explicar las dos funciones?
3. En español, *un* y *uno* tienen una distribución parecida. Piense en ejemplos y explique cómo se parecen.

4.   Relativas

4.1 Haga la estructura de las siguientes cláusulas:

    a. La persona que entró me conocía

    b. Vi una película que María me recomendó

Lecturas adicionales

Adjetivos

Bosque (1990, 1993)
Bosque y Picallo (1996)
Demonte (1999)
Pastor (2016)

Determinantes, nombres sin determinante, frase determinante

Bernstein (2001)
Bosque (1996)
Contreras (1986)
Picallo (2012)

Relativas

Brucart (1994a, 1994b, 1999, 2016)
Francom (2012)

Lecturas adicionales generales

1. Introducciones a la sintaxis generativa

Nivel básico

Carnie, A. (2013). *Syntax: A Generative Introduction*. Oxford: Wiley-Blackwell.

Nivel avanzado

Bosque, I. y Gutiérrez-Rexach, J. (2006). *Fundamentos de sintaxis formal*. Madrid: Akal.

Eguren, L. y Fernández Soriano, O. (2004). *Introducción a una sintaxis minimista*. Madrid: Gredos.

Lipski, J. (1996). *El español de América*. Madrid: Cátedra.

Zagona, K. (2002). *The Syntax of Spanish*. Cambridge University Press.

2. Gramáticas descriptivas

Asociación de Academias de la Lengua Española (2009). *Nueva gramática de la lengua española*. Madrid: Espasa Calpe. Tomado de http://aplica.rae.es/gramatica/ (21/08/2017).

Bosque, I. y Demonte, V. (eds) (1999). *Gramática descriptiva de la lengua española*. Madrid: Espasa Calpe.

3. Gramáticas para hablantes de segunda lengua

King, L. y Suñer, M. (2004). *Gramática española: análisis y práctica*. Boston, Mass.: McGraw-Hill.

Referencias bibliográficas

Abney, S. (1987). The English Noun Phrase in its Sentential Aspect. Cambridge, Mass.: MIT. Tesis doctoral.

Aissen, J. (1987). *Tzotzil Clause Structure*. Dordrecht: D Reidel Publishing Co.

(2003). Differential object marking: iconicity vs. economy. *Natural Language & Linguistic Theory*, 21(3), 435–483.

Arche, M. J. (2006). *Individuals in Time: Tense, Aspect and the Individual/Stage Distinction*. Amsterdam: John Benjamins.

(2016). Aspecto léxico. En J. Gutiérrez-Rexach (ed.), *Enciclopedia de lingüística hispánica* (pp. 405–415). London: Routledge.

Asociación de Academias de la Lengua Española (2009). *Nueva gramática de la lengua española*. Madrid: Espasa Calpe. Tomado de http://aplica.rae.es/gramatica/ (21/08/2017).

Ausín, A. (2012). El movimiento-a en español y sus condiciones de localidad. En J. M. Brucart y A. J. Gallego (eds), *El movimiento de constituyentes* (pp. 49–70). Madrid: Visor.

Baker, M. C. (2003). *Lexical Categories: Verbs, Nouns and Adjectives*. Cambridge University Press.

Barbosa, P. (2001). On inversion in wh-questions in Romance. En A. Hulk y J.-Y. Pollock (eds), *Romance Inversion* (pp. 50–59). New York: Oxford University Press.

Barrett, H. C. y Kurzban, R. (2006). Modularity in cognition: framing the debate. *Psychological Review*, 113(3), 628.

Bernstein, J. (2001). The DP hypothesis: identifying clausal properties in the nominal domain. En M. Baltin y C. Collins (eds), *The Handbook of Contemporary Syntactic Theory* (pp. 536–561). Oxford: Blackwell.

Bhatt, R. y Pancheva, R. (2005). The syntax and semantics of aspect. Note 1. Aspect: an overview. LSA Summer Institute. Tomado de http://web.mit.edu/rbhatt/www/lsa130/l1.pdf (21/08/2017).

Bobaljik, J. (1995). In terms of merge: copy and head movement. *MIT Working Papers in Linguistics: Papers on Minimalist Syntax*, 27, 41–64.

Boeckx, C. (2012). *Syntactic Islands*. Cambridge University Press.

Bonet, E. (1991). *Morphology after Syntax: Pronominal Clitics in Romance*. Cambridge, Mass.: MIT Press.

Bordelois, Y. (1982). Andrés Bello: La maravillosa armonía de los tiempos verbales. *Homenaje a Andrés Bello en el bicentenario de su nacimiento (1781–1981), Diálogos hispánicos de Amsterdam*, 3, 119–138.

Borges, J. L. (1944). *Ficciones*. Buenos Aires: Editorial Sur.

Bosque, I. (1980). *Sobre la negación*. Madrid: Cátedra.

(1990). Sobre el aspecto en los adjetivos y en los participios. En I. Bosque (ed.), *Tiempo y aspecto en español* (pp. 177–204). Madrid: Cátedra.

(1991). *Las categorías gramaticales: relaciones y diferencias*. Madrid: Síntesis.

(1993). Sobre las diferencias entre los adjetivos relacionales y los calificativos. *Revista Argentina de Lingüística*, 9, 9–48.

(1996). *El sustantivo sin determinación: La ausencia de determinante en la lengua española*. Madrid: Visor Libros.

Bosque, I. y Demonte, V. (eds) (1999). *Gramática descriptiva de la lengua española*. Madrid: Espasa Calpe.

Bosque, I. y Gutiérrez-Rexach, J. (2006). *Fundamentos de sintaxis formal*. Madrid: Akal.

Bosque, I. y Picallo, C. (1996). Postnominal adjectives in Spanish DPs. *Journal of Linguistics*, 32, 349–385.

Brucart, J. y Gallego, A. (2012a). El movimiento de constituyentes: los límites entre la rigidez y el desorden en sintaxis. En J. Brucart y A. Gallego (eds), *El movimiento de constituyentes* (pp. 15–46). Madrid: Visor.

(2012b). *El movimiento de constituyentes*. Madrid: Visor.

Brucart, J. M. (1994a). Sobre una incompatibilidad entre posesivos y relativas especificativas. En V. Demonte (ed.), *Gramática del español* (pp. 51–86). El Colegio de México.

(1994b). El funcionamiento sintáctico de los relativos en español. En B. Garza y J. A. Pascual (eds), *El segundo encuentro de lingüistas y filólogos de España y México* (pp. 443–469). Universidad de Salamanca.

(1999). La estructura del sintagma nominal: las oraciones de relativo. En I. Bosque y V. Demonte (eds), *Gramática descriptiva de la lengua española* (pp. 395–517). Madrid: Espasa Calpe.

(2016). Oraciones de relativo. En J. Gutiérrez-Rexach (ed.), *Enciclopedia de lingüística hispánica* (pp. 722–736). London: Routledge.

Bullock, B. E. y Toribio, A. J. (2009). Reconsidering Dominican Spanish: data from the rural Cibao. *Revista Internacional de Lingüística Iberoamericana*, 14, 49–73.

Burzio, L. (1986). *Italian Syntax*. Dordrecht: Riedel.

Camacho, J. (2012a). Ser and estar: the individual/stage-level distinction and aspectual predication. En J. I. Hualde, A. Olarrea, y E. O'Rourke (eds), *Blackwell Handbook of Hispanic Linguistics* (pp. 453–475). Malden, Mass.: Wiley.

(2012b). What do Spanish copulas have in common with Tibetan evidentials? En I. Pérez-Jiménez, M. Leonetti, y S. Gumiel-Molina (eds), *New Perspectives on the Study of Ser and Estar* (pp. 173–202). Amsterdam: John Benjamins.

(2013). *Null Subjects*. Cambridge University Press.

(2016). The null subject parameter revisited: Spanish and Portuguese in discourse. En M. A. Kato y F. Ordóñez (eds), *The Morphosyntax of Portuguese and Spanish in Latin America* (pp. 27–48). New York: Oxford University Press.

(forthcoming). On left-peripheral expletives in Central Colombian Spanish. En A. Gallego (ed.), *The Syntactic Variation of Spanish Dialects*. Oxford University Press.

Camacho, J. y Sánchez, L. (2017). Does the verb raise to T in Spanish? En O. Fernández-Soriano, E. Castroviejo, y I. Pérez-Jiménez (eds), *Boundaries, Phases, and Interfaces* (pp. 27–48). Amsterdam: John Benjamins.

Carnie, A. (2011). *Modern Syntax*. Cambridge University Press.

(2013). *Syntax: A Generative Introduction*. Oxford: Wiley-Blackwell.

Carochi, H. (2001). *Arte de la lengua mexicana con la declaración de todos los adverbios della*. Stanford University Press. Tomado de http://www.vcn.bc.ca/prisons/carochi.pdf (21/08/2017).

Carrasco, Á. (2016). Tiempo gramatical II: Las relaciones temporales interoracionales. En J. Gutiérrez-Rexach (ed.), *Enciclopedia de lingüística hispánica* (pp. 139–151). London: Routledge.

Cinque, G. (1990). *Types of A-bar Dependencies*. Cambridge, Mass.: MIT Press.

(1999). *Adverbs and Functional Heads: A Cross-Linguistic Perspective*. Oxford University Press.

(2002). *Functional Structure in DP and IP*. Oxford University Press.

Cipriá, A. (2016). Aspecto gramatical. En J. Gutiérrez-Rexach (ed.), *Enciclopedia de lingüística hispánica* (pp. 393–404). London: Routledge.

Comrie, B. (1976). *Aspect: An Introduction to the Study of Verbal Aspect and Related Problems*. Cambridge University Press.

Contreras, H. (1986). Spanish bare NPs and the ECP. En I. Bordelois, H. Contreras, y K. T. Zagona (eds), *Generative Studies in Spanish Syntax*, Studies in Generative Grammar, 27 (pp. 25–49). Dordrecht and Riverton, NJ: Foris.

Corbett, G. (1983). Resolution rules: agreement in person, number, and gender. En G. Gazdar, E. Klein, y G. Pullum (eds), *Order, Concord and Constituency* (pp. 175–213). Dordrecht: Foris.

(2000). *Number*. Cambridge University Press.

(2006). *Agreement*. Cambridge University Press.

Cruz Aldrete, M. (2009). Gramática de la lengua de señas mexicana. *Estudios de lingüística del español*, 28, 1–1098. Tomado de https://dialnet.unirioja.es/servlet/articulo?codigo=5012154&orden=0&info=link (21/08/2017).

Cuervo, M. C. (2003). *Datives at Large*. Cambridge, Mass.: MIT Press.

Delicado-Cantero, M. y Sessarego, S. (2011). Variation and syntax in number expression in Afro-Bolivian Spanish. *Proceedings of the 13th Hispanic Linguistic Symposium* (pp. 42–53). Somerville, Mass.: Cascadilla.

Demonte, V. (1999). El adjetivo: clases y usos. La posición del adjetivo en el sintagma nominal. En I. Bosque y V. Demonte (eds), *Gramática descriptiva de la lengua española* (pp. 129–216). Madrid: Espasa Calpe.

Demuth, K. (2000). Bantu noun class systems: loanword and acquisition evidence of semantic productivity. En G. Senft (ed.), *Systems of Nominal Classification* (pp. 270–292). Cambridge University Press.

Derbyshire, D. (1977). Word order universals and the existence of OVS languages. *Linguistic Inquiry*, 8, 590–599.

Echepare, R. y Uribe-Etxebarria, M. (2012). Las preguntas de qu- in situ en español: un análisis derivacional. En J. M. Brucart y A. J. Gallego (eds), *El movimiento de constituyentes* (pp. 251–271). Madrid: Visor.

Eguren, L. y Fernández Soriano, O. (2004). *Introducción a una sintaxis minimista*. Madrid: Gredos.

Elman, J., Bates, E., Johnson, M., Karmiloff-Smith, A., Parisi, D., y Plunkett, K. (1997). *Rethinking Innateness*. Cambridge, Mass.: MIT Press.

Fábregas, A. (2013). *La morfología: el análisis de la palabra compleja*. Madrid: Síntesis.

Faust, N. (1973). *Lecciones para el aprendizaje del idioma shipibo-conibo*. Yarinacocha: Instituto Lingüístico de Verano.

Fernández, B. y Rezac, M. (2016). Differential object marking in Basque varieties. En B. Fernández y J. Ortiz de Urbina (eds), *Microparameters in the Grammar of Basque* (pp. 93–138). Amsterdam: John Benjamins.

Fernández-Ordóñez, I. (1994). Isoglosas internas del castellano. El sistema referencial del pronombre átono de tercera persona. *Revista de Filología española*, 74, 71–125.

(1999). Leísmo, laísmo y loísmo. En I. Bosque y V. Demonte (eds), *Gramática descriptiva de la lengua española* (pp. 1317–1398). Madrid: Espasa Calpe.

Fernández Soriano, O. (1993). *Los pronombres átonos*. Madrid: Taurus Ediciones.

(1999). El pronombre personal. Formas y distribuciones. Pronombres átonos y tónicos. En I. Bosque y V. Demonte (eds), *Gramática descriptiva de la lengua española* (pp. 1209–1274). Madrid: Espasa Calpe.

Fodor, J. A. (1983). *The Modularity of Mind: An Essay on Faculty Psychology*. Cambridge, Mass.: MIT Press.

Francom, J. (2012). Wh-movement: interrogatives, exclamatives and relatives. En J. I. Hualde, A. Olarrea, y E. O'Rourke (eds), *Blackwell Handbook of Hispanic Linguistics* (pp. 533–556). Malden, Mass.: Wiley.

Freidin, R. (2012). *Syntax: Basic Concepts and Applications*. Cambridge University Press.

García Fernández, L. (2016). Tiempo gramatical I: Conceptos generales. Complementos temporales. Las relaciones temporales interoracionales. En J. Gutiérrez-Rexach (ed.), *Enciclopedia de lingüística hispánica* (pp. 139–151). London: Routledge.

García Madruga, J. A. (2003). La modularidad de la mente veinte años después: desarrollo cognitivo y razonamiento. *Anuario de psicología/The UB Journal of Psychology*, 34(4), 522–528.

González Rodríguez, R. (2012). El movimiento encubierto: el ascenso de cuantificador. En J. M. Brucart y A. J. Gallego (eds), *El movimiento de constituyentes* (pp. 235–250). Madrid: Visor.

González-Vilbazo, K. y López, L. (2012). Little v and parametric variation. *Natural Language & Linguistic Theory*, 30, 33–77.

Goodall, G. (1994). El movimiento QU y la estructura de la cláusula en español. *Revista Argentina de Lingüística*, 10(1–2), 115–130.

(2004). On the syntax and processing of wh-questions in Spanish. En B. Schmeiser, V. Chand, A. Kelleher, y A. Rodriguez (eds), *WCCFL 23 Proceedings* (pp. 101–114). Somerville, Mass.: Cascadilla Press.

Gumiel-Molina, S., Pérez-Jiménez, I., y Moreno-Quibén, N. (2015). Comparison classes and the relative/absolute distinction: a degree-based compositional account of the ser/estar alteration in Spanish. *Natural Language & Linguistic Theory*, 33(3), 955–1001.

Harris, J. W. (1991). The exponence of gender in Spanish. *Linguistic Inquiry*, 22(1), 27–62.

Hornstein, N. (2000). Control in GB and minimalism. En L. Cheng y R. Sybesma (eds), *The First Glot International State-of-the-Article Book: The Latest in Linguistics* (pp. 27–46). Berlin and New York: Walter de Gruyter.

(2003). On control. En R. Hendrick (ed.), *Minimalist Syntax* (pp. 6–81). Oxford: Blackwell.

Hualde, J. I., Elordieta, G., y Elordieta, A. (1994). *The Basque Dialect of Lekeitio*. Vitoria: Universidad del País Vasco.

Huth, A. G., Heer, W. A. de, Griffiths, T. L., Theunissen, F. E., y Gallant, J. L. (2016). Natural speech reveals the semantic maps that tile human cerebral cortex. *Nature*, 532(7600), 453–458.

Jaeggli, O. (1986). Three issues in the theory of clitics: case, doubled NPs and extraction. En H. Borer (ed.), *The Syntax of Pronominal Clitics* (pp. 14–42). New York: Academic Press.

Jaeggli, O. y Safir, K. J. (1989). The null subject parameter and parametric theory. En O. Jaeggli y K. J. Safir (eds), *The Null Subject Parameter* (pp. 1–44). Dordrecht: Reidel.

Kato, M. A. (2003). Child L2 acquisition. En N. Müller (ed.), *(In) vulnerable Domains in Multilingualism* (pp. 271–294). Amsterdam: John Benjamins.

Kayne, R. (1975). *French Syntax: The Transformational Cycle*. Cambridge, Mass.: MIT Press.

King, L. y Suñer, M. (2004). *Gramática española: análisis y práctica*. Boston, Mass.: McGraw-Hill.

Laka, I. (1990). *Negation in Syntax: On the Nature of Functional Categories and Projections*. Cambridge, Mass.: MIT.

Langendoen, T. (2003). Merge. En M. Andrew Willie Carnie y H. Harley (eds), *Formal Approaches to Functional Phenomena: In Honor of Eloise Jelinek* (pp. 307–318). Amsterdam: John Benjamins.

Leonetti, M. (2004). Specificity and differential object marking in Spanish. *Catalan Journal of Linguistics*, 3(1), 75–114.

(2016). Determinantes y artículos. En J. Gutiérrez-Rexach (ed.), *Enciclopedia de lingüística hispánica* (pp. 532–543). London: Routledge.

Levelt, W. J. (1999). Models of word production. *Trends in Cognitive Sciences*, 3(6), 223–232.

Levin, B. (2009). Apuntes del curso del instituto de verano del LSA, UC Berkeley, July 2009. Tomado de https://web.stanford.edu/~bclevin/lsa09aspapp.pdf (21/08/2017).

Lipski, J. (1996). *El español de América*. Madrid: Cátedra.

(2008). *Afro-Bolivian Spanish*. Madrid: Iberoamericana Editorial.

López, L. (2009). *A Derivational Syntax for Information Structure*. Oxford University Press.

(2016). Dislocation and information structure. En C. Fery y S. Ishihara (eds), *Oxford Handbook of Information Structure* (pp. 402–421). Oxford University Press.

Mateu, J. (2016). Sintagma verbal. En J. Gutiérrez-Rexach (ed.), *Enciclopedia de lingüística hispánica* (pp. 51–64). London: Routledge.

Mendikoetxea, A. (1999). Construcciones inacusativas y pasivas. En I. Bosque y V. Demonte (eds), *Gramática descriptiva de la lengua española* (pp. 1575–1630). Madrid: Espasa Calpe.

Miguel, E. de. (1999). El aspecto léxico. En I. Bosque y V. Demonte (eds), *Gramática descriptiva de la lengua española* (pp. 2977–3060). Madrid: Espasa Calpe.

Miller, G. M. (1975). Some comments on competence and performance. *Annals of the New York Academy of Sciences*, 263, 201–204.

Olarrea, A. (1996). Pre and Postverbal Subjects in Spanish: A Minimalist Account. Seattle: University of Washington. Tesis doctoral.

(2001). La lingüística: ciencia cognitiva. En J. I. Hualde, A. Olarrea, y A. M. Escobar (eds), *Introducción a la lingüística hispánica* (pp. 1–44). Cambridge University Press.

(2012). Word order and information structure. En J. I. Hualde, A. Olarrea, y E. O'Rourke (eds), *Blackwell Handbook of Hispanic Linguistics* (pp. 603–628). Malden, Mass.: Wiley.

Ordóñez, F. (1997). *Word Order and Clause Structure in Spanish and Other Romance Languages*. City University of New York.

(2000). *Clausal Structure of Spanish: A Comparative Study*. Outstanding Dissertations in Linguistics. New York: Garland Publishing Company.

(2012). Clitics in Spanish. En J. I. Hualde, A. Olarrea, y E. O'Rourke (eds), *Blackwell Handbook of Hispanic Linguistics* (pp. 423–453). Malden, Mass.: Wiley.

Ordóñez, F. y Olarrea, A. (2001). Weak subject pronouns in Caribbean Spanish and XP pied-piping. En J. Herschensohn, E. Mallén, y K. Zagona (eds), *Features and Interfaces in Romance*, (pp. 223–238). Amsterdam: John Benjamins.

(2006). Microvariation in Caribbean/non-Caribbean Spanish interrogatives. *Probus: International Journal of Latin and Romance Linguistics*, 18(1), 59–96.

Ordóñez, F. y Treviño, E. (1999). Left dislocated subjects and the pro-drop parameter: a case study of Spanish. *Lingua*, 107, 39–68.

Ortega-Santos, I. (2003). Los sujetos léxicos de infinitivo en español: Concordancia abstracta y el principio de la proyección extendida. University of Arizona. Tesis doctoral. Tomada de http://hdl.handle.net/10150/292060 (21/08/2017).

Pastor, A. (2016). Adjetivo. En J. Gutiérrez-Rexach (ed.), *Enciclopedia de lingüística hispánica* (pp. 369–379). London: Routledge.

Perlmutter, D. (1971). *Deep and Surface Structure Constraints in Syntax*. Austin, Tex.: Holt, Rinehart and Winston.

(1978). Impersonal passives and the unaccusative hypothesis. En J. Jaeger et al. (eds), *Proceedings of the Fourth Annual Meeting of the Berkeley Linguistics Society* (pp. 157–190). Berkeley Linguistics Society.

Pesetsky, D. y Torrego, E. (2004). Tense, case and the nature of syntactic categories. En J. Guéron y J. Lecarme (eds), *The Syntax of Time* (pp. 495–538). Cambridge, Mass.: MIT Press.

(2007). The syntax of valuation and the interpretability of features. En S. Karimi, V. Samiian, y W. Wilkins (eds), *Phrasal and Clausal Architecture: Syntactic Derivation and Interpretation* (pp. 262–294). Amsterdam: John Benjamins.

Picallo, M. C. (2012). The structure of the noun phrase. En J. I. Hualde, A. Olarrea, y E. O'Rourke (eds), *Blackwell Handbook of Hispanic Linguistics* (pp. 263–284). Malden, Mass.: Wiley.

Piera Gil, C. (1987). Sobre la estructura de las cláusulas de infinitivo. En V. Demonte y M. Fernández Lagunilla (eds), *Sintaxis de las lenguas románicas* (pp. 148–166). Madrid: Ediciones El Arquero.

Rezac, M., Albizu, P., y Etxepare, R. (2014). The structural ergative of Basque and the theory of case. *Natural Language & Linguistic Theory*, 32(4), 1273–1330.

Rodriguez-Mondonedo, M. (2007). The syntax of objects: agree and differential object marking. University of Connecticut. Tesis doctoral AAI3276641. Tomado de http://digitalcommons.uconn.edu/dissertations/AAI3276641 (21/08/2017).

Romero-Figueroa, A. (1985). OSV as the basic order in Warao. *Linguistics*, 23, 105–121.

Rosenkvist, H. (2009). Null referential subjects in Germanic languages: an overview. *Working Papers in Scandinavian Syntax*, 84, 151–180.

Sánchez, L. (2003). *Quechua-Spanish Bilingualism: Interference and Convergence in Functional Categories*. Amsterdam: John Benjamins.

(2010). *The Morphology and Syntax of Focus and Topic: Minimalist Inquiries in the Quechua Periphery*. Amsterdam: John Benjamins.

Schütze, C. (2006). Data and evidence. En K. Brown (ed.), *Encyclopedia of Language and Linguistics* (Vol. 3, pp. 356–363). Oxford: Elsevier.

(2011). Linguistic evidence and grammatical theory. *Wiley Interdisciplinary Reviews: Cognitive Science*, 2, 206–221.

Seco, M. (1986). *Diccionario de dudas y dificultades de la lengua española*. Madrid: Espasa Calpe.

Smith, C. (2013). *The Parameter of Aspect* (2ª edición). Berlin: Springer.

Stroobant, J. (s.f.). A synchronic corpus investigation of differential object marking (DOM) in European and Mexican Spanish. Ms inédito.

Strozer, J. (1976). Clitics in Spanish. University of California, Los Angeles. Tesis doctoral.

Suñer, M. (1986). Los pronombres nulos. *Revista Argentina de Lingüística*, 2(2), 151–166.

(1988). The role of agreement in clitic-doubled constructions. *Natural Language & Linguistic Theory*, 6, 391–434.

(1992). Two properties of clitics and clitic-doubled constructions. En C.-T. J. Huang y R. May (eds), *Logical Structure and Linguistic Structure: Cross-Linguistic Perspectives* (pp. 233–252). Dordrecht: Riedel.

(1994). V-movement and the licensing of argumental wh-phrases in Spanish. *Natural Language & Linguistic Theory*, 12, 335–372.

(1999). Clitic-doubling of strong pronouns in Spanish: an instance of object shift. En J. Franco, A. Landa, y J. Martín (eds), *Grammatical Analyses in Basque and Romance Linguistics* (pp. 233–256). Amsterdam: John Benjamins.

(2003). The lexical preverbal subject in a Romance null subject language: Where are thou? En R. Núñez-Cedeño, L. López, y R. Cameron (eds), *A Romance Perspective on Language Knowledge and Use: Selected Papers from the 31st Linguistic Symposium on Romance Languages (LSRL)* (pp. 341–358). Amsterdam: John Benjamins.

Suñer, M. y Lizardi, C. (1995). Dialectal variation in an argumental/non-argumental asymmetry in Spanish. En J. Amastae, G. Goodall, M. Montalbetti, y M. Phinney (eds), *Contemporary Research in Romance Linguistics* (pp. 187–203). Amsterdam: John Benjamins.

Szabolcsi, A. (2006). Strong vs. weak islands. En M. Everaert y H. van Riemsdijk (eds), *The Blackwell Companion to Syntax* (pp. 479–453). Malden, Mass.: Blackwell.

Toribio, A. J. (2000). Setting parametric limits on dialectal variation in Spanish. *Lingua*, 110(5), 315–341.

Toribio, A. J. y Nye, C. (2006). Restructuring of reverse psychological predicates. En C. Nishida y J.-P. Montreuil (eds), *New Perspectives on Romance Linguistics* (pp. 263–279). Amsterdam and Philadelphia: John Benjamins.

Torrego, E. (1998). *The Dependencies of Objects*. Cambridge, Mass.: MIT Press.

(1999). El complemento directo preposicional. En I. Bosque y V. Demonte (eds), *Gramática descriptiva de la lengua española* (pp. 1779–1806). Madrid: Espasa Calpe.

Travis, L. (1992). *Derived objects, inner aspect, and the structure of VP*. Montreal: McGill University. Unpublished paper.

(2010). *Inner Aspect: The Articulation of VP*. Berlin: Springer.

Uribe-Etxebarría, M. (1994). Interface Licensing Conditions on Negative Polarity Items: A Theory of Polarity and Tense Interactions. University of Connecticut. Tesis doctoral.

(2002). In situ questions and masked movement. *Linguistic Variation Yearbook*, 2, 217–257.

(2003). In situ questions and masked movement. En P. Pica (ed.), *Linguistic Variation Yearbook* (Vol. 2, pp. 217–257). Amsterdam and Philadelphia: John Benjamins.

Valenzuela, P. (2003). Transitivity in Shipibo-Konibo Grammar. University of Oregon. Tesis doctoral.

Vikner, S. (2005). Object shift. En H. van Riemsdijk y M. Everaert (eds), *The Blackwell Companion to Syntax* (pp. 392–436). Oxford: Blackwell.

Zagona, K. (2002). *The Syntax of Spanish*. Cambridge University Press.

(2012). Tense and aspect. En J. I. Hualde, A. Olarrea, y E. O'Rourke (eds), *Blackwell Handbook of Hispanic Linguistics* (pp. 355–372). Malden, Mass.: Wiley.

Zavala, R. (2000). Multiple classifier systems in Akatek (Mayan). En G. Sentf (ed.), *Systems of Nominal Classification* (pp. 114–146). Cambridge University Press.

Zdrojewski, P. y Sánchez, L. (2014). Variation in accusative clitic doubling across three Spanish dialects. *Lingua*, 151, 162–176.

Zubizarreta, M. L. (1998). *Prosody, Focus, and Word Order*. Cambridge, Mass.: MIT Press.

Índice